READER: PRODUKTIVE BILDSTÖRUNG
SIGMAR POLKE UND AKTUELLE PERSPEKTIVEN

READER: PRODUCTIVE IMAGE INTERFERENCE
SIGMAR POLKE AND CURRENT PERSPECTIVES

PRODUKTIVE BILDSTÖRUNG FESTIVAL

Bildproduktionen und me

STÖRUNG
VAL

AKE UND AKTUELLE
ERISCHE POSITIONEN

nd Einführung

, was es ist

erything

nd andere bare Wunder

ng und Einführung

UKTIVE
DSTÖRUNG
VAL

LKE UND AKTUELLE
ERISCHE POSITIONEN

CTIVE IMAGE
ERENCE
LKE AND
PERSPECTIVES TODAY

Zerstoerte Bilder. Interferenzen d
Stress Test Imagery. Interference
Svetlana Chernyshova
Heinrich-Heine-Universität Düsse

Lecture · DE

Svetlana Chernyshova ist wissenschaft
an der Heinrich-Heine-Universität Düss
Ausstellung in der zeitgenössischen Ku
den Materialitäts- und Körperdiskurs
Beschäftigung mit dem Begriff der Intim
Forschung und Lehre ist Svetlana Chern

g und Einführung
and Introduction

ja, was es ist
ee What It Is

Everything

s und andere bare Wunder
and Other Sheer Miracles

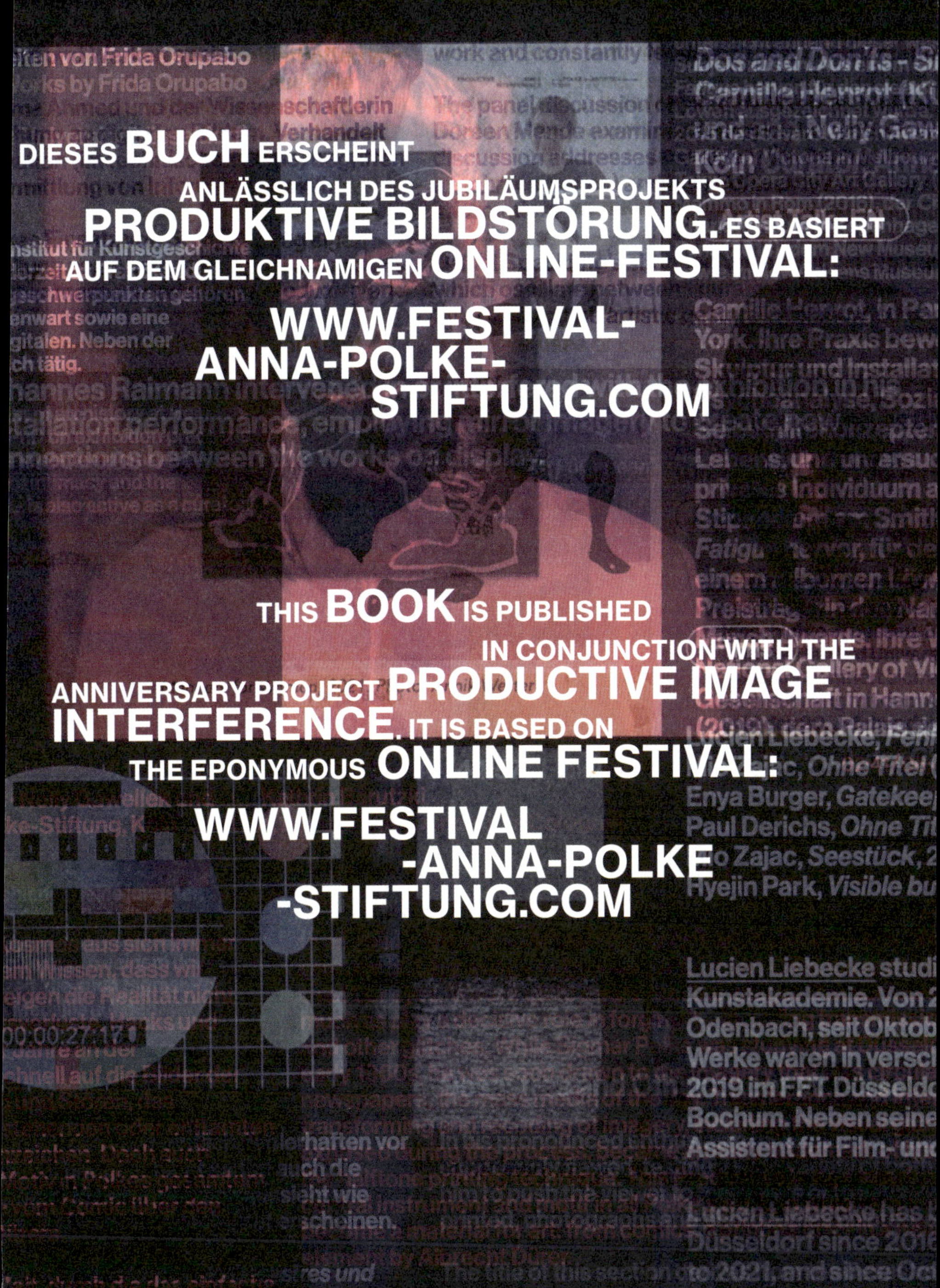

DIESES **BUCH** ERSCHEINT ANLÄSSLICH DES JUBILÄUMSPROJEKTS **PRODUKTIVE BILDSTÖRUNG.** ES BASIERT AUF DEM GLEICHNAMIGEN **ONLINE-FESTIVAL:**

WWW.FESTIVAL-ANNA-POLKE-STIFTUNG.COM

THIS **BOOK** IS PUBLISHED IN CONJUNCTION WITH THE ANNIVERSARY PROJECT **PRODUCTIVE IMAGE INTERFERENCE.** IT IS BASED ON THE EPONYMOUS **ONLINE FESTIVAL:**

WWW.FESTIVAL-ANNA-POLKE-STIFTUNG.COM

INHALT / CONTENTS

7 SIEHT MAN JA, WAS ES IST
10 YOU CAN SEE WHAT IT IS
Kathrin Barutzki und/and Nelly Gawellek

13 RE-PRODUKTION, SKALIERUNG, KONTAMINATION. MATERIALINTERVENTIONEN SIGMAR POLKES ALS ÄSTHETISCHE, GESELLSCHAFTLICHE PRAKTIKEN
21 RE-PRODUCING, SCALING, CONTAMINATING: SIGMAR POLKE'S MATERIAL INTERVENTIONS AS AESTHETIC, SOCIAL PRACTICES
Lilian Haberer

29 POLKE ALS INFORMATIONSVERARBEITER
38 POLKE AS AN INFORMATION PROCESSOR
Magnus Schaefer im Gespräch mit/in Conversation with Taslima Ahmed und/and Doreen Mende

45 LANGEWEILESCHLEIFE
53 LOOP OF BOREDOM
Daniel Spaulding

59 SETH PRICE: DECIMATING DIGITAL DATA
69 SETH PRICE: DECIMATING DIGITAL DATA
Sandra Neugärtner

75 HISTORY OF EVERYTHING
78 HISTORY OF EVERYTHING
Kathrin Barutzki und/and Nelly Gawellek

81 WERK UND FITZEL
89 WHOLES AND PARTS
Gabriele Wix

97 WO POLKE IST, IST WERKSTATT
105 WHEREVER POLKE IS, YOU'LL FIND A WORKSHOP
Alexander Kluge im Gespräch mit/in Conversation with Kathrin Barutzki und/and Nelly Gawellek

113 DOS AND DON'TS – SMOKE WITHOUT FIRE
124 DOS AND DON'TS—SMOKE WITHOUT FIRE
Camille Henrot im Gespräch mit/in Conversation with Nelly Gawellek

131 ZERSTRESSTE BILDER. INTERFERENZEN DES BILDLICHEN IN ARBEITEN VON FRIDA ORUPABO
139 STRESSED IMAGES: INTERFERENCES OF THE PICTORIAL IN THE WORKS OF FRIDA ORUPABO
Svetlana Chernyshova

145 DESASTRES UND ANDERE BARE WUNDER
148 DESASTRES AND OTHER SHEER MIRACLES
Kathrin Barutzki und/and Nelly Gawellek

151 ZUR ENTSTEHUNG VON DESASTRES UND ANDERE BARE WUNDER
158 ON THE MAKING OF DESASTRES AND OTHER SHEER MIRACLES
Bice Curiger

163 SIGMAR POLKES MATERIALISIERUNGSSTRATEGIEN VON VERGANGENHEITSPHANTASMEN
169 SIGMAR POLKE'S MATERIALIZATION STRATEGIES OF PAST PHANTASMAS
Franziska Kunze

173 DES TEUFELS WERK
182 THE DEVIL'S WORK
Adam Jasper

191 SINCE THE MATERIALS HAVE A LIFE OF THEIR OWN
201 SINCE THE MATERIALS HAVE A LIFE OF THEIR OWN
Charlotte Lang

207 KURZBIOGRAFIEN/SHORT BIOGRAPHIES

215 NACHWORT
217 AFTERWORD
Anna Polke

219 IMPRESSUM/COLOPHON

222 BILDNACHWEISE/IMAGE CREDITS

SIEHT MAN JA, WAS ES IST

KATHRIN BARUTZKI UND NELLY GAWELLEK

„Heißt sehen nicht auch ein bisschen wissen, wissen um Zusammenhänge und Hintergründe?"

Sigmar Polke in: „Kultur des Rasters. Ateliergespräch mit dem Maler Sigmar Polke", *Rheinische Post,* 10. Mai 1966.

Welche Rolle haben Bilder in unserer Wahrnehmung der Welt? In welchem Verhältnis stehen sie zur Realität und wie verändert sich ihre Bedeutung durch ihre zunehmende mediale Verbreitung? Diese Fragen stellte sich Sigmar Polke schon, als er in den 1960er-Jahren an der Kunstakademie Düsseldorf seine Rasterbilder malte, für die er Zeitungsfotos Rasterpunkt für Rasterpunkt von Hand auf Leinwand oder Papier übertrug, und mit denen er den medialen Kontext von Bildern und ihre damit einhergehende Transformation reflektierte. Damit gehört er zu einer Generation von Nachkriegskünstler*innen, die die Wirkmacht von Bildern und bildgebenden Technologien in ihren Werken kritisch betrachteten.

In der Zwischenzeit sind die Rasterpunkte zu Pixeln geworden, Bilder werden statt von Hand oder maschinell mithilfe digitaler Technologien hergestellt, ihre Verbreitung durch KI und Algorithmen gesteuert. Viele der Fragen, die schon Polke und seine Zeitgenoss*innen an Bilder stellten, sind jedoch auch heute noch besonders relevant und erlangen vor dem Hintergrund des alles umspannenden World Wide Web neue Brisanz: Wie prägen die gegenwärtigen visuellen Technologien unseren Alltag? Wie wird durch digitale bildgebende Verfahren Bedeutung generiert? Wie werden neue Realitäten produziert und alte womöglich manipuliert?

Spätestens seit Hito Steyerls mittlerweile kanonischem Aufsatz „In Defense of the Poor Image" von 2009 ist deutlich geworden, dass sich der Fokus nicht mehr auf das eine, das originale Bild richtet, sondern auf die Bilder, die in Folge dessen entstehen: die umformatierten, veränderten und weiterverbreiteten Reproduktionen. „Arm" sind diese Bilder höchstens noch in Bezug auf ihre Auflösung, reich wiederum an Mobilität und Wandlungsfähigkeit. Sie erreichen andere Rezipient*innen und erweisen sich als anpassungsfähiger an aktuelle Fragestellungen in einer global vernetzten, sich stetig verändernden Welt.

Ob niedrig oder hochaufgelöst, dupliziert oder modifiziert – die Skalierungen, die Sigmar Polke in seinen Bildern vornimmt, dienen der Kommentierung oder auch der Kontaminierung von bestimmten Darstellungen, so Lilian Haberer. Das Polizei-Foto von Lee Harvey Oswald tanzt als Rastersilhouette über das Blatt und durch das Werk von Polke und erscheint als geisterhafter Wiedergänger des vermeintlichen Kennedy-Attentäters. Die von Experimenten und Materialprozessen geprägten künstlerischen Handlungen Polkes und deren Intervention in bestehende Bildpraktiken untersucht Haberer an diesem und weiteren Werkbeispielen.

Ausgehend von der Frage nach seinem malerischen Einsatz des Rasters setzen sich Magnus Schaefer, Taslima Ahmed und Doreen Mende in dem Gespräch „Polke als Informationsverarbeiter" damit auseinander, wie Polke über die Transformation von Medienbildern nicht nur deren Informationsgehalt, sondern auch die Technologien seiner Zeit hinterfragte. Der durch die Übertragung der Punkte auf den Bildträger entstehende „visual noise"-Effekt rückt die größtenteils schwarz-weißen Rasterbilder in die Nähe von Radiosignalen oder Fernsehbildern; Polkes Bilder werden damit zum Filter nicht sichtbarer Wahrnehmungsphänomene. Die anhaltende Notwendigkeit, neben den Bildinhalten auch die technologischen Infrastrukturen und deren Einfluss auf Informationsprozesse zu untersuchen, steht auch heute außer Frage und verbindet Polke mit einer aktuellen Künstler*innengeneration.

Als „Parasiten" bezeichnet Daniel Spaulding Sigmar Polkes Raster und Schnörkel. Zusammengesetzt aus diesen Zeichen und Einheiten bewegen sich seine Bilder in einem relationalen, medialen Gefüge, in das sie – störend – eingreifen. Polkes charakteristische Störmomente finden sich auf aktualisierte Weise in den Arbeiten gegenwärtiger Künstler*innen wie Sayre Gomez oder Laura Owens wieder. Bei Gomez sind es halbtransparente Filter wie Fliegengitter oder Drahtzäune, die die Motive verschleiern, bei Owens sind es vergrößerte Schnörkel oder kleinbürgerliche Deko-Elemente. Damit führen sie in Fortsetzung zu Polke einen Spagat vor zwischen der (sozialen) Realität und der malerischen Illusion.

„Maybe this is photography now, when people take it as photography." Die Beobachtung des Künstlers Seth Price, dass es sich bei einer Vielzahl von Bildern, die uns als Fotos erscheinen, um vollständig digital erzeugte Bilder handelt, führt Sandra Neugärtner zu einer Neubetrachtung der Indexikalität von Fotografie. Anhand historischer Beispiele untersucht sie das Verhältnis von Apparat, abgelichtetem Gegenstand und fotografischem Bild. Dessen indexikalische Funktion, so Neugärtner, versucht Price wiederzubeleben, indem er synthetische Bilder und chemische Reaktionen miteinander verbindet. Damit rückt er die Materialität und Prozesshaftigkeit der Fotografie in den Fokus und reflektiert gleichzeitig die Diskrepanzen zwischen digitalen und analogen Bildern, indem er Fragen nach deren ästhetischer Wirkung sowie nach ihrer medialen Verbreitung aufwirft.

Die Qualität der Bilder sowie die Macht über sie bemessen sich heute daran, wer den Content entschlüsseln, sie weiterleiten und damit in neue Kontexte überführen kann. Das genaue (Hin-)Sehen ist vielleicht nie herausfordernder und gleichzeitig wichtiger gewesen als in unserer Gegenwart.

YOU CAN SEE WHAT IT IS

KATHRIN BARUTZKI AND NELLY GAWELLEK

"Isn't seeing a little like knowing the background and context?"

Sigmar Polke quoted in "Kultur des Rasters: Ateliergespräch mit dem Maler Sigmar Polke," *Rheinische Post*, May 10, 1966.

What role do images play in our perception of the world? What relationship do they enjoy to reality, and how is their meaning changing as they are increasingly distributed through various media? Sigmar Polke was asking such questions back in the 1960s when he made his *Rasterbilder*, pictures based on the halftone printing technique, at Düsseldorf Art Academy. In these paintings, he transposed newspaper photographs dot by dot onto canvas or paper and reflected on images in the media environment and their concomitant transformation. He belonged to a generation of postwar artists whose works critically examined the shaping power of such images and image-making technologies.

By now, raster dots have become pixels and images are made with digital technologies rather than by hand or with machines. AI and algorithms guide their distribution. But many of the questions that Polke and his contemporaries posed of images remain more relevant than ever today and take on new urgency when seen in the context of the web. How do contemporary visual technologies shape our everyday? How do digital image-making processes generate meaning? How are new realities produced, and how might old realities be manipulated?

Ever since Hito Steyerl's now-canonical essay "In Defense of the Poor Image" was published in 2009, it has become clear that the focus is no longer on a single original but on images that result from the original: reformatted, changed, and distributed reproductions. They are "poor" at most in terms of their resolution, yet rich in their mobility and mutability, reaching other viewers and showing themselves to be better able to respond to current issues in a constantly changing and globally networked world.

Whether low- or high-res, duplicated or modified, the scales Polke makes use of in his images serve to comment on or contaminate specific depictions, as Lilian Haberer puts it. Lee Harvey Oswald's mug shot dances across the page in dots through Polke's work and resembles a ghostly revenant of Kennedy's purported assassin. Haberer investigates this example and others from Polke's artistic work, which is defined by experiments and material processes, and their intervention in existing social image practices.

The panel "Polke as an Information Processor," formed of Magnus Schaefer, Taslima Ahmed, and Doreen Mende, begins with the question of Polke's use of the raster in painting, considering whether Polke's transformation of media images not only questions their information content but also the technologies of his time. The visual noise effected by his transfer of dots to the image surface positions the mostly black-and-white raster paintings alongside radio signals and television images: Polke's paintings thus become a filter of invisible phenomena of perception. The lasting need to investigate the technological infrastructures and their influence on information processes along with the image content remains undeniable and ties Polke to the current generation of artists.

Daniel Spaulding describes Polke's rasters and embellishments as "parasites." Composed of these signs and units, Polke's images move in a relational, medial structure in which they disruptively intervene. The artist's characteristic moments of disruption can be found in an updated way in the works of contemporary artists such as Sayre Gomez and Laura Owens. While Gomez uses partially transparent filters such as flyscreens and wire fences, Owens makes use of enlarged ornaments and lower middle-class decorative elements, extending Polke's work to achieve a balancing act between (social) reality and painterly illusion.

"Maybe this is photography now, when people take it as photography." Artist Seth Price's observation that many images we perceive as photographs are wholly digitally generated images leads Sandra Neugärtner to a reconsideration of the indexicality of photography. Using historical examples, she examines the relationship between apparatus, photographed object, and photographic image. According to Neugärtner, Price attempts to revive the indexical function of the latter by combining synthetic images and chemical reactions. In doing so, he brings the materiality and processuality of photography back into focus, while reflecting on the discrepancies between digital and analog images by raising questions about their aesthetic impact as well as their medial distribution.

Today, the quality of images and control over them are measured by who can decode, share, and recontextualize content. The ability to see and look closely has perhaps never been more challenging—and at the same time, more important.

RE-PRODUKTION, SKALIERUNG, KONTAMINATION. MATERIALINTERVENTIONEN SIGMAR POLKES ALS ÄSTHETISCHE, GESELLSCHAFTLICHE PRAKTIKEN

LILIAN HABERER

Auf einer Schwarz-Weiß-Fotografie von 1972 ist der Künstler Sigmar Polke in seiner Rolle als Torwart in einer denkwürdigen Balance zu sehen (Abb. 01): Sein linkes Bein schwingt nach hinten aus wie zum Abstoß mit einem Ball und er hat die Hände erhoben. Dieser instabile Zustand, der entweder zum Fall oder zum Schuss führt, lässt ihn als schwarz-weiße Figur nahezu aus dem Bild kippen. Im Hintergrund befinden sich zwei hängende Stoffbahnen mit unterschiedlichen, irisierenden Punkt- und Fußballmotivrastern, wie diejenigen, die er für sein Gemälde *Alice im Wunderland* verwendete. Die bildfüllenden Strukturen lösen sich nach rechts hin in einer verwischten schwarzen Fläche auf, die sich wie ein überdimensionierter großer Punkt links und rechts von einer nebligen Helligkeit absetzt. Die mitabgebildete Perforation am unteren Bildrand weist die Fotografie als belichtetes Fotonegativ aus, wobei am mittleren rechten Bildrand eine punktförmige Perforierung des Zelluloids mitbelichtet wurde.

Die Fotografie bringt einige der experimentellen und von Materialprozessen geprägten Aktionsweisen Sigmar Polkes exemplarisch zusammen, da das Negativ einer Mehrfachbelichtung und/oder auch Flüssigkeiten aus dem Haushalt ausgesetzt wurde, um seine Oberflächenstruktur und Anmutung zu verändern. Wie Bice Curiger dies für die zweite Ausgabe der Kunstzeitschrift *Parkett* in Bezug auf Sigmar Polkes Beitrag *Desastres und andere bare Wunder* schilderte, ging es darum, die Zelluloidstruktur so aufzubrechen, dass die Kristalle und Raster des Bildes sichtbar würden.[1] *Ohne Titel* (Willich) vereint somit verschiedene, oftmals sich überlagernde, verschränkende und mitunter ausschließende Perspektiven, ob hochskaliert oder miniaturisiert, und verbindet dabei die Mikro- und Makroebenen, sodass sich das Auge an den Überlagerungen und Verunklärungen der Rasterung abarbeitet, irritiert wird, Negativ-Positiveffekte ins Schwimmen geraten und die Nähe und Distanz des Punktprinzips die eigene Perspektive ins Wanken bringen. Curiger spricht in ihrem *Parkett*-Beitrag auch von „Verunreinigungen", die Polke als produktive Elemente nutze, später beschreibt sie diese für seine Rasterbilder als seine Praxis, gegen die gedruckte und auf Wahrheit abzielende Wirklichkeit

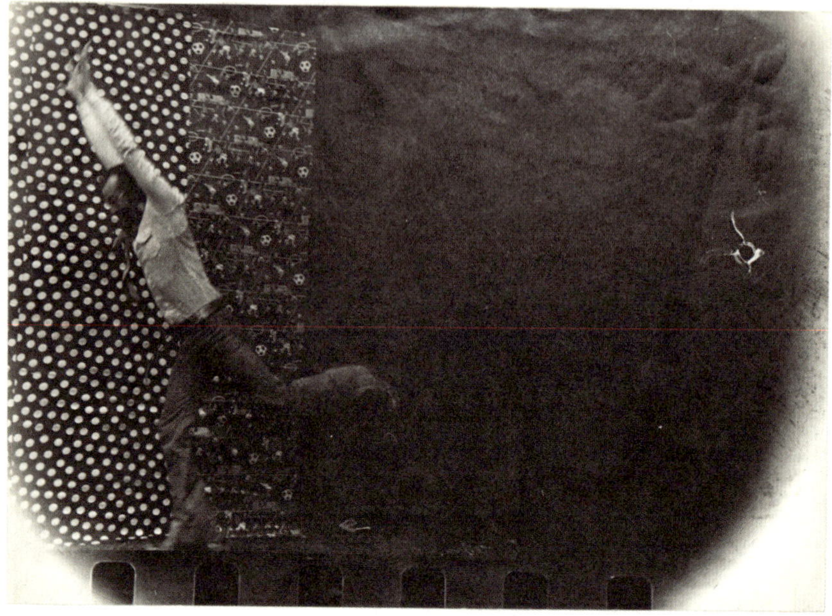

01

mit Brüchen, Fehlstellen, Unregelmäßigkeiten und Kontaminationen zu reagieren.[2] Eben dieses Kontaminieren dient dem Künstler als Verfahren, allzu glatte, geschlossene, konstatierte gesellschaftliche Behauptungen und Darstellungen aufs Korn zu nehmen, zu dekonstruieren und im Experiment die gegen eigene Logiken gewendeten Techniken und Materialien in ihrer Unregelmäßigkeit und Veränderbarkeit zu stärken.

Der überdimensionierte und wolkige Punkt von *Ohne Titel* (Willich) lässt auch an den großskalierten Schatten eines Balls denken – derjenige Fußball, den Wolfgang Kemp in seinem Beitrag zu den „Polke dots!" als den um 1970 eingesetzten schwarz-weiß gerasterten Fußballstandardball identifizierte, diesen analog zum „Punktspiel" des Künstlers beschrieb und damit sein Abarbeiten am Reproduktionsraster sowie am reproduzierbaren Bild selbst (mit Walter Benjamin) einen „Virus" nannte, den sich Polke ins Bild geholt habe.[3] Die in der Fotografie aus seiner Willicher Zeit sowohl durch das Muster des Stoffbilds als auch mittels Experimenten mit Zufallsprozessen entstandenen, optischen Effekte sind hier visuell vermittelt; in den Rasterbildern rekonstruiert er die gerasterte Vorlage manuell unter anderem durch Pinsel oder Sprühflasche.

So entsteht Sigmar Polkes frühe *Rasterzeichnung (Porträt Lee Harvey Oswald)* (1963), die das gesenkte Profil Oswalds, des Attentäters auf den damaligen Präsidenten der Vereinigten Staaten John F. Kennedy, zeigt – wahrscheinlich eine leicht gedrehte Ansicht nach seinem erkennungsdienstlichen Polizeifoto vom Attentat am 22. November. Polke verwendete dazu Posterfarbe und den Bleistift als Arbeitsgerät.[4] Die Punkte sind unterschiedlich groß und mitunter unregelmäßig platziert, es entstehen ebenfalls Lücken in der Rasterung. Die Auslassungen und Varianten lassen nicht nur die Handarbeit erkennen, vielmehr verweisen sie auch auf seine experimentelle Handhabung der Motivvorlage. Denn das Oswald-Porträt hat Polke noch weitere Male verwendet: als Teil einer umfangreichen 4-Kanal-Diaprojektion aus dem Jahr 2000 (Abb. 02–03) sowie als Edition in der 24-teiligen Xerografie-Serie inklusive Titel für das Künstlerbuch *Δ Α Φ Ν Η* (*Daphne*) von 2004 (Abb. 04–05). Sowohl die Diaprojektion als auch die Xerografien führen den Kopiervorgang des Motivs und seine Deformation vor Augen, in dem der Kopf mehrfach, oftmals seitenverkehrt, auf das Blatt kopiert, aber auch das Papier so aus dem Kopierer herausgezogen wurde, dass die Bildvorlage verwischt, verschwimmt, unscharf in die Länge gezogen und nur noch als Silhouette sichtbar wird, oder das Papier selbst als gefaltete, geknickte, verkürzte, von der Glasplatte des Kopierers weggezogene oder gebogene Form in Erscheinung tritt. Moiré-Effekte, langgezogene Schatten und Köpfe, Auslassungen und weiße Flächen im Motiv, verwischte Doppelporträts und gedrehte, über das Blatt tanzende Rastersilhouetten verlebendigen das Sujet. Sigmar Polke arbeitet mit mehrstufigen Vergrößerungen und dem vermeintlichen Effekt des Hinein- und Herauszoomens aus dem Motiv, aber auch mit Fehl- und Leerstellen, indem er Teile des Bildes, der Rasterung etc. durch weitere Materialexperimente verschwinden oder verzerren lässt und sich somit eines Verfahrens der Skalierung bedient.

Der Begriff mag auf den ersten Blick für eine künstlerische Praxis ungewöhnlich erscheinen, da Skalierungen vor allem aus den Bereichen der Geografie, Soziologie, Ökonomie und Psychologie bekannt sind, als Formen der Messung und Übertragung von Systemen auf andere Größen-, Zeit- und Ortsverhältnisse und verbunden mit der Frage, inwiefern diese Hochskalierungen die beobachteten Felder verändern. In der Ästhetik, der Kunst-, Bildtheorie und Literaturwissenschaft stehen Skalierungsfragen bereits mit der Reflexion von Reproduktionstechniken oder digitalen Bildpraktiken im Fokus, treten jedoch seit der Möglichkeit, digital eine Quantität von Bildern oder literarischen Werken zu erfassen, zu archivieren und mit diesen Datenmengen und ihren Skalierungen zu arbeiten, besonders hervor.[5] Mit dem verstärkten Blick auf Mikro- und Makrohistorien, aber auch einer Auseinandersetzung mit globalen Perspektiven richtet sich die Aufmerksamkeit vermehrt auf Prozesse des Skalierens. Carlos Spoerhase sieht diese bei Artefakten und Werken gegenstandsbezogener als in anderen Bereichen und versteht demnach die Skalierung als qualitative und ästhetische Praxis, die auf „Produktion, Zirkulation, Rezeption und Wirksamkeit" Einfluss habe. Er thematisiert ebenfalls, wie Erzählung durch Reskalierung in eine zeitliche Struktur eingebettet wird.[6]

Das Interesse am Bearbeiten von Bildvorlagen, an Bildtechniken und -praktiken und daran, wie Vervielfältigung, Wiederholung, aber auch die Weiterverarbeitung und zeitliche Erfahrung den Blick auf Kunstwerke verändern, stellt sich in Polkes analoger, bildbearbeitender und -erfindender, aber auch das Tagesgeschehen kommentierender künstlerischer Tätigkeit erneut in radikaler Weise.[7] In der Oswald-Serie etwa verselbständigt sich scheinbar das Konterfei des Todesschützen von JFK, löst sich von der Papierfläche, wird mehrfach gedreht und gefaltet, um erneut in einer großformatigen Publikation mit den Xerografie-Editionen auf Papier gebannt zu werden (Abb. 04–05). In der Diaprojektion erscheint der von tanzenden Punkten flackernde Kopf im Dunkeln wie ein Wiedergänger des Täters, dem aufgrund seines gewaltsamen Todes kurze Zeit nach seinem Attentat ebenfalls nur noch eine *ghostly presence*, eine geisterhafte Anwesenheit zukommt: in eine Zeitlichkeit der Projektion eingebettet, vervielfältigt und reskaliert (Abb. 02–03). Polkes manuell-performative Interventionen in den Oswald-Arbeiten ähneln dabei dem durch Verzerren, Manipulieren und Niedrigskalieren von Bildern entstandenen aktuellen Bildpraktiken, wie sie die Künstlerin und Theoretikerin Hito Steyerl thematisiert. Auch wenn Steyerls Begriff des „armen Bildes" als „lumpenproletarische" Variante des hochauflösenden Pendants eigentlich digitalen Bildern gilt, so trifft ihr Satz, dass diese „von Auflösung bestimmt[e]" Darstellung eben von „Zugänglichkeit" und „Ausstellungswert"[8] bestimmt sei, auf Polkes Xerografie-Serien im hohen Maße zu; er könnte aber auch im Hinblick auf die Verbreitung seiner Motive in verschiedenen Kontexten übertragen werden: als Leinwandrekonstruktion, als Kopie, als Projektion, entstanden mittels handwerklicher und durch Belichtungsverfahren erzeugter Doppelgänger. Ihre vielfach rezipierte Auseinandersetzung mit den damals kleinskalierten und zirkulierenden Bildern ist nach Steyerl mittlerweile vom energieverbrauchenden und kapitalisierten „power image" verdrängt worden, das über Phänomene wie NFTs zwar niedrigauflösend, aber mit Gewinnmaximierung verbunden wird.[9] Dieser Konnex zwischen Skalierungen von Bildern und ihren gesellschaftspolitischen, ökonomischen Auswirkungen kommt Sigmar Polkes Verständnis seiner Rasterbilder nahe: So äußerte er bereits 1966 sein Interesse an der Wiederholung, der Nachahmung der Rasterstruktur als gleichmachendes, klischeebehaftetes, strukturelles Prinzip, das er als distanziertes und hergestelltes beschreibt, aber eben auch eng mit den jeweiligen zeitlichen, kulturellen und gesellschaftlichen Bedingungen verwoben sieht:

> „Es zerlegt, zerstreut, ordnet und macht alles gleich. Dann gefällt mir das durch eine Vergrößerung des Bildes hervorgerufene Verschwimmen und in Bewegunggeraten der Punkte, der Wechsel von Erkennbarkeit und Unerkennbarkeit des Motives, die Unentschiedenheit und Zweideutigkeit der Situation, das Offenbleiben. [...] So verstanden, glaube ich, daß mein verwendetes Raster schon eine ganz bestimmte Sicht aufzeigt, eine allgemeine Situation und Interpretation ist: nämlich Struktur meiner Zeit, Struktur einer Gesellschaftsordnung, einer Kultur, genormt, geteilt, aufgeteilt, eingeteilt, gruppiert, spezialisiert."[10]

Skalierung, die in der Rasterung und dem experimentellen Überlagern, Duplizieren, Modifizieren enthalten ist, meint somit immer auch eine qualitative, ästhetische und gesellschaftlich-kommentierende Reflexion. Dass diese Einteilung, Rasterung, und auch das Gleichmachen der Motive ein spielerisches Verfahren und virulentes Sujet bei Polke ist, zeigen zahlreiche andere Editionen, die mit Rasterung und Skalierung arbeiten. So etwa der Offsetdruck *Transit II* (1996/98, Abb. 06), in dem der Künstler die Rasterpunkte kreativ verzerrt, erweitert, vergrößert und Schwarz- und Weißwerte – wie im Negativ – dergestalt umgekehrt hat, dass die schwarzen Punkte nun weiß und die vorherigen Zwischenräume sichtbar geworden sind: als schwarzes, undurchdringliches Netz, in das eine Schattenfigur hineinspringt, um sich vor einer Menge greifender und sie bedrängender Hände zu retten. Polkes Sozialisierung in den 1970ern mit ihrem Gruppen- und Diskursverständnis, wie Bice Curiger schrieb, und einer Schulung „an der hyperpolitisierten Kulturkritik" war dabei unverkennbar.[11]

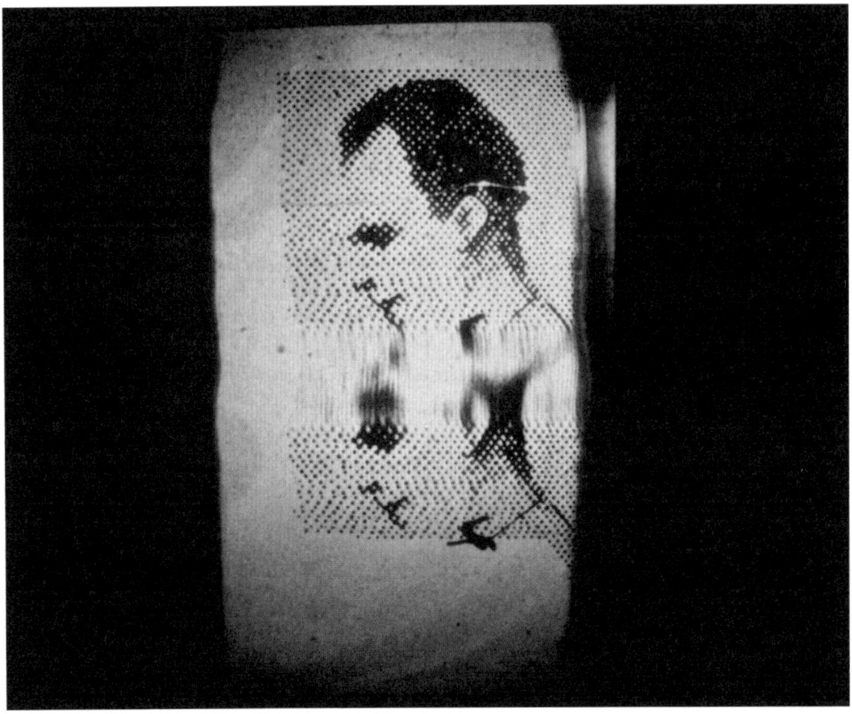

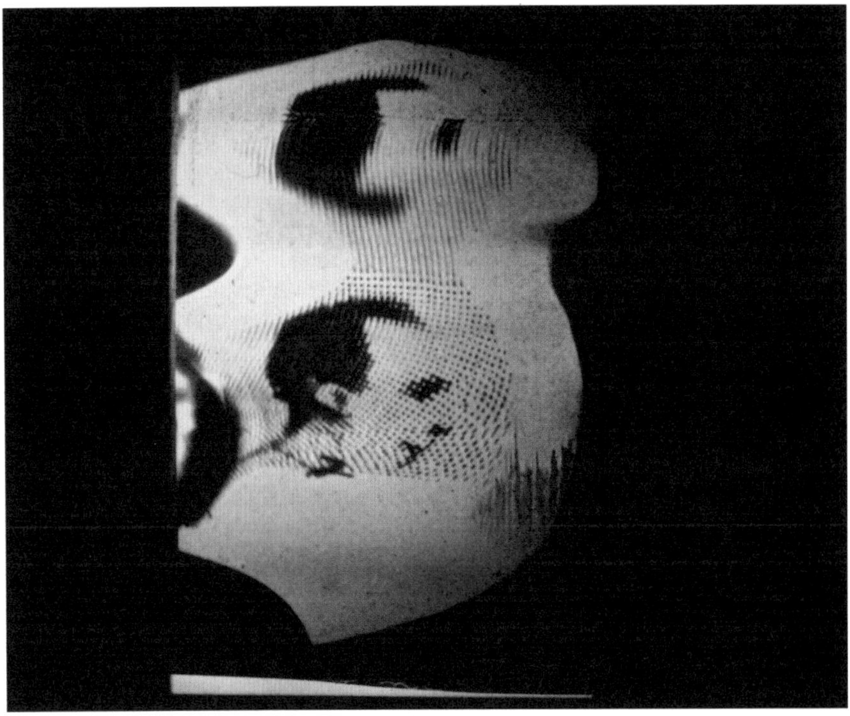

02
03

Eine weitere Serie aus dem *Daphne*-Buch mit dem Titel *Flugscheibe* kann herangezogen werden, bei der sich Sigmar Polke einer historischen Vorlage bediente. Die ebenfalls 24-teilige Edition zeigt die Illustration einer „Vierspiraligen Flugschraube“, wie ein angeschnitten sichtbarer, kommentierender Text unter dem Schaubild im Kapitel „Apparate und Spiele“ ankündigt, den Polke mit in seine Arbeit aufgenommen hat (Abb. 07). Ein Holzstab mit Schnur und einem Propeller setzt das Flugobjekt durch schnelle Drehbewegung in Gang und lässt es nach oben steigen. Die Illustration stammt aus einer um 1900 veröffentlichten zweibändigen Ausgabe *Kolumbus-Eier*, herausgegeben von der Redaktion einer Jungenzeitschrift, die „[a]müsante physikalische Spielereien, Tricks und Experimente“ mit Alltags- und Haushaltsgegenständen, Versuchsanordnungen enthielt – Dinge, die Sigmar Polke ebenfalls besonders interessierten.[12] Die Grafiken dieser Handlungsanweisungen waren für den Buchdruck der Zeit wie üblich Xylografien – im Hochdruckverfahren klischierte Holzstiche, die Polke durch seine fotokopiertechnischen, performativen Eingriffe zum Leben erweckt. Der Propeller vervielfältigt sich, fliegt dadurch in die Höhe, die Hände sind in einer fließenden Linienbewegung so verzerrt, dass die Dynamik des Flugexperiments fast haptisch greifbar wird. Reiner Speck charakterisierte in den *Daphne*-Serien das Verwandeln – vom Material hin zur Bedeutung – als maßgebliches Sujet, die Bewegung und damit auch die Zeit, das Flüchtige einzufangen,[13] und, um seine Beobachtung zu ergänzen, das Transformieren *in der* Zeit zu vermitteln.

Der von Klaus Staeck 2011 herausgegebene Katalog *Rasterfahndung* mit Brief- und Faxkorrespondenz, Editionen, aber auch Fotos aus Polkes Atelier, vermittelt eine Vorstellung seiner Editionsproduktion und Weiterverarbeitung von Motiven: Die gerasterten Scans und Kopien, Ausschnitte aus Vorlagen, collagierte Versatzstücke, Schnipsel, eine Sprühkleberflasche sind auf riesigen, aufgebockten Kartonbögen angeordnet. Ein bekanntes Fotomotiv dieser Zeit zeigt Polke, wie er auf einer auf dem Boden ausgebreiteten Serie von im Kopierer verzerrten und bearbeiteten Ausdrucken liegt, als würde er die fallenden und umgedrehten Figuren darauf reinszenieren und die Skalierung in den Realraum hin fortführen. Polke trieb, so formulierte Kathy Halbreich prägnant, die Materialien „bis an einen Punkt, wo die Vernunft strauchelt“.[14] Diese Versuche können somit als diejenigen experimentellen Praktiken bezeichnet werden, die Strukturen und Verkrustungen seines Umfelds und Texturen der Gesellschaft mit seinen Rasterirritationen mittels Wiederverwendung (Re-Produktion), Kontamination und Skalierung neu öffnen und performativ herausfordern.

1 Bice Curiger, „Zur Entstehung von *Desastres und andere bare Wunder*“, in dieser Publikation, S. 151–158, hier S. 152., vgl. auch dies., „Sigmar Polkes Beitrag für *Parkett*“, in: *Parkett*, Nr. 2, Zürich 1984, S. 50–54.

2 Bice Curiger, „Sigmar Polke“, in: *Parkett*, Nr. 2, 1984, S. 36–49, hier S. 37. Dies., *Sigmar Polke. Alles fließt: Die Photo Copie GmbH*, hg. von Klaus Gallwitz, Frieder Burda Matineen, Baden-Baden 2004, S. 16. Der Kontaminationsaspekt könnte auch mit jüngeren Theorien von Anna Lowenhaupt Tsing verbunden werden, die in ihrem Pilzbuch über Kollaboration und Kontamination nachdenkt. Vgl. dies., *Der Pilz am Ende der Welt. Über das Leben in den Ruinen des Kapitalismus*, Berlin 2018, insbes. Kap. I.2.

3 Wolfgang Kemp, „Von Bild zu Bild: Dots (Polke dots!)“, in: Petra Lange-Berndt und Dietmar Rübel (Hg.), *Sigmar Polke: Wir Kleinbürger! Zeitgenossen und Zeitgenossinnen. Die 1970er-Jahre*, Ausst.-Kat. Hamburger Kunsthalle 2009/2010, Köln 2009, S. 224–233, hier S. 227–228.

4 Für den Hinweis auf das Lee-Harvey-Oswald-Porträt, das vertiefende Gespräch zu den Editionen und weiteres Material zu Polke danke ich vielmals Nelly Gawellek von der Anna Polke-Stiftung.

5 Vgl. stellvertretend die Lemmata „Skalierung" für die Psychologie und Geografie in Spektrum der Wissenschaft, https://www.spektrum.de/lexikon/psychologie/skalierung/14348, https://www.spektrum.de/lexikon/geographie/skalierung/7283 [zuletzt abgerufen am 16. September 2022]. Ulrich Pfisterer sprach im Mai 2017 im *Merkur* von einer „Big Bang Art History" und geht mit der Flut an Daten und Bildern auch auf die veränderten Bedingungen und Methoden durch eine digitale Kunstgeschichte ein. Siehe ders., „Big Bang Art History", in: *International Journal for Digital Art History*, Nr. 3, 2018, S. 134–139. Vgl. zu Skalierung allgemein Geoffrey West, *Scale: die universalen Gesetze des Lebens von Organismen, Städten und Unternehmen*, München 2019.

6 Carlos Spoerhase, „Skalierung. Ein ästhetischer Grundbegriff der Gegenwart", in: ders./Steffen Siegel/Nicolas Wegmann (Hg.), *Ästhetik der Skalierung*, Zeitschrift für Ästhetik und Allgemeine Kunstwissenschaft, Nr. 18, 2020, S. 5–15, hier S. 8, 10. Das Heft ist Ergebnis eines Symposiums zur Skalierung an der Hochschule der bildenden Künste Essen 2017, an dem ich ebenfalls mit einem Beitrag beteiligt war.

7 Lilian Haberer, „Rewind | Downscale. Künstlerische Verfahren zum armen Bild" in: ebd., S. 165–185, hier S. 169–170. In meinem damaligen Beitrag bezogen sich die Skalierungen eher auf digitale, sogenannte arme Bilder, um einen viel verhandelten Begriff Hito Steyerls zu niedrigaufgelösten, bearbeiteten, gerippten und digital geteilten Bildern aufzugreifen, siehe dazu Hito Steyerl, „In Verteidigung des armen Bildes" (2009), in: Marius Babias (Hg.), *Hito Steyerl. Jenseits der Repräsentation/Beyond Representation. Essays 1999–2009*, Köln 2016, S. 17–24.

8 Ebd., S. 17.

9 Vgl. Lilian Haberer/Philipp Hohmann/Julia Reich u. a., „‚Schwarze Löcher enteignen.' Ein Gespräch mit Hito Steyerl", in: dies. (Hg.), *Text\Werk. Lektüren zu Hito Steyerl*, Berlin 2022, S. 236–250, hier S. 249.

10 Sigmar Polke in: Dieter Hülsmanns, „Kultur des Rasters. Ateliergespräch mit dem Maler Sigmar Polke", *Rheinische Post*, 10. Mai 1966, in: Susanne Rennert (Hg.), *Dieter Hülsmanns und Friedolin Reske: Ateliergespräche, Düsseldorf 1966*, Köln 2018, S. 120–123, hier S. 122.

11 Bice Curiger, „Wir, die intergalaktischen Kleinbürger", in: Lange-Berndt/Rübel 2009 (wie Anm. 3), S. 239–252, hier S. 245.

12 *Kolumbus-Eier. Amüsante physikalische Spielereien, Tricks und Experimente*, um 1900, Reprint Hannover 2000, S. 123–124. Ich danke Nelly Gawellek für den Hinweis und dem Archiv für die Bereitstellung des Reprints.

13 Reiner Speck, „Kein Ding behält seine eigene Erscheinung", in: *Daphne*, Künstlerbuch, Gent/Köln 2004, X–XI.

14 Kathy Halbreich, „*Alibis*: Eine Einführung", in: dies./Mark Godfrey/Lanka Tattersall u. a. (Hg.), *Alibis. Sigmar Polke 1963–2010*, Ausst.-Kat. Museum of Modern Art, New York 2014, Tate Modern, London 2014/2015, Museum Ludwig, Köln 2015, München 2015, S. 72–99, hier S. 72.

Abb. 01 Sigmar Polke, *Ohne Titel* (Willich), 1972, Silbergelatineabzug, ca. 20 × 30 cm
Abb. 02–03 Sigmar Polke, *Ohne Titel*, 2000, 4-Kanal-Diaprojektion, 320 Dias, Maße variabel, Privatsammlung
Abb. 04–05 Sigmar Polke, Doppelseite aus *Daphne*, 2004, Künstlerbuch, 400 Xerografien in 24 Folgen, 41,5 × 29 cm, Gent/Köln 2004
Abb. 06 Sigmar Polke, *Transit II*, 1996/98, Offsetdruck auf Papier, 63 × 90 cm
Abb. 07 Sigmar Polke, Doppelseite aus *Daphne*, 2004, Künstlerbuch, 400 Xerografien in 24 Folgen, 41,5 × 29 cm, Gent/Köln 2004

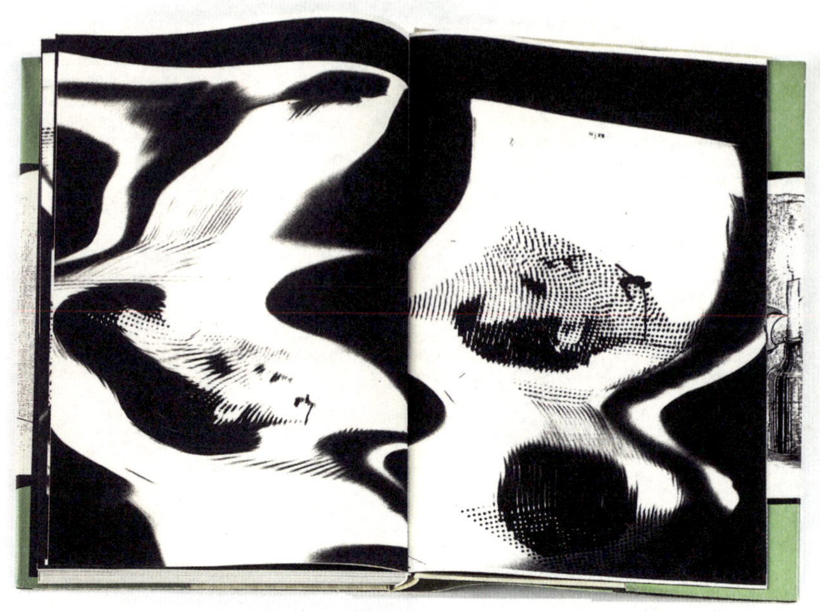

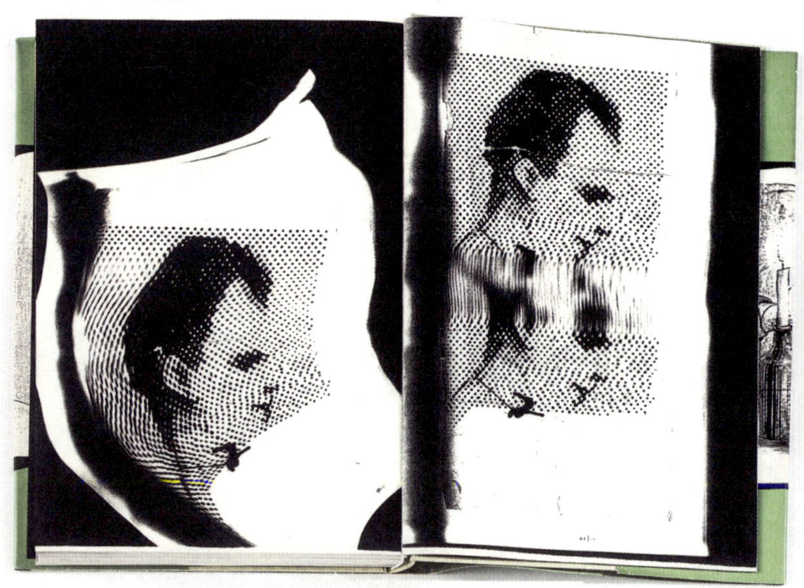

04
05

RE-PRODUCING, SCALING, CONTAMINATING: SIGMAR POLKE'S MATERIAL INTERVENTIONS AS AESTHETIC, SOCIAL PRACTICES

LILIAN HABERER

A black-and-white photograph from 1972 shows the artist Sigmar Polke memorably balanced while playing goalkeeper (fig. 01). His left leg is swung behind him as if ready to kick, and his hands are raised. This unstable pose, which might result in a fall or a shot, almost causes his black-and-white figure to topple out of the frame. In the background there are two lengths of fabric with different iridescent dot and soccer motif rasters like those that he used for his painting *Alice im Wunderland* (Alice in Wonderland). The image-filling structures dissolve to the right into a blurred black surface that contrasts with the misty brightness on the left and right like an oversized large dot. Also shown is a dotted line at the bottom of the image, which reveals that the photograph is an exposed negative, and the perforation of the celluloid at the center right edge of the image has also been included.

The photograph exemplifies some of Polke's experimental modes of working and acting in a manner informed by material processes. The negative has been exposed multiple times and perhaps even treated with everyday liquids to alter its surface texture and appearance. As Bice Curiger wrote in the second issue of *Parkett* in reference to Polke's contribution *Desastres und andere bare Wunder* (Desastres and Other Sheer Miracles), the aim was to rupture the celluloid structure to reveal the image's crystals and raster.[1] *Ohne Titel* (Willich) (Untitled [Willich]) unites different perspectives that overlap, interlock, and conceal one another, both enlarged and shrunk, uniting the micro and macro levels so that the eye works through the overlays and obscurations of the raster, becomes confused, with negative/positive floundering, and the closeness and distance of the dot principle shaking one's perspective. In her *Parkett* article, Curiger also speaks of the "contaminations" Polke used as productive elements; later, she describes these with regard to his *Rasterbilder*, pictures based on the halftone printing technique, as a practice of reacting against the purportedly true printed reality with fractures, imperfections, irregularities, and contaminations.[2] It is precisely this contamination that serves the artist as a procedure for taking to task the too-smooth, closed social assertions and representations, for deconstructing them, and for using experimentation to strengthen the irregularity and changeability of the techniques and materials that have been turned against their own logic.

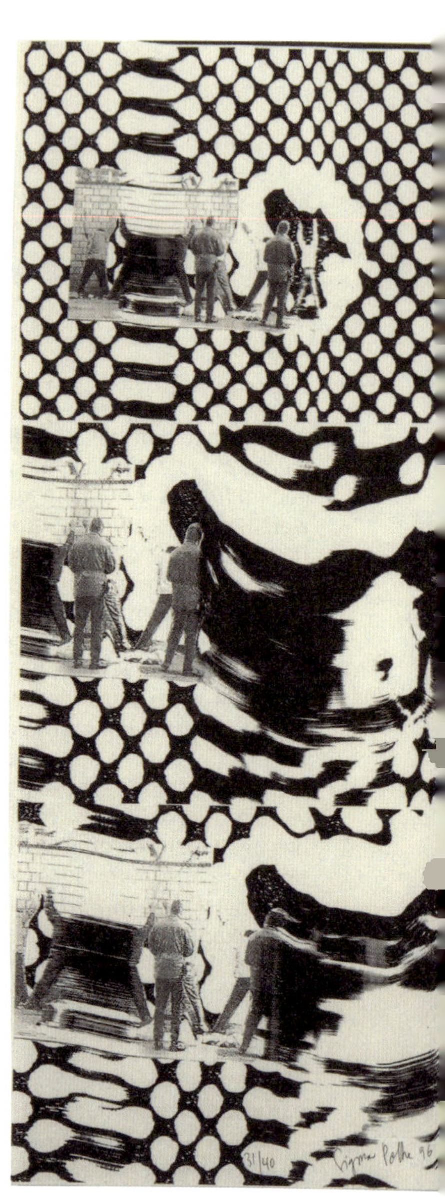
31/40
Sigmar Polke 96

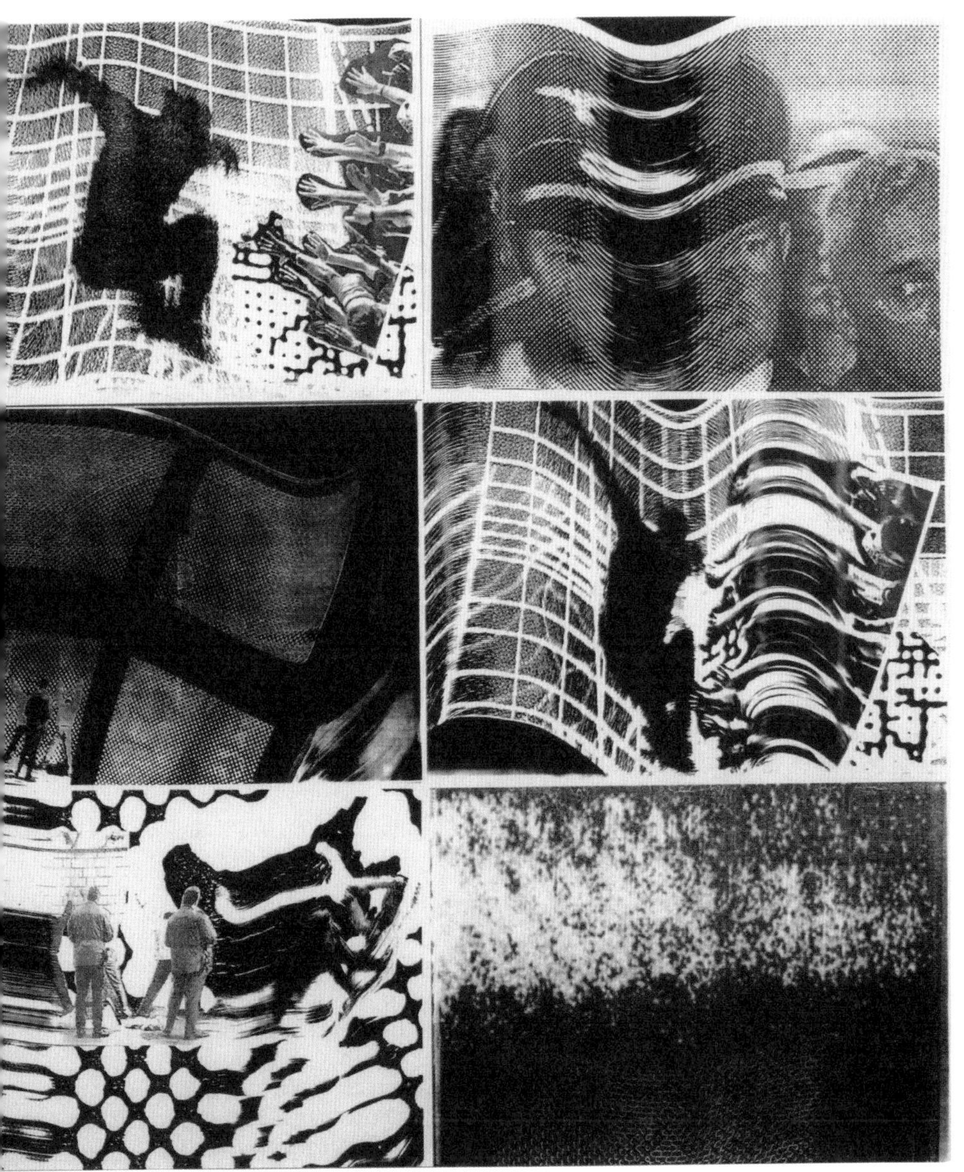

The oversized, cloud-like dot of *Ohne Titel* (Willich) is also reminiscent of a radically enlarged ball—the very soccer ball that Wolfgang Kemp identifies in his essay on "Polke Dots!" as the standard black-and-white patterned soccer ball in use since 1970. He described it as being analogous to the artist's "dot game" and termed his working off the reproduction raster as well as the reproducible image itself (à la Walter Benjamin) a "virus" that Polke had inserted into the picture.[3] The optical effects created in his Willich-era photographs, both by the pattern of the fabric image and by experiments with randomized processes, are visually conveyed here. In the raster images, he reconstructs the grid-like pattern by hand using a brush and a spray bottle, among other things.

This is how Polke's early *Rasterzeichnung (Porträt Lee Harvey Oswald)* (Raster Drawing [Portrait of Lee Harvey Oswald], 1963) was made. It shows Oswald, who assassinated US president John F. Kennedy, in profile, head bowed. Most likely it is a slightly rotated view of his mug shot taken after the shooting on November 22. Polke used poster paints and a pencil; the dots vary in size and are irregularly placed, yielding gaps in the raster.[4] The lacunae and variations speak to the artist's working by hand; more importantly, they testify to his experimental use of the original image. For Polke also used Oswald's portraits in other instances: as part of an extensive four-channel slide projection in 2000 (figs. 02–03) and as an edition in a twenty-four-part xerographic series (including the title page) for his 2004 artist book *ΔΑΦΝΗ* (Daphne; figs. 04–05). Both the slide projection and the xerographs make visible the process of copying the motif and its subsequent deformation. The head is repeatedly copied onto the sheet, often laterally reversed, and the paper is pulled out of the copier in such a way that the original image is blurred and only discernable as a silhouette; and the paper itself appears to be a folded, creased, shortened shape that has been pulled or curved away from the glass plate of the copier. The subject is brought to life by moiré patterns, etiolated shadows and heads, lacunae and white patches on the motif, smeared or rotated double portraits, and raster silhouettes playing across the sheet. Polke worked with multistep enlargement processes and the effect of ostensibly zooming in on and away from a motif. He also created missing and empty spaces by erasing and distorting parts of the image, the grid, et cetera through further material experiments that yielded a scaling process.

At first the term might seem unusual for an artistic practice, since such scales are most commonly found as forms of measuring and transferring systems to other sizes, times, and locations in the fields of geography, sociology, economics, and psychology, most often in relation to the question of to what extent such upscalings change the observed fields. In the fields of aesthetics, visual studies, art theory, and literary studies, questions around scaling are already a point of focus when considering reproduction techniques and digital image practices. They have become especially prominent since it became possible to digitally process and archive a large quantity of images or literary works, and to work with these data sets and their scaling.[5] Increasingly, the focus has been on processes of scaling with regard to micro- and macro-histories but also as a consideration of global perspectives. Carlos Spoerhase views these histories as more focused on objects such as artifacts and works than in other areas and accordingly understands scaling as a qualitative and aesthetic practice influencing "production, circulation, reception, and efficacy." He also writes on how rescaling embeds narrative into a temporal structure.[6]

Polke's analog artistic practice, which alters and invents existing images while also commenting on daily events, radically addresses his interest in changing extant images and image-making techniques and practices.[7] It also addresses how duplication, repetition, and the elaboration on and temporal experience of the artwork changes how we view it. In his *Oswald* series, for instance, the portrait of the gunman seems to take on a life of its own, peeling away from the paper surface. It is repeatedly rotated and folded in order to once again be captured on paper in an editioned publication of large-format xerographs (figs. 04–05). In a slide projection, his head, flickering with dancing dots, appears in the dark like a revenant of the perpetrator—he himself was assassinated by Jack Ruby shortly after he committed his crime—retaining only a ghostly presence: embedded in the temporality of the projection, reproduced, and rescaled (figs. 02–03). Polke's manual-performative interventions into his work with Oswald resemble the distortions, manipulations, and downscalings of current art practices, on which the artist and theorist Hito Steyerl has written. Although Steyerl's term *poor image* referred to a lumpen proletarian counterpoint to the high-resolution digital images, her sentence that this depiction "according to its resolution" is determined by its "accessibility," and "exhibition value" can readily be applied to Polke's xerography series.[8] It can also be extended to the dissemination of his motifs in various contexts: as canvas reconstructions, as copies, as duplicate projections—doppelganger—created through craft and exposure procedures. According to Steyerl, her widely received examination of the small-scale images circulating has since been displaced by the energy-guzzling and capitalized "power image," which remains low-res but is associated with profit maximization thanks to phenomena such as NFTs.[9] This link between scaling images and their socio-political, economic effects is in line with Polke's understanding of his raster images. As early as 1966, he voiced his interest in the repetition and imitation of the raster structure as an equalizing and stereotyping structural principle that he initially characterized as distanced and constructed, but also tightly interwoven with the temporal, cultural, and societal conditions of its time:

> It dismantles, disperses, orders, and makes everything the same. And I like the blurring of the dots caused by the enlargement of the image and the dots forced into motion, the motif's alternation between recognizability and unrecognizability, the indecision and ambiguity of the situation, the remaining open.
> ... Understood in this way, I believe that the raster I use has a very particular viewpoint, and is a broad situation and interpretation, namely a structure of my time, a structure of a societal order, a culture, that has been standardized, divided, subdivided, grouped, specialized.[10]

Thus, the scaling contained in the rastering and the experimental superimposition, duplication, and modification always also denotes a qualitative, aesthetic, and reflective commenting on society. Numerous other editions by Polke show that this division, rastering, and conflating of motifs is a playful procedure and an abiding subject in Polke's work. One example is the offset print *Transit II* (1996/1998; fig. 06). Here, the artist creatively

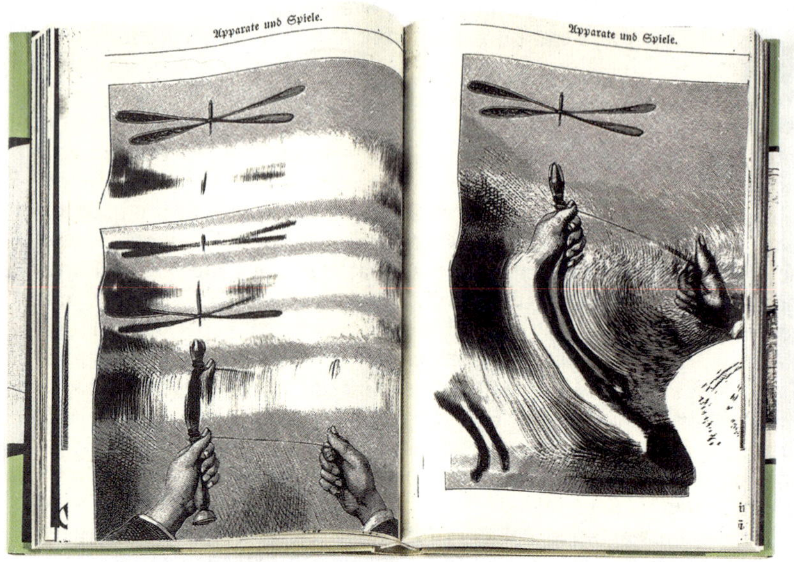

07

distorts, expands, and enlarges the halftone dots, reversing black and white values to create a negative image in which the black dots are white, and the white spaces have become visible, turning into a black, impenetrable net into which a shadowy figure leaps to save itself from a crowd of grasping and restraining hands. What is unmistakable here is Polke's socialization in the 1970s, with its groups and discussions, as Curiger wrote, and his training "in hyper-politicized cultural criticism."[11]

Here reference can be made to another series from *Daphne*, titled *Flugscheibe* (Flying Disc), in which Polke made use of a historical image. This edition, also in twenty-four parts, contains an illustration of a four-spiral propeller, as can be seen in a clipped bit of visible commentary beneath the figure in the chapter "Apparatus and Games," which Polke included in his work (fig. 07). A wooden rod with a cord and a propeller sets the flying object in motion and by a quick rotary motion makes it ascend. The illustration is taken from a two-volume edition of *Kolumbus-Eier* published in around 1900 by the editors of a boys' magazine containing instructions for "amusing physical games, tricks, and experiments" with everyday and household objects, which also interested Polke.[12] The graphics used in these instructions for action were the xylographs typical in bookmaking at the time—wood engravings clichéd in a letterpress process that Polke brought to life with his photocopying and performative interventions. The propeller multiplies while flying aloft and the hands are distorted in a fluid movement of lines in such a way that the dynamics of the flight experiment become almost haptically tangible. Reiner Speck has characterized the metamorphosis in the *Daphne* series from material to meaning as a decisive subject to capture movement and thus also time and ephemerality, and—to extend his observation, to convey its transformation *within* time itself.[13]

Rasterfahndung (Dragnet Investigation), the 2011 catalogue edited by Klaus Staeck, includes correspondence sent by letter and fax, editions, and also photographs from Polke's studio. They convey a sense of how he made his editions and continued working on motifs: the rastered scans and copies, cut-outs from found materials, collaged additions, snippets, and a can of glue spray are arranged on a huge pile of cardboard sheets. A well-known photograph from this era shows Polke lying on a series of copies spread across the floor, distorted and processed in a copy machine, as if he were reenacting the falling, inverted figures shown and extending them into the real world. Polke's experiments with materials, which Kathy Halbreich pithily described as "push[ing] his materials to the point where reason falters," can thus be described as experimental practices that reopen and performatively question the structures and encrustations of his environment and the textures of society with its raster provocations through reuse (in re-production), contamination, and scaling.[14]

1 Bice Curiger, "On the Making of *Desastres and Other Sheer Miracles*," in this book, 151–58, here 152. Cf. Bice Curiger, "Sigmar Polke's Contribution to *Parkett*," *Parkett* 2 (1984): 50–54.

2 Bice Curiger, "Theory of Pulsating Particles," *Parkett* 2 (1984): 36–38, here 37. Curiger, *Sigmar Polke. Alles fließt: Die Photo Copie GmbH*, ed. Klaus Gallwitz, Baden-Baden, Frieder Burda Matineen (Karlsruhe: Engelhardt & Baue, 2004), 16. This aspect of contamination can be connected to the recent theories of Anna Lowenhaupt Tsing, who reflects on collaboration and contamination in *The Mushroom at the End of the World: On the Possibility of Life in Capitalist Ruins* (Princeton, NJ: Princeton University Press, 2015); see especially part 1, chapter 2.

3 Wolfgang Kemp, "From Picture to Picture: Dots (Polke Dots!)" in *Sigmar Polke: We Petty Bourgeois! Comrades and Contemporaries, The 1970s*, ed. Petra Lange-Berndt and Dietmar Rübel (Cologne: Verlag der Buchhandlung Walther König, 2011), 240–49, here 243–44.

4 I am deeply indebted to Nelly Gawellek from the Anna Polke Foundation for our comprehensive discussion of Polke's work and sharing the portrait of Lee Harvey Oswald with me, as well as many other important materials on Polke.

5 For example, compare the entries under the headword "Skalierung" (scale) for psychology versus geography on Spektrum der Wissenschaft, https://www.spektrum.de/lexikon/psychologie/skalierung/14348 and https://www.spektrum.de/lexikon/geographie/skalierung/7283 (both accessed on September 16, 2022). Ulrich Pfisterer wrote about the concept of a "big bang art history" in *Merkur* (May 2017), discussing the flood of files and images online as well as the changing meanings and methods of art history; see Pfisterer, "Big Bang Art History," in *International Journal for Digital Art History* 3 (2018): 134–39. On the concept of scale, see Geoffrey West, *Scale: The Universal Laws of Growth, Innovation, Sustainability, and the Pace of Life in Organisms, Cities, Economies, and Companies* (New York: Penguin Press, 2017).

6 Carlos Spoerhase, "Skalierung: Ein ästhetischer Grundbegriff der Gegenwart," in *Ästhetik der Skalierung*, ed. Carlos Spoerhase, Steffen Siegel, and Nicolas Wegmann (Hamburg: Felix Meiner Verlag, 2020), 5–15, here 8, 10. This book is the result of the editors' symposium on scale at the University of Fine Arts Essen, to which I also contributed.

7 Lilian Haberer, "Rewind | Downscale: Künstlerische Verfahren zum armen Bild," in *Ästhetik der Skalierung*, 165–85, here 169–70. In my contribution to the symposium, I related scale to the digital "poor image," building on the term coined by Hito Steyerl, which refers to edited, ripped, low-resolution digitally shared images. Steyerl, "In Defense of the Poor Image," *e-flux Journal* 10 (November 2009), https://www.e-flux.com/journal/10/61362/in-defense-of-the-poor-image/ (accessed on November 6, 2022).

8 Steyerl, "In Defense of the Poor Image."

9 See "'Schwarze Löcher enteignen': Ein Gespräch mit Hito Steyerl," in *Text\Werk: Lektüren zu Hito Steyerl*, ed. Lilian Haberer et al. (Berlin: Hatje Cantz, 2022), 236–50, here 249.

10 Sigmar Polke quoted in Dieter Hülsmanns, "Kultur des Rasters: Ateliergespräch mit dem Maler Sigmar Polke," *Rheinische Post*, May 10, 1966, in *Dieter Hülsmanns und Friedolin Reske: Ateliergespräche, Düsseldorf 1966*, ed. Susanne Rennert (Cologne: Verlag der Buchhandlung Walther König, 2018), 120–23, here 122.

11 Bice Curiger, "We, the Intergalactic Petty Bourgeois," in *Sigmar Polke: We Petty Bourgeois!*, 255–68, here 261.

12 *Kolumbus-Eier: Amüsante physikalische Spielereien, Tricks und Experimente* (Hanover: Libri Rari Editions, 2000), 123–24. The book is a reprint of the original, ca. 1900. My thanks to Nelly Gawellek for sharing the archive and for giving me access to the reprint.

13 Reiner Speck, "Kein Ding behält seine eigene Erscheinung," in *Daphne*, artist's book (Ghent/Cologne, 2004), x–xi.

14 Kathy Halbreich, "Alibis: An Introduction," in *Alibis: Sigmar Polke, 1963–2010*, ed. Kathy Halbreich, Mark Godfrey, Lanka Tattersall, and Magnus Schaefer (New York: Museum of Modern Art, 2014), 66–94, here 66.

Fig. 01 Sigmar Polke, *Ohne Titel* (Willich) (Untitled [Willich]), 1972, gelatin silver print on paper, ca. 20 × 30 cm
Figs. 02–03 Sigmar Polke, *Ohne Titel* (Untitled), 2000, four-channel slide projection, 320 slides, variable size, private collection
Figs. 04–05 Sigmar Polke, double-page spread from *Daphne*, artist's book, four hundred xerographs in twenty-four sequences, 41.5 × 29 cm, Ghent/Cologne, 2004
Fig. 06 Sigmar Polke, *Transit II*, 1996/1998, offset print on paper and card, 63 × 90 cm
Fig. 07 Sigmar Polke, double-page spread from *Daphne*, artist's book, four hundred xerographs in twenty-four sequences, 41.5 × 29 cm, Ghent/Cologne, 2004

MAGNUS SCHAEFER IM GESPRÄCH MIT TASLIMA AHMED UND DOREEN MENDE

MAGNUS SCHAEFER:

Als Ausgangspunkt für unser Gespräch über Sigmar Polke und digitale Medien möchte ich ein paar Gedanken dazu umreißen, was ein digitales Bild Künstler*innen in den späten 1950er- und frühen 1960er-Jahren bedeutet haben könnte. Unter dem Titel *Rasterbilder* malte K.O. Götz, einer von Polkes Lehrern an der Kunstakademie in Düsseldorf, eine Serie, in der er an verschiedene Stränge der zeitgenössischen Informationstheorie anknüpfte (Abb. 01). Dahinter steckt die Grundidee, dass ein Bild eine zweidimensionale Matrix ist, die sich aus Quadrateinheiten zusammensetzt, von denen jede durch ein Koordinatensystem adressiert werden kann und entweder schwarz oder weiß ist. Daraus ergibt sich die elementarste Definition eines digitalen oder bildschirmbasierten Bildes, mit dem Götz durch das Radargerät vertraut gewesen sein dürfte, das er als Soldat im Zweiten Weltkrieg bedient hatte. Götz betrachtete diese *Rasterbilder* als Platzhalter für das, was er „elektronische Malerei" nannte. Seinerzeit wäre es ihm unmöglich gewesen, tatsächlich elektronische Bilder zu erzeugen, da er zur dafür nötigen Technologie keinen Zugang hatte. Mit diesen Gemälden wollte Götz semantische beziehungsweise subjektive Bildinterpretationen ersetzen durch eine rein quantitative Logik, die auf der stochastischen Verteilung von schwarzen und weißen Quadraten sowie dem Grad an Variation in einem Bild beruht.

Dies führte mich zu der Frage, was wir aus der Beziehung zwischen Malerei und digitalen Bildern lernen können, wenn wir sie nicht phänomenologisch, sondern im Sinne von Information verstehen. Und was können wir im Besonderen im Blick auf Sigmar Polkes Arbeit lernen? Mit seinen eigenen Rasterbildern begann Polke 1963. Die Halbtonbilder aus Zeitungen, die er dazu benutzte, transkribierte er von Hand in Zeichnungen und Gemälde, manchmal Punkt für Punkt, manchmal, indem er zuerst ein Gittermuster anlegte und dann die Punkte miteinander verband. Im Zuge des Vergrößerns und manuellen Übertragens der Halbtonbilder fügte er ihnen visuelles Rauschen bei. Für seine *Rasterzeichnung (Porträt Lee Harvey Oswald,* Abb. 02) begann Polke mit einem Bleistiftgitter und trug jeden Punkt mit dem Radiergummi eines Bleistifts auf, den er wie einen Gummistempel benutzte. Die Punkte sind Informationseinheiten ohne jegliche innere Bedeutung, die in einem quasi-mechanischen Vorgang aus einer Halbtonvorlage, die in den Wochen nach der Ermordung von John F. Kennedy ein allgegenwärtiges Bild gewesen sein dürfte, in eine mittelformatige Zeichnung übertragen wurde. Das Skalieren des Zeitungsbilds auf die Größe der Zeichnung bringt einen Verlust an Auflösung mit sich, sodass Details wie etwa ein Großteil der Nase zu verschwinden beginnen. Im unteren rechten Teil des Bildes werden rund um Oswalds Kiefer, Mund und Nase ein paar Punkte von einem „in Bewegung-geraten" erfasst, wie Polke 1966 in einem Interview mit Dieter Hülsmanns formulierte: Sie sind mit dem Gitter nicht genau in Linie und bilden wellige Diagonalmuster, die störend in den Darstellungsinhalt eingreifen – zu schweigen von der Oswalds Hals durchschneidenden Linie, die weder mit der Logik des Rasters noch mit der des Porträts übereinstimmt.[1] Oswalds Gesichtszüge bleiben in der Zeichnung dennoch lesbar.

Ähnlich wie Götz' Rasterbilder bevorzugte dieses Verfahren Struktur gegenüber semantischer Bedeutung. Polke verstand die Verbindung zu technischen Bildern in umfassenderer Weise. Im Interview von 1966 verglich er die Punkte in seinen Rasterbildern mit „Sendezeichen, Funkbildern, Television" und beschrieb das Gitter als „ein System, ein Prinzip, eine Methode, Struktur. Es zerlegt, zerstreut, ordnet und macht alles gleich". Die grundlegenden informationstheoretischen Texte hatten dargelegt, dass Übertragung zu einem Signal unvermeidlich Rauschen hinzufügt, sodass es, statt Rauschen überhaupt zu vermeiden, vielmehr darum geht, es so handzuhaben, dass ein gutes Signal-Rausch-Verhältnis erreicht wird. Ich meine, das gilt auch für Polkes Rasterbilder. Sie stören das Bild als solches nicht, sondern dienen als Modelle für die materiellen und konzeptuellen Unterfütterungen des Informationsumlaufs durch technische Medien. Die Halbtonbilder, die Polke als seine Quellen nutzte, haben eine gewisse Robustheit. Sie wurden gemacht, um in Umlauf gebracht zu werden. Und dies beinhaltet nicht nur die Übertragung durch technische Medien, sondern auch Polkes handgemachte Arbeiten.

Es gibt noch einen weiteren Denkansatz zu einer möglichen Beziehung zwischen Malerei und digitalen Bildern, den ich kurz umreißen möchte. In den 1980er-Jahren begann Polke großformative abstrakte Bilder wie das Triptychon *Negativwert* zu malen. Für dieses Werk benutzte Polke ein besonderes Purpurpigment und polierte die Oberfläche des Gemäldes. Dadurch erreichte er, dass das Pigment das Licht unterschiedlich reflektiert, je nachdem, aus welchem Winkel man das Bild anschaut. Mal sieht die Oberfläche grün aus, mal ist da ein goldener oder bronzener Schimmer. Infolgedessen sind die Werke schwer zu fotografieren. Die Reproduktionen in verschiedenen Katalogen weichen drastisch voneinander ab. Auf diese Weise wehrt sich die Arbeit *Negativwert* dagegen, Information zu werden. Sie negiert die Idee von Information.

TASLIMA AHMED:

Magnus, du hast dich sehr für die Frage eingesetzt, was wir aus Malerei machen können, wenn wir sie nicht bloß als phänomenologische oder erlebte Bilder, sondern als Information behandeln. Ich denke, eine damit verbundene, aber noch interessantere Frage lautet: Was kann ein*e Maler*in anders machen als ein Computerprogramm? Das Bewusstsein spielt dabei eine große Rolle. Bewusstsein lässt sich definieren als Gewahrsein subjektiver Erfahrung und der Existenz einer äußeren Welt. Thomas Metzinger, ein Philosoph der Neurowissenschaft an der Universität Mainz, argumentiert, dass das

Bewusstsein im Grunde ein Organ wie das Gehirn oder das Herz ist. Es ist ein virtuelles Organ, wurde aber gleichwohl durch den Evolutionsprozess geformt. Mir fällt immer mehr auf, dass das Denken von Künstler*innen sich anders entwickelt haben muss als bei anderen Menschen, was sich wiederum darauf auswirkt, wie wir Information erleben oder organisieren. In Polkes Fall glaube ich, dass sein Bewusstsein ein wenig wie ein Muskel funktionierte.

Du hast erwähnt, wie Polke die Rasterpunkte selbst hergestellt hat; man kann aber sehen, dass er das Muster immer unterlief, sobald es ihn langweilte. Obwohl ich die Argumente für eine künstlerische Handschrift, oder für das, was landläufig unter Subjektivität verstanden wird, vermeiden will, denke ich, dass es doch zu enggefasst sein könnte, der Information, besonders in Bezug auf die Malerei, eine stärkere Bedeutung zuzusprechen. Polke, würde ich behaupten, erlebte Information nicht wie ein Computer oder auf eine digitale Art. Klar hat das menschliche Vorstellungsvermögen Grenzen, aber es ist zum Beispiel einem Computer noch immer unmöglich, so etwas Einfaches wie ein abstraktes Konzept oder kausale Zusammenhänge zu erschaffen – etwas, das ein Mensch nach Belieben tun kann und Polke ständig getan hat. Ein Computer ist einem kartesischen Gitter unterstellt und kann Information nur durch Mittelwertbildung oder statistisches Modellieren hervorbringen beziehungsweise extrapolieren. Selbst wenn man das kartesische Gitter mit Information flutet, ist es eigentlich nicht die Information, die die Syntax übersteigt. Es ist das Bewusstsein, oder das, was manche Wissenschaftler*innen gar als Intelligenz bezeichnen würden.

Im postmodernen Verständnis von Malerei wurde die leere Leinwand oft als Nullpunkt der Malerei definiert. Polke hat diesen Nullpunkt der Malerei neu definiert, so dass ein*e Einzelne*r, oder das Bewusstsein, sich frei mit ihr austauschen kann. Mit dem Raster hat er eine neue Ebene als Nullpunkt hinzugefügt und durch diese Erneuerung die Banalität der leeren Leinwand gebrochen. Polke erkannte, dass derlei Einschränkungen einen Kontext für alles Mögliche bereiten würden. Innerhalb dieser Einschränkungen des Mediums konnten Ideen wieder interessant und neu werden. Ohne einen Verstand können diese Fragen gar nicht aufkommen, denn ein Computerprogramm kann diese Art von abstraktem Denken nicht leisten.

Zu Polkes Zeit bedeutete Freiheit, dass die Menschen die Fesseln ihrer Erziehung abschütteln konnten, um neue Dinge zu tun. Aus heutiger Sicht galt dies jedoch nur für eine eng begrenzte Gruppe. Da wir uns heute, wie Aria Dean hervorhebt, nicht auf ein allgemein gültiges Narrativ verständigen können, gibt es auch kein alleiniges Narrativ, das auf alle passt, und somit könnte das Konzept der Information als Impuls für Modernismus oder für eine Reinigung gesehen werden. Um jedoch einen Vergleich von Rosalind Krauss aufzugreifen, in dem sie sich auf das Raster bezieht: Sie sagt, ein Raster ist zwar keine Geschichte, aber eine Struktur, die dem Bewusstsein ermöglicht, zu existieren – und vielleicht könnte Information die gleiche Funktion erfüllen. Polkes Bilder könnten Teil einer Kunstgeschichte oder Kunsterzählung sein, die vorführt, wie Freiheit und Bewusstsein innerhalb solcher Strukturen existieren können.

DOREEN MENDE:

Magnus, du hast vorhin gefragt, was wir heute von den visuellen Techniken lernen können, die Polke damals im Zuge seiner Verwendung von Halbtonbildern entwickelte. Mit solchen Bildern zu experimentieren, war für die

Nachkriegsgeneration weißer männlicher Künstler im geteilten Deutschland der 1960er-Jahre prägend. In Westdeutschland kennzeichnete diesen Zeitraum das Wirtschaftswunder, das auch erstmalig nach der Unmöglichkeit von Kunst in der Folge des Holocaust – Adorno beschrieb sie mit den Worten: „Nach Auschwitz ein Gedicht zu schreiben, ist barbarisch" – eine Bildlichkeit der Konsumwelt hervorbrachte. Unter den Verhältnissen der Nachkriegszeit war das Analysieren der Technomoderne anhand von Bildern folglich für Künstler wie Sigmar Polke, KP Bremer, Gerhard Richter und Manfred Kuttner ein großes Anliegen und ein kritisches Potenzial, Kunst selbst aus der Gesellschaft hervorzurufen. Heute sprechen wir über den Kapitalistischen Realismus, den die Künstler mit ihrem Galeristen René Block selber erfunden haben – nicht als Name für eine Bewegung, sondern vielmehr als Titel einer Ausstellung und eines Buches, das die Bedingung ihrer Praxis beschrieb, was für mich eine triftige selbstreflexive Position ausmacht. Sie interessierten sich dafür, wie Bilder selbst als Instrumente für die Mobilisierung der Massen als Bevölkerung im 20. Jahrhundert funktionierten, was sich nicht trennen lässt von ökonomischen Realitäten wie dem Kapitalismus und politischen Tendenzen wie dem Faschismus, für den Massentechnologie und Bildtechnologie absolut entscheidend waren. Die Künstler des Kapitalistischen Realismus nutzten das Bildermachen als Instrument zum Analysieren von Bildern, von denen die Menschen alltäglich umgeben waren – und die somit dem Ambiente der Gesellschaft gleichkamen, das sie für diese bereithielten. An dieser Stelle eine kleine Fußnote: *Art into Society – Society into Art: Seven German Artists* war 1974 eine epochale Ausstellung im Institute of Contemporary Arts in London (ICA), zu der KP Brehmer Wesentliches beitrug. Ich stimme dir zu, Magnus, dass die semantische Bedeutung von Bildern weniger ein Anliegen war als die Informations-Infrastruktur, in der sich die Bilder befanden. Die Visualisierung von Bildtechnologie bahnte einen Weg sowohl zum Bilden (*imaging*) als auch zum Einbilden (*imagining*). Im Sinne des Künstlers als Bildanalytiker setzten sich Künstler wie Brehmer und Polke mit der Tatsache auseinander, dass die Technomoderne, wie ich sie nennen würde, eine künstlerische Intelligenz erforderte, die ein Zusammengehen der Kunst mit Politik, Materialität des Druckens / Malens, Massenmedien und Autonomie anschob, aus der eine Art Bild-Infrastruktur hervorging. In *Menschenschlange*, einer Arbeit auf Papier aus den frühen 1970er-Jahren setzte Polke Bilder von Menschenmassen in die Frage um, wie das Politische durch Visualisierung erscheint und artikuliert wird. Natürlich könnte man argumentieren, wie du vorschlägst, Magnus, dass Polke digitale Technologien vorweggenommen haben könnte. Digitale Technologien kamen damals allmählich in Umlauf und begannen das Denken in der Kunst zu prägen: Die von Jasia Reichardt 1968 im ICA kuratierte Ausstellung *Cybernetic Serendipity* ist dafür nur ein einflussreiches Beispiel. Dennoch denke ich, dass die Künstler des Kapitalistischen Realismus mehr mit massenmedialen Technologien wie Fernsehen, Zeitungen und Halbtondruck befasst waren. Was wir heute in ihrem Werk finden können, sind Modelle für bestimmte Sensibilitäten und eine Art Drang, die technologischen Infrastrukturen zu untersuchen, die unser Verständnis der Welt formen. Sie bieten Vorbilder dafür, die notwendigen Beziehungen zwischen dem Technologischen und dem Politischen als Arbeitsbedingungen des Sehens zu erforschen.

MS:

Ich möchte etwas zu dem hinzufügen, was du, Doreen, gerade über den Gebrauch gesagt hast, den die Künstler des Kapitalistischen Realismus von den Technologien ihrer Zeit machten. Was mir an den Rasterbildern auffällt, ist, dass der Halbtondruck selbst in den 1960er-Jahren keine neue Technologie war. Die Informationstheorie entstand in den 1940ern und Ingenieure haben die digitalen Bildtechnologien in den 1950ern entwickelt. Der Zugang zu Computern war natürlich höchst beschränkt, aber die Konzepte waren vorhanden, und K.O. Götz setzte sich mit ihnen auseinander. Er las Max Bense, Abraham Moles und andere und veröffentlichte über Informationstheorie. Das Digitalzeitalter nahm in den 1950ern Gestalt an – etwas, das nicht oft im Zusammenhang mit Polkes Werk diskutiert wird.

Ich habe eine bewusst einseitige Deutung von Polkes Rasterbildern vorgelegt, indem ich sie im elektrotechnischen Sinn des Wortes als Signale angesprochen und sie als abstrakte Information behandelt habe, die in Umlauf gebracht wird, und dabei ihre semantische Bedeutung heruntergespielt. Aber natürlich ist da noch mehr.

TA:

Ich glaube, es hat etwas mit dem Bewusstsein zu tun, einem subjektiven Gewahrsein deiner selbst und der Welt da draußen, die das menschliche Gehirn radikal anders sein lässt als einen Computer. Computer können Information nur anhand der Datensätze, die ihnen zur Verfügung stehen, analysieren oder extrapolieren. Sie haben nicht die Freiheit, ihre eigenen Informationen zu wählen oder zufällige Informationen zu verarbeiten. Computer können nicht mit etwas umgehen, das nicht stattgefunden hat oder das höchstwahrscheinlich nicht stattfinden wird. Wir müssen im Auge behalten, wie begrenzt das Digitale gegenwärtig ist. Das heißt nicht, dass es nicht komplexer werden kann. Aber dadurch wird deutlich, dass das, was wir tun können, tatsächlich viel besser ist, als das, wozu ein Computer zum jetzigen Zeitpunkt in der Lage ist.

MS:

Das wirft auch die Frage nach dem Zusammenhang mit der „Bild-Infrastruktur" auf, wie Doreen sie genannt hat.

DM:

Ein tiefgreifender Unterschied zwischen der Situation in den 1960er-Jahren und heute liegt darin, dass KP Brehmer und Polke sich mit Bildern als Repräsentationen auseinandersetzten. Harun Farocki, ein wenn auch etwas jüngerer Angehöriger derselben Generation, hat darauf hingewiesen, dass computergenerierte Bilder keine Repräsentationen sind, sondern unsere Vorstellung von der Welt austricksen: Ein computergeneriertes Bild modelliert unsere (Vorstellung der) Welt – das Gegenteil von Repräsentation. In den 1960er-Jahren fungierten Bilder als Messinstrumente für die Repräsentationsmodalitäten oder Visualität einer Technologie, die Menschen in eine Menge verwandelt. Wenn digitale Bilder und maschinelles Lernen im Spiel sind, fließen in die Herstellung von Bildern Rückkopplungsschleifen ein, was eine Abstandnahme von der Repräsentation erfordert. Die entsprechenden Belange und Politiken unterscheiden sich gänzlich von den 1960ern und führen weit über Repräsentation hinaus. Es geht ebenso darum, die unmittelbare Zukunft zu berechnen, wie um ein Rückkopplungssystem, dass

Wahrnehmungsmodalitäten in den Bilderzeugungsprozess einbindet. Kybernetik und Informationstheorie waren in den 1960ern Schlüsselwissenschaften, aber heute haben wir es mit einem anderen Problemfeld zu tun. Bewusstsein ist dabei ein Kernanliegen. Wie lässt sich ein System von Rückkopplungsschleifen unterbrechen? Was müsste geschehen, damit dieses rekursive System sich selbst offenbart, dass es ein Konstrukt ist?

TA:

Maschinell lernende Algorithmen folgen keinen Naturgesetzen, sondern ihren eigenen Mustern, um unsere Aktivität zu organisieren. Wenn man diese Muster identifiziert, kann man beginnen, die Diskussion dahingehend zu verlagern, wie man sie manipulieren und den Gesetzen unterordnen kann, die uns nützen. Gute Lebensqualität zum Beispiel, gute Bilder, die uns in einen höheren Bewusstseinszustand versetzen.

DM:

Auf welche Weisen wir die Welt verstehen, wird durch Bilder konstruiert. Das ist eine jahrhundertelange Entwicklungslinie, die auf die Erfindung der kartesischen Perspektive zurückreicht, einem Schlüsselelement für die spätere eurozentrische oder koloniale Moderne. Innerhalb dieser Logik ist der Punkt, von dem aus du die Welt siehst, bereits durch ein Raster definiert. Worüber du sprichst, ist sehr spannend, Taslima, aber ich neige zum Technopessimismus.

Die ersten Staffeln der dystopischen Science-Fiction-TV-Serie *Westworld* sind in einem immersiven Themenpark angesiedelt, den erschöpfte, überarbeitete Manager*innen aufsuchen, um ihrer Wirklichkeit zu entkommen. Dieser Park wird programmiert und ist bevölkert von humanoiden Avataren, die als Gefährt*innen, Feind*innen oder Geliebte der nach extremen Abenteuern suchenden Menschen fungieren. Zu bestimmten Zeitpunkten, die durch den Satz „Diese heftigen Freuden haben heftige Enden" markiert sind, entwickeln die Humanoiden ein regelrechtes Bewusstsein von ihrer Situation der Technosklaverei. Dieses Bewusstsein ist es, das eine Emanzipation bewirkt, die die kontrollierbare und berechenbare Logik von Input und Output durchbricht. Demgegenüber glaubten Brehmer, Polke und die Kapitalistischen Realisten noch an die Möglichkeit, die Kontrolle auszuüben. Heute leben wir jedoch in einem Zeitalter, in dem Bilder operative Instrumente einer Form von Kontrolle sind, deren Technologien – besonders auch Bildertechnologien – die menschlicher Kontrolle um eine Stufe übersteigen.

TA:

Künstler*innen können einiges tun, um sich ihre Autonomie zu bewahren. Man kann die Medien, mit denen man konfrontiert ist, wenigstens in geringem Umfang so nutzen, dass man Freiheit darin findet, oder Bewusstsein, oder Möglichkeiten, sich selbst darin zum Ausdruck zu bringen. Das ist es, was mich als Künstlerin antreibt. Ich sehe eine Menge Probleme in unserer Technologie, und ich sehe, dass unsere Technologie nicht sehr demokratisch betrieben wird. Aber ich glaube, dass wir an einen Punkt kommen werden, an dem sie demokratisch betrieben werden *muss*. Wir haben in den letzten Jahren einige Veränderungen erlebt, wie etwa, dass Twitter Donald Trump gesperrt hat. Und wenn es Veränderungen gibt, heißt das, dass etwas manipulierbar ist. Und wenn es manipulierbar ist, kann man es zu jedem Zweck benutzen, den man von ihm möchte. In meiner eigenen Arbeit versuche ich zu verstehen, was Computer über uns gelernt haben, und auch, was wir über Computer gelernt haben. Kann man im dazwischen oder außerhalb davon Kunst machen, oder es rundheraus ablehnen? Computer haben uns bestimmte Dinge über Menschen gezeigt, zum Beispiel, dass unser Sehen dazu neigt, einer bestimmten Linearität zu folgen. Sie haben so viel über uns aufgezeigt, weil sie notwendigerweise Begriffe dafür finden mussten, was wir Menschen eigentlich tun und wie wir Information verarbeiten. Es ist aber alles noch sehr unvollständig. Menschen wie Künstler*innen, die tendenziell nicht in solchen Mustern auf die Dinge blicken, sind nicht darin einbezogen. Auf eine Art macht es heute sogar noch mehr Spaß, Künstler*in zu sein, weil man weiß, dass diese Konventionen mehr und mehr wissenschaftlich auskristallisiert werden, und man deswegen etwas im Verhältnis dazu beweisen kann, oder damit spielen, oder Kunst damit machen.

MS:

In dem, was ihr beide gerade gesagt habt, ist durchgedrungen, dass Technologie nicht außerhalb von Kultur und Geschichte existiert. Doreen, du hast klar gemacht, dass, auch wenn Götz und Polke sich in den 1960er-Jahren mit manchen Grundbegriffen der Digitalität auseinandergesetzt haben, die heutige Lage sich drastisch von der ihren unterscheidet, was die Fragen und Probleme angeht, die digitale Bilder aufwerfen. Und du, Taslima, hast dafür plädiert, diese Fragen als Künstlerin aus kritischer Distanz zu behandeln, aber mit einer gewissen Neugier, wenn nicht Zuversicht. Danke euch beiden fürs Teilen eurer Gedanken.

1 Sigmar Polke in: Dieter Hülsmanns, „Kultur des Rasters. Ateliergespräch mit dem Maler Sigmar Polke“, *Rheinische Post,* 10. Mai 1966, in: Susanne Rennert (Hg.), *Dieter Hülsmanns und Friedolin Reske: Ateliergespräche, Düsseldorf 1966*, Köln 2018, S. 120–123, hier S. 122.

Abb. 01 K.O. Götz, *Statistisch-metrische Modulation "Density 10:3:2:1"*, 1959–61, Filzstift auf 8 Bristol-Kartons (jeweils 50 × 65 cm groß), vom Künstler auf Leinwand aufgezogen, Privatsammlung

Abb. 02 Sigmar Polke, *Rasterzeichnung (Porträt Lee Harvey Oswald)*, 1963, Plakatfarbe und Bleistift auf Papier, 94,8 × 69,8 cm, Privatsammlung

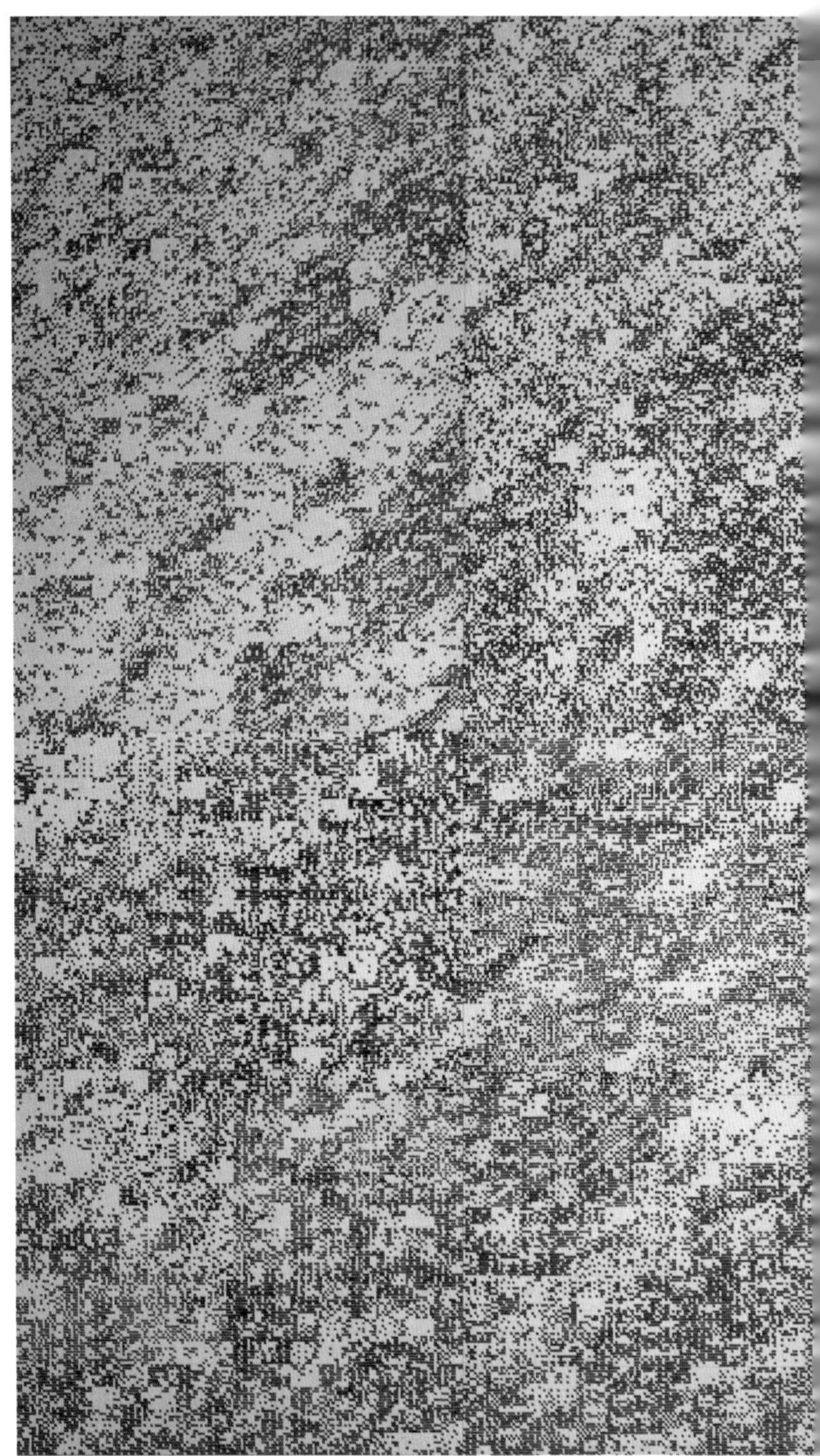

01

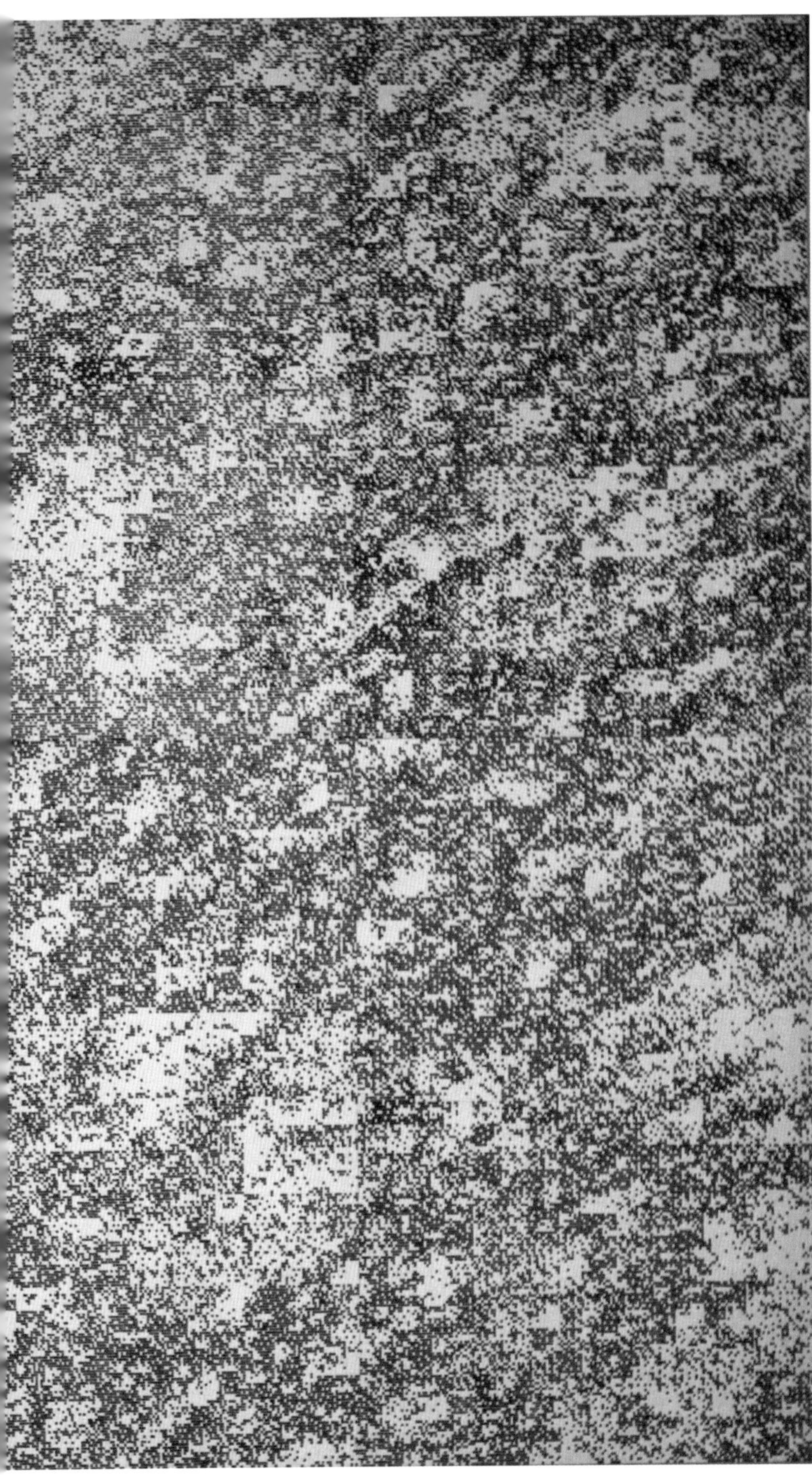

MAGNUS SCHAEFER IN CONVERSATION WITH TASLIMA AHMED AND DOREEN MENDE

MAGNUS SCHAEFER:

As a starting point for our conversation about Sigmar Polke and digital media, I wanted to outline some thoughts on what a digital image may have meant to artists in the late 1950s and early 1960s. K. O. Götz, one of Polke's teachers at Düsseldorf Art Academy, made a series of paintings titled *Rasterbilder*, or grid paintings, for which he drew on various strands of contemporary information theory (fig. 01). The basic idea behind them is that an image is a two-dimensional matrix composed of square units, each of which can be addressed by a set of coordinates and is either black or white. This serves as the most rudimentary definition of a digital or screen-based image, which Götz would have been familiar with from the radar equipment he operated as a soldier during World War II. Götz thought of these *Rasterbilder* as placeholders for what he called "electronic painting." It would have been impossible for him to create actual electronic images at the time, as he did not have access to the necessary technology. With these paintings, Götz wanted to replace semantic and subjective interpretations of images with a purely quantitative logic, based on the stochastic distribution of black-and-white squares and the amount of variation in an image.

This led me to wonder what we can learn about the relationship between painting and digital images when we understand it not phenomenologically, but in terms of information. And what can we learn from looking at Sigmar Polke's work, in particular? Polke began to make his own *Rasterbilder* in 1963, using halftone images from newspapers. He manually transcribed these images into drawings and paintings: sometimes dot by dot, sometimes by laying down a grid pattern first and then connecting the dots. In the process of enlarging and manually transcribing halftone images, Polke added visual noise to them. For his 1963 *Rasterzeichnung (Porträt Lee Harvey Oswald)* (Raster Drawing [Portrait Lee Harvey Oswald]; fig. 02) Polke started out with a pencil grid and applied each dot with the eraser tip of a pencil, which he used like a rubber stamp. The dots are units of information without any inherent meaning that are "transmitted" in a quasi-mechanic process from a halftone source, which would have been a ubiquitous image in the weeks after John F. Kennedy's assassination, into a mid-size drawing. Scaling up the newspaper image to the size of the drawing results in a loss of resolution, so that details, such as much of the nose, begin to disappear. In the lower right part of the image, around Oswald's jaw, mouth and nose, some dots are "set in motion," as Polke phrased it in a 1966 interview with Dieter Hülsmanns; they are not precisely aligned with the grid and form wavy diagonal patterns that interfere with the representational content—not to mention the line cutting across Oswald's neck that neither coheres with the logic of the raster nor with that of the portrait.[1] Yet Oswald's features remain legible in the drawing.

Akin to Götz's *Rasterbilder*, this process privileged structure over semantic meaning. Polke understood the connection to technical images more broadly. In the 1966 interview, he compared the dots in his *Rasterbilder* to "radio signals, telegraphic images, television" and describes the grid as "a system, a principle, a method that divides, disperses, arranges and makes everything the same." The foundational information theory texts had argued that transmission will inevitably add noise to a signal, so that rather than avoiding noise altogether, it is a question of managing it to achieve a good signal-to-noise ratio. And I think this is also true for Polke's *Rasterbilder*. They do not disrupt the image as such, but serve as models for the material and conceptual underpinnings of information circulating through technical media. The halftone images that Polke used as his sources have a certain robustness. They were made to be circulated. And this not only includes transmission through technical media, but also Polke's handmade works.

There's another way of thinking about a possible relationship between painting and digital images that I wanted to briefly sketch out. In the 1980s Polke began to make large-scale abstract paintings such as the *Negativwert* (Negative Value) triptych from 1982. For this work Polke used a special kind of purple pigment, and he burnished the surface of the painting. What he achieved with this was that the pigment reflects light in different ways depending on the angle from which you see the painting. Sometimes the surface looks greenish, sometimes there is a gold or bronze sheen. This means that the works are difficult to photograph. Reproductions in different catalogues vary drastically. In this way, *Negativwert* resists becoming information. It negates the idea of information.

TASLIMA AHMED:

Magnus, you made a great claim for the question as to what we can make of painting not just as phenomenological or experienced images, but as information. I think a related question, but more interesting, is what can a painter do differently to a computer program? Consciousness plays a big role in that. Consciousness can be defined as the awareness of subjective experience and the existence of a world out there. Thomas Metzinger, a philosopher of neuroscience at Mainz University, has argued that consciousness is actually an organ like the brain or the heart. It is a virtual organ but has nevertheless been formed through the process of evolution. It strikes me more and more that artists have differently evolved minds to other people, which in turn affects how we experience or organize information. In Polke's case, I think his consciousness acted a bit like a muscle.

You mentioned how Polke made the raster dots himself, but you can see that he always subverted the pattern as soon as it got boring for him. Whereas I would certainly avoid the "artist's handwriting" arguments, or subjectivity as we commonly understand it, I think to amplify the importance of information with regards to painting in particular might be too narrow. Polke, I would argue, did not experience information like a computer or in a digital way. While I acknowledge that there are limitations to human vision, it is still impossible for a computer, for instance, to create something as simple as an abstract concept or a counterfactual, something that a human can do at will, and which Polke did all the time. A computer is subject to a Cartesian grid and can only create or extrapolate information by averaging and statistical modeling. Even if one floods the Cartesian grid with information, it's not really the information that transcends the syntax. It's the consciousness, or what some scientists would even call "intelligence."

In postmodern painting terms, the blank canvas has so often been defined as painting's zero. Polke redefined the zero of painting in order for a one, or consciousness, to freely interplay with it. He added a new layer of zero with the raster, which refreshed the blank canvas's triteness. Polke recognized that these constraints would provide a context for all sorts of things. Ideas could become interesting and new within the constraints of the media. Without a mind, these questions don't arise because a computer program cannot perform this kind of abstract thinking.

In Polke's time, freedom meant people could shake off the shackles of their upbringing to do new things. But seen through today's lens, this only means something to a very narrow group of people. Because we can't agree on a single narrative today, as Aria Dean points out, no singular narrative has been designed for everyone, and information as a concept could be seen as an impulse for modernism or purification. But to use an analogy from Rosalind Krauss, when she referred to a grid, she said that although a grid isn't a story, it is a structure that allows consciousness to exist, and maybe information could perform the same task. Polke's paintings could be part of an art history or art story that can demonstrate how freedom and consciousness can exist within these structures.

DOREEN MENDE:

Magnus, you asked earlier what we can learn today from the visual techniques that Polke developed at the time based on his use of halftone images. Experimenting with such images was formative for this postwar generation of white, male artists in the divided Germany of the 1960s; it is a period informed in West Germany by the "economic miracle" producing also a visuality of consumerism for the first time after the impossibility of art after the Holocaust that, for example, Theodor Adorno described as "To write poetry after Auschwitz is barbaric." In the postwar condition, analyzing techno-modernity in terms of images was thus a great concern and critical potentiality for artists such as Sigmar Polke, KP Brehmer, Gerhard Richter, and Manfred Kuttner for provoking art itself through society. Today we discuss Capitalist Realism, which the artists invented themselves with their gallerist René Block—not as a name for a movement, but rather as an exhibition and book title describing the condition of their practice, which for me is a pertinent self-reflective position. They were interested in how images themselves functioned as instruments for mobilizing the masses as a population in the twentieth century, which cannot be separated from economic realities such as capitalism and political tendencies such as fascism, for which mass technology and image technology have been absolutely critical. The Capitalist Realism artists used the making of images as an instrument for analyzing images that

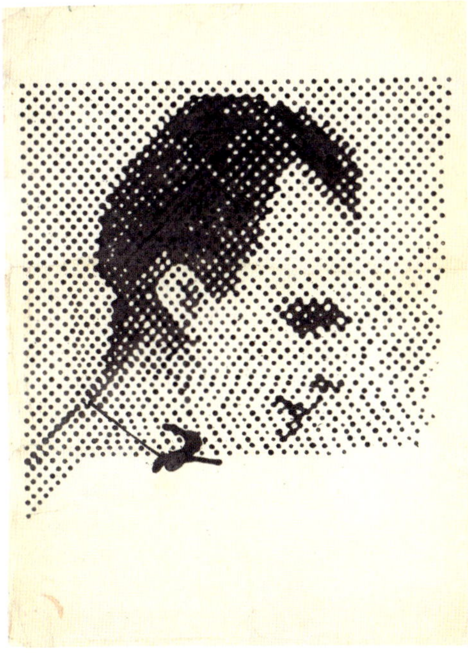

02

surround people on an everyday basis, which means, they are like an ambient phenomenon for and of society. Inserting a brief footnote here: *Art into Society—Society into Art: Seven German Artists* was a landmark exhibition at the Institute of Contemporary Arts in London (ICA) in 1974 to which KP Brehmer contributed substantially. I agree with you, Magnus, that the semantic meaning of images was less a concern than the information infrastructure in which the images existed. The visualization of image technology was a way of *imaging* as well as *imagining*. In terms of the artist as an image analyst, artists such as Brehmer and Polke engaged with the fact that techno-modernity, as I would call it, required an artistic intelligence facilitating an assemblage of art with politics, materiality of print/painting, mass media, and autonomy producing an image-infrastructure of sorts. In *Menschenschlange* (Human Snake), a work on paper from the early 1970s, Polke turned images of the masses into the question of how the political appears and is articulated through visualization. Of course, one could argue, as you suggest, Magnus, that Polke may have anticipated digital technologies. Digital technologies started to circulate and inform art thinking, of which the exhibition *Cybernetic Serendipity*, curated by Jasia Reichardt at the ICA in London in 1968, is just one formative example. Yet, I think that the Capitalist Realism artists were more concerned with mass-media technologies such as television, newspapers, and halftone printing. What we can find in their work today are models for specific sensitivities and a sense of urgency for examining the technological infrastructures that shape our understanding of the world. They offer models for investigating the necessary relations between the technological and the political as labor conditions of seeing.

MS:

I wanted to add something to what you just said, Doreen, about the Capitalist Realism artists using the technologies of their time. What I find striking about the *Rasterbilder* is that halftone printing itself was not a new technology in the 1960s. Information theory emerged in the 1940s and engineers were developing digital image technologies in the 1950s. Access to computers was highly limited, of course, but the concepts existed, and K. O. Götz engaged with them. He read Max Bense, Abraham Moles, and others, and published on information theory. The digital era began to take concrete shape in the 1950s, which is something that is not often discussed in relation to Polke's work.

I offered a deliberately slanted reading of Polke's *Rasterbilder*, approaching them as signals, in an electrical engineering sense of the word, and treating them as abstract information that is made to circulate, while downplaying their semantic meaning. But, of course, there is more there.

TA:

I think it has something to do with consciousness, a subjective awareness of yourself and the world out there, which makes the human brain radically different from a computer. Computers can only analyze or extrapolate information from the data sets that are available to them. They don't have any autonomy to choose their own information or process accidental information. Computers cannot deal with something that hasn't happened or isn't likely to happen. We have to bear in mind how limited the digital is in the present time. That's not to say it is not going to get more complex. But it foregrounds the fact that what we can do is actually a lot better than what a computer can do in this present moment.

MS:

That also raises the question of how this relates to what Doreen called "image infrastructure."

DM:

A profound difference between the situation in the 1960s and now is that KP Brehmer and Polke were concerned with images as politics of representation. In regard to contemporary images as mass media, the filmmaker and writer Harun Farocki, who is still part of the same generation, though a bit younger, has pointed out that computer-generated images are not representations, but trick our imagination of the world: a computer-generated image models (our imagination of) the world—the opposite of representation. In the 1960s images functioned as instruments for measuring the modes of representation or the visuality of a technology that is turning people into a crowd. When it comes to digital images and machine learning, the production of images is influenced by feedback loops, which requires distance from representation. The concerns and politics around that are totally different from the 1960s and go far beyond representation. It's about calculating the immediate future, as well as a feedback system that incorporates modes of perception into the image-making process. Cybernetics and information theory were key in the 1960s, but we are dealing with a different set of problems today. Consciousness is a core concern here. How could the system of feedback loops be interrupted? What would need to happen for this recursive system to reveal to itself that it is a construct?

TA:

Machine-learning algorithms do not follow natural laws but their own patterns of organizing our activity. When you identify those patterns, you can start shifting the discussion toward manipulating them and subordinating them to the laws that serve us. Good quality of life, for instance, good images that bring us to a higher state of consciousness.

DM:

The ways in which we understand the world are constructed through images. This is a centuries-long trajectory that goes back to the invention of Cartesian perspective, which was key to what would become a Eurocentric or colonial modernity. Within this logic, the point from which you see the world is already defined by a grid. What you are speaking about is very compelling, Taslima, but I am leaning toward techno-pessimism.

The early seasons of the dystopian science-fiction TV series *Westworld* are set in an immersive theme park where exhausted, overworked managers go to escape their reality. This park is programmed and populated by humanoid avatars that operate as companions, enemies, or lovers of the extreme-adventure-seeking humans. At specific moments marked by the sentence "These violent delights have violent ends," the humanoids effectively develop consciousness of their own condition of techno-enslavement; it is this consciousness that performs emancipation, which interrupts the controllable and computable logic of input and output. In contrast to this, Brehmer, Polke, and the Capitalist Realism artists still believed in the possibility of control. However, we now live in an era in which images are operational instruments of control, in which technology—specifically also image-technologies—has developed toward a degree beyond human control.

TA:

There are a lot of things that artists can do to maintain autonomy. You can use the media that you are confronted with, at least in any small capacity, to find freedom in that, or consciousness, or to express yourself in that. That's what drives me as an artist. I see lots of problems in our technology, and I see that our technology isn't very democratically run. But I do think that we will come to a position where it will have to be democratically run. We have seen some changes in recent years, such as Twitter banning Donald Trump. If there's change, it means it's manipulatable. And if it's manipulatable, you can use it toward whatever you want it to do for yourself. In my own work, I try to see what computers have learned about us, and also what we have learned about computers. Can you make art in between or out of that, or dismiss it? Computers have shown certain things about human beings, for example, that we have certain visual biases of linearity. They have shown a lot about us, as they made it necessary to conceptualize what we actually do as human beings and how we process information. This is still very rudimentary. It hasn't incorporated people like artists, who tend to not look at things in those patterns. In a way, being an artist is even more fun now because you know that those conventions are becoming more and more scientifically crystallized, and therefore you can prove something in relation to that or play with that or make some art with that.

MS:

What came through in what both of you were saying just now is that technology does not exist outside of culture and history. Doreen, you made clear that even though Götz and Polke engaged with some fundamental concepts of digitality in the 1960s, the situation today is drastically different from theirs in terms of the questions and concerns that arise with digital images. And Taslima, you made a case for attending to these questions as an artist from a critical distance, but with a sense of curiosity, if not optimism. Thank you both for sharing your thoughts.

1 Sigmar Polke quoted in Dieter Hülsmanns, "Kultur des Rasters: Ateliergespräch mit dem Maler Sigmar Polke," *Rheinische Post,* May 10, 1966, in *Dieter Hülsmanns und Friedolin Reske: Ateliergespräche, Düsseldorf 1966*, ed. Susanne Rennert (Cologne: Verlag der Buchhandlung Walther König, 2018), 120–23, here 122.

Fig. 01 K. O. Götz, *Statistisch-metrische Modulation "Density 10:3:2:1"* (Statistical-Metrical Modulation "Density 10:3:2:1"), 1959–61, felt-tip pen on eight Bristol boards (each 50 × 65 cm), mounted on canvas by the artist, private collection

Fig. 02 Sigmar Polke, *Rasterzeichnung (Porträt Lee Harvey Oswald)* (Raster Drawing [Portrait of Lee Harvey Oswald]), 1963, poster paint and pencil on paper, 94.8 × 69.8 cm, private collection

LANGEWEILESCHLEIFE

DANIEL SPAULDING

Um das Jahr 1969 versah Sigmar Polke eine Wand im Keller der Galerie Rudolf Zwirner in Köln mit ein paar nicht unbedingt eleganten Arabesken, für die er mindestens drei verschiedene Klebebänder verwendete. Darunter stand in Plastiklettern der Neologismus *Langeweileschleife* geschrieben. Das Werk siedelt reizvoll auf der Grenze zwischen Kunst und etwas anderem: reiner Zeitverschwendung, möchte es scheinen.

Zu dem Werk gibt es zwei offenkundige Assoziationen. Zunächst der Gedanke, dass Langeweile die Mutter der Erfindung ist. Dies scheint bei Polke der Fall gewesen zu sein, wie damals bei so vielen Künstler*innen. In den späten 1960er-Jahren lagen spontane ausgelassene Späße (entweder im Atelier oder gleich im Ausstellungsraum, wie hier) in den Vereinigten Staaten und Westeuropa als Stil regelrecht im Geist der Zeit.

Dies führt geradewegs zur zweiten relevanten Assoziation. Dass die Schleifen wiederholt über sich selbst Schleifen ziehen, deutet auf eine Allegorie von Polkes nahezu unendlicher Kreativität hin, die an einem bestimmten Punkt nicht länger im begrenzenden Rechteck der traditionellen Malerei zu halten war. Vielmehr schmiegen die Gebilde sich an die Wand wie ein mutierter Sprössling von Wladimir Tatlins spinnenhaften Konterreliefs aus den 1910er-Jahren. Die Formen scheinen pflanzenartig aus einem Prozess zufälliger Selbsterzeugung zu wachsen. Es ist, als sei die Langeweile des Künstlers in einer Blüte aufgegangen. Die Klebestreifen winden und drehen sich durch undurchsichtige Notwendigkeit, getrieben von „Höheren Wesen", rekursiv, stofflich, absurd.

Dies ist die abstrakte Version einer Logik, die im sowohl abstrakten als auch gegenständlichen Werk des Künstlers aus den 1960er-Jahren zum Tragen kommt und formales Prinzip wie beginnende Medientheorie in einem ist. Der Duktus der Markierungen ist geregelt, nimmt aber auch freien Lauf über ein ansonsten undifferenziertes Feld, bevor es zur Bildfläche wird. Weitgehend das Gleiche sehen wir in einigen früheren Arbeiten Polkes, die öfter mit Pop Art oder vielmehr mit deren deutschem Artverwandten, dem Kapitalistischen Realismus, in Verbindung gebracht werden.

Nehmen wir zum Beispiel den *Wurstesser* von 1963, ein Bild, das rundheraus vom Konsum in Westdeutschland während der Zeit des Wirtschaftswunders handelt (Abb. 01). Wie Gerhard Richter, der, wenn auch später, ebenfalls

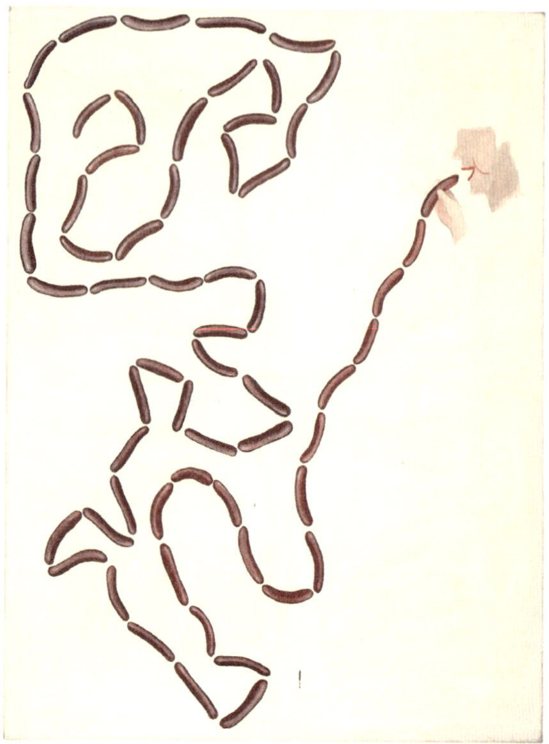

01

aus der sozialistischen Deutschen Demokratischen Republik emigrierte, hatte Polke von früh an eine Antenne für die Absurditäten der Konsumkultur. Der Künstler benennt hier die echt-deutsche Wurst als Signum der kulinarischen Gepflogenheiten seiner Wahlheimat. So weit, so gut – wir bleiben auf dem Gebiet der Ikonografie. Bemerken wir aber auch, wie die Wurstkette zu einer autonomen Linie, einem Mäander wird, wenn sie sich von der schematischen Hand- und Munddarstellung oben rechts wegstreckt. Je weiter sie sich von diesem Punkt entfernt, desto weniger hat sie mit der Erotik des Konsums zu tun: Die Wurstlinie wird vielmehr zu einer schieren Aufgliederung des Bildfelds. Die Würste erzeugen eine Form durch willkürliche Richtungswechsel, die an jedem Verbindungsstück wie bei einer aleatorischen Brownschen Bewegung[1] eintreten können – oder auch nicht. Wir könnten sogar eine Gestalt erkennen, die sich aus dem Muster abzeichnet.

Das Wurstzeichen ist hier die Standard-Formeinheit. Und die Logik des Zeichens regelt den Konsum. Die Wurstlinie ähnelt auch den Kringeln der *Langeweileschleife*, ja kündigt sie schon an, mit dem Unterschied, dass letztere inzwischen keinerlei erkennbaren Darstellungsinhalt mehr aufweist.

Zu den Innovationen von Polkes Frühwerk zählt, dass es die generative Struktur autonomer Form neu konzipiert als eigentlich gar nicht autonom, sondern als deckungsgleich mit der gleichzeitigen Materialität und Abstraktion der Alltagserfahrung im Kapitalismus: Eine Wurst ist wie ein Pinselstrich und so weiter, die ganze Signifikationskette entlang. Polkes Marken sind dann so autonom wie Geld es ist, oder wie der Signifikant bei Lacan – Autonomie als

Sprache der Signifikanten untereinander. Zugrunde liegt hier die Strategie, die ästhetische Einheit oder Marke in Analogie zu wissenschaftlicher Rationalisierung festzulegen, beziehungsweise (damit nicht unverbunden) in Analogie zur Grundoperation aller Warenform, qualitativ unterschiedliche materielle Dinge einander äquivalent zu setzen (ein Phänomen, das manchmal „reale Abstraktion" genannt wird). Diese ästhetische Tendenz reicht allerspätestens auf Georges Seurat zurück. Eine sehr viel neuere Fassung davon dürfte Polke in den ausdrücklich televisuellen Rasterbildern von K.O. Götz, einem seiner Lehrer an der Düsseldorfer Kunstakademie, gekannt haben.[2] Alles dies sind Modalitäten des Bildermachens, bei denen sich eine unterscheidbare – gegenständliche oder abstrakte – Gestalt gegen eine repetitive Matrix herauskristallisiert, die in einem gewissen Grade „ready-made" ist – das heißt außerhalb der Kontrolle des Künstlers liegt.

In Polkes berühmten Rasterbildern der 1960er-Jahre spitzt sich dies zu. Einige davon sind kaum noch gegenständlich. Ich bin nicht der erste, der diese Abstrahierung oder Degradierung des Motivs bemerkt; auch gilt sie nicht ausschließlich für Polke.

Lustvoll entwickeln Polkes Bilder Form aus den Zufälligkeiten der abstrakten Grundierung der Darstellung, die selbst dann dem absichtlichen Wollen entzogen bleibt, wenn, wie in Polkes Rasterbildern, im technischen Sinne alles handgemacht ist. Das Raster, das nichts bedeutet, die Geste, die keine seelische Befindlichkeit materialisiert, und die Langeweileschleife, die nur tote Zeit aufzeichnet, sind Artefakte der Störung, die auftritt, wenn ein formales System in Überlagerung eines anderen betrieben oder die beabsichtigte Klarheit des Systems durch zwei versetzt ausgerichtete Instanzen desselben aufgehoben wird. Auch dies war in den 1960er-Jahren fast ein Epochenstil, übrigens in mehr als einem Medium.

Damit sind wir zu einer weiteren Möglichkeit gelangt, Polkes Bedeutung zu verstehen: als ein Bindeglied nämlich zwischen früheren avantgardistischen Techniken (Picabias dadaistischen Aneignungen technischer Zeichnungen zum Beispiel) und einer neueren Medienökologie, in der die Grenzen zwischen Kunst und anderen Formen visueller Kultur nicht mehr so scharf sind. Allerdings droht Polkes Treue zum Medium der Malerei dadurch als bloßer Archaismus zu erscheinen und zu suggerieren, dass seine Innovationen ausschließlich in den am stärksten technisch mediatisierten Aspekten seiner Praxis zu finden seien. Tatsächlich aber liegen in Bildern, die kein offenkundiges Anzeichen technischer Mediatisierung tragen, das heißt frei von Hand gemalten Arbeiten, die Dinge gar nicht viel anders. Wie die frühen Würstchenketten lassen die in seinem Schaffen zwischen 1964 und 1969 reichlich vorhandenen Palmen und Reiher sich nie genau als direkte mechanische Reproduktionen existierenden Bildmaterials identifizieren. Gleichwohl treten sie, ungeachtet der Abwesenheit eines Originals, wie Reproduktionen auf. Demonstrativ verweisen sie auf ihre Abhängigkeit von einer industrialisierten visuellen Kultur, die mit einer bestimmten sozialen Klasse verknüpft ist, insbesondere dem Kleinbürgertum, das Polke so beharrlich und vielleicht auch herzlich bespöttelt hat.[3] Diese und ähnliche Bilder beschwören sanfte Tropenfantasien aus den Vorstädten der Nachkriegsjahre weniger durch ihren darstellenden Gehalt – der abermals so weit abgeschwächt ist, dass er fast abstrakt wird – als vielmehr durch ihre kalligrafische und doch seltsam anonymisierte Linearität, dem Markenzeichen einer gesäuberten Moderne der Jahrhundertmitte, die im Westdeutschland des ikonischen Nierentischs vorherrschte.

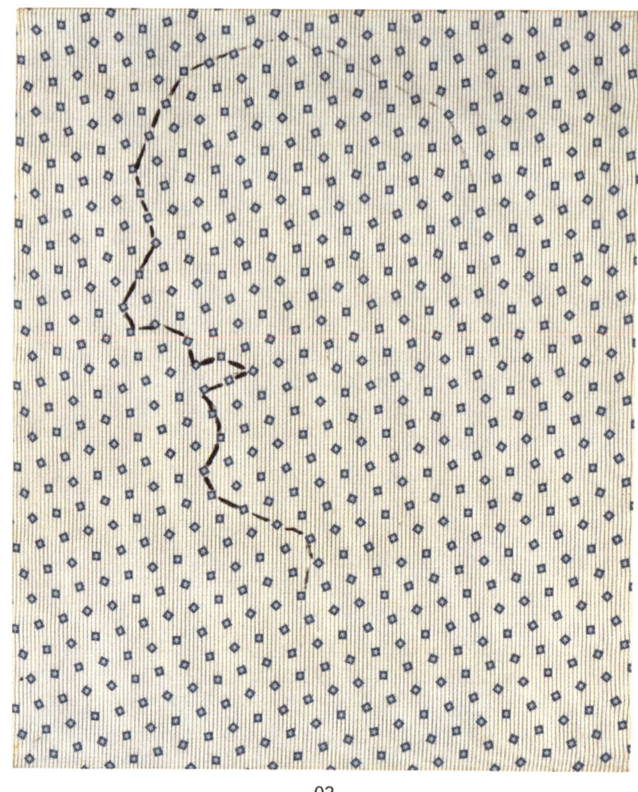

02

Es ist dies eine Möglichkeit zu zeichnen, ohne die Linie zu einem Index autonomer Subjektivität werden zu lassen. Doch sind die Ergebnisse weniger harmlos als vielmehr zum Schreien merkwürdig – und zum Ende der 1960er-Jahre hin rundweg psychedelisch. Polkes Zeichenkunst verinnerlicht somit das Heteronome und spuckt es dann selbstreflexiv als etwas unvorhersagbares Anderes wieder aus. Statt wehmütig um die verlorenen Mächte der Malerei zu trauern, erfindet Polke die Zeichenkunst als Motor zur Differenzierung neu.

Diese ungewöhnliche Artikulation zwischen der Festlegung durch ein schon vorhandenes Gitter und dem quasi aleatorischen Verhalten nicht-expressiver Linien gilt es in der theoretischen Erfassung von Polkes Werk noch in Gänze zu erschließen. Mag das Wort für seriöses akademisches Schreiben zu hemdsärmelig scheinen, so trifft doch keines so gut: Polkes charakteristische Linie ist ein Schnörkel. Ein Schnörkel ist kein Ausbruch von Freiheit im Unfreien oder von Subjektivität im Objektiven. Polkes Linien sind frei in dem Sinn, dass sie nicht offenkundig durch irgendeine indexikalische oder ikonische Notwendigkeit determiniert sind. Aber sie gehorchen auch einem autonomisierten formalen Trieb, wie ich in meiner Diskussion des *Wurstessers* gezeigt habe. Diese Art Linie begeht mindestens drei Verstöße auf einmal: gegen das Decorum des Hintergrundmusters als solches, gegen die vorausgesetzte Originalität des Künstlers und gegen den Naturalismus des Motivs.

Die Bilderserie, die 1964 mit *Das Palmen-Bild* einsetzt, lässt diese Dynamik vielleicht am klarsten erkennen. Es war immer offensichtlich, dass Polkes Vögel und Palmenbäume dem Tropenkitsch-Vokabular der

Jahrhundertmitte entlehnt sind. Die Standardisierung des Gestus hindert hier jedoch die Malmarkierungen, sich mit den Elementen zu verzahnen, die sie üblicherweise zusammenhalten sollen. Starr und ungelenk stehen die Palmen-Schnörkel im übertragenen und manchmal auch wörtlichen Sinn schräg zu ihrem vorgefertigten Trägermaterial. („Schräg schneiden" heißt, ein Gewebe diagonal zu seinem horizontal-vertikalen Fadenlauf zu schneiden.) Die Absicht der Schnörkel, in den Hintergrund einzusinken, erfüllt sich nicht, und sie werden wieder Figur, während sie gleichwohl noch immer dem Grund irgendwie verhaftet bleiben. Polkes Verweigerung sowohl des Ausdrucks als auch der Mimesis rückt die gemalte Marke der Beschaffenheit ihrer Grundierung näher, verfehlt aber auch immer, die beiden miteinander zu versöhnen. Und das macht jeden Versuch zunichte, in Polkes Kitschmutation einen direkten Referenten hineinzulesen. Die Rohmaterialien bleiben natürlich dem vom Künstler geschätzten kleinbürgerlichen Nährboden nahe, aber auf eine Weise, die jeden unmittelbaren Schritt von der visuellen Form entweder zu einer Kritik oder Feier des Kitsches ins Leere laufen lässt. Das Ergebnis ist eine modernistische Undurchdringlichkeit mit anderen Mitteln: „Die Palme am Ende des Bewusstseins", wenn auch nicht ganz so, wie Wallace Stevens sie sich vorstellte.[4]

Dieses ungemein kluge Spiel mit Figur und Grund bedeutet, dass sich Polke auf dem Gebiet der fundamentalen, materiellen und kulturerzeugenden Praktiken bewegt, die als Kulturtechniken bezeichnet werden: technische Praktiken, die transzendentalen Unterscheidungen wie denen zwischen menschlich und nichtmenschlich vorausgehen.[5] Solche Technizitäten filtern in rekursiv verketteten Operationen das Symbolische aus dem Realen. Als semiotische Codierungsvorgänge und somit Operationen, die von der Technizität und Materialität von Medien abhängen, können Kulturtechniken freilich zur Beute von parasitischen Schnittstellen zwischen dem Realen und dem Symbolischen werden, Schnittstellen, die Codes deterritorialisieren und Körper dekolonisieren. Solche Momente des Interferierens führen einen dritten Faktor ein, der sich in der Beziehung, wie sie in idealistischen Kommunikationsmodellen zu finden ist, zwischen Sender und Empfänger schiebt. Dabei steht die dritte Sache, der Parasit, keineswegs außerhalb der Beziehungsgrößen, sondern ist vielmehr das, was aus jedem Kommunikationsakt ausgeschlossen werden muss und nicht kann.[6]

Solches ist der Fall bei Sigmar Polkes durch das Raster gezeichneten Schnörkeln. Ein Bild wie *Profil* (1968) ähnelt der Produktion eines biopolitischen Subjekts aus den Daten eines bürokratischen Archivs (Abb. 02). Polke reduziert hier aber die Formbildung auf das Ziehen von Linien im Muster einer abstrakten Medialisierung (es ist tatsächlich nicht nötig, dass etwas Bestimmtes vermittelt wird, damit diese Operation funktioniert; das heißt, die Person in *Profil* hat keine Existenz außerhalb der medialen Vermittlung selbst). Bilder wie dieses legen nahe, dass Identität als solche – von bildhaften Objekten wie von menschlichen Subjekten – nichts anderes ist als eine Störung im System. Identität ist relational und disruptiv, nicht grundlegend und unveränderlich – und das gilt selbst dann, wenn Identität aus den am wenigsten verheißungsvollen aller Grundelemente aufgebaut wird, wie etwa dem warenförmigen Wurstzeichen oder dem biopolitischen Datenpunkt. Polkes immer kontingente, immer medialisierte Quasi-Identitäten sind Parasiten, Agenten der Relationalität. Sie bewegen sich durch Schnittstellen, die sie gleichzeitig deterritorialisieren.

Dies ist ein Umgang mit Medialität im umfassendsten Sinn des Wortes, der in neuerer Kunst sehr oft zur Geltung kommt. Ein Beispiel von vielen könnte das Werk des in Los Angeles ansässigen Künstlers Sayre Gomez sein. Gomez' Gemälde *sehen* nicht gerade nach Polke *aus* (Abb. 03). Seine Technik ist aufs Äußerste mimetisch, in einem Grade, dass sie typischerweise als fotorealistisch beschrieben wird, obwohl Gomez auch aus weitaus stilisierteren heimischen Traditionen wie Airbrush-Lackierungen auf Autos und gemalten Kulissenteilen in Hollywood-Filmsets („Matte Painting") schöpft. Bei aller augenfälligen Treue zu den visuellen Erscheinungen verhält sich Gomez' Vorgehensweise nicht minder parasitisch gegenüber der Technizität kultureller Unterscheidungen, etwa derjenigen zwischen innen und außen. Gomez' Gemälde der südkalifornischen Stadtlandschaften strotzen vor halbdurchsichtigen Filtern wie Maschendrahtzäunen, schmutzigen Glasfenstern oder Insektenschutzgittern (einer schlichten und nützlichen Technologie, die in Europa überaus selten, in den Vereinigten Staaten aber allgegenwärtig ist). Noch öfter wird dieser Verfremdungseffekt sogar nicht durch die Einschaltung eines mimetischen Objekts erzielt, sondern durch eine Spielart fotografischer Unschärfe.

Im Gegensatz zu den Unschärfen und Rastern der deutschen Kunst der 1960er-Jahre tendieren Gomez' Kulturtechniken zur Unterscheidung von sozialen Räumen oder vielmehr gesellschaftlichen Klassen. Die Unterscheidung zwischen innen und außen ist auch die zwischen der Erfahrung, ein Dach über dem Kopf zu haben und der von Obdachlosigkeit. Sie ist eine schrecklich materielle Unterscheidung, aber auch eine symbolische Aufteilung, die wir tagtäglich im Zuge gewöhnlicher sozialer Praxis produzieren und reproduzieren (um es ganz rundheraus zu sagen: Dadurch, dass wir, die wir eine Wohnung haben, Wohnungslose nicht in sie einladen). Gomez' charakteristisches Verfahren besteht in der Verwendung von verschiedenen buchstäblichen oder nominellen Gittergeweben, die Schichten von Gesellschaftlichkeit herstellen, welche sich durch ihren oben genannten Grad an simuliertem fotografischen Fokus unterscheiden. Jede dieser Schichten ist eine „Artikulation des Realen", wie der Theoretiker Bernhard Siegert es nennen würde, und insofern auch eine Polke-artige Störung, die zwischen dem Symbolischen und dem Realen interferiert: eine Langeweileschleife also. Abgesehen von der offensichtlichen Divergenz zwischen Gomez' Realismus und der unaufgeräumteren Ästhetik Polkes besteht der Unterschied hier darin, dass Gomez die Filteroperation der „Gitter, Filter, Türen und anderen Artikulationen des Realen" – um den Untertitel eines Buchs von Siegert zu zitieren – ausdrücklich politisiert.[7]

Tatsächlich hat Gomez' Nutzung von Ebenen, Interferenzmustern und rasterartigen Gittern viel mit Polkes Werk aus den 1960er-Jahren gemeinsam. Polke betrieb das Bildermachen auf eine Art, die schon vor über einem halben Jahrhundert Bilder als nahezu unendlich rekonfigurierbare Palimpseste mit halbtransparenten Überlagerungen und heterogenen Techniken des Pigmentauftrags in Angriff nahm. Und wenn sich individuelle Praktiken, die in besonderem Maße mit Polkes Vorgaben übereinstimmen, nur schwer herauslösen lassen, so liegt das einfach daran, dass seine charakteristischen Verfahren im Zeitalter von Photoshop mehr oder weniger überall anzutreffen sind, wenngleich natürlich das Raster heute ein digitales statt ein analoges ist. Die Arbeit der in Los Angeles ansässigen Malerin Laura Owens zum Beispiel läuft auf eine Reihe hoch origineller Improvisationen zu Polkeschen Themen hinaus: Sie übernimmt nicht nur seinen Hang zu kleinbürgerlicher Dekoration, sondern auch ziemlich oft seinen ins Monumentale gesteigerten Schnörkel, alles dies selbstredend mittels computerisierter Mediatisierung (Abb. 04). Owens ist nur eine aus einer Generationsgemeinschaft von Maler*innen, die in den 2000er-Jahren hervorgetreten oder zumindest einen neuen Grad an Bekanntheit erreicht hat, weil sie Malerei statt als hoffnungslos archaische Form von Repräsentation als subtiles Medium dazu nutzt, zeitgenössische Modalitäten der Bildübertragung zu erkunden.

Polkes Praxis, Interferenz- oder Störungsmuster zwischen medialisierten Artikulationen zu betreiben, hat sich somit als so etwas wie ein allseits geländegängiges Fahrzeug der zeitgenössischen Kunst erwiesen. Gomez remimetisiert sozusagen das Verfahren: Er setzt es dazu ein, auf direktere Weise über die katastrophale soziale Landschaft des spätimperialen Amerika zu arbeiten. Indem ich Gomez Polke gegenüberstelle, will ich dem Werk des letzteren nicht ein politisches Bewusstsein zuschreiben: Wie sich zu sagen erübrigt, ist es bei weitem nicht gewiss, dass die Schilderung von Obdachlosigkeit in der Bildenden Kunst auch nur das Geringste dazu beiträgt, sie zu mildern. Was ich vielmehr verdeutlichen möchte, ist, dass Polkes Restrukturieren der Artikulation zwischen Ready-made-Matrix, „freier" Gestik, nicht denotativer beziehungsweise abstrakter Form und verschiedenerlei mehr oder minder vergegenständlichten Typen von Darstellungsinhalten (Konsumgüter im einen Fall, Klassenunterscheidungen im anderen) eine Menge zur Bereitung des Fundaments beigetragen hat, auf das beinahe alle in einem zweidimensionalen Medium arbeitenden Künstler*innen zu bauen gezwungen sind. Natürlich war Polke nur einer von vielen Künstler*innen, die an der Neuausrichtung der mimetischen Kapazitäten der Malerei in den 1960er-Jahren mitgewirkt haben. Von ihnen allen ist aber Polkes Welt die wohl am wenigsten vorhersagbare, die facettenreichste und vielversprechendste hinsichtlich weiterer Möglichkeiten, die Künstler*innen zur Verfügung haben, welche auf den von ihm hinterlassenen Spuren arbeiten. Seine Langeweileschleifen geben uns nach wie vor das eine oder andere Rätsel auf. Was *ein* Grund dafür ist, dass man seinem Vermächtnis nicht entkommt.

1 Brownsche Bewegung ist die zufällige Bewegung von Teilchen in gasförmigen oder flüssigen Suspensionen. Sie wurde 1827 erstmals durch den Botaniker Robert Brown beschrieben.

2 Zu Götz' Fernsehästhetik siehe Christine Mehring, „Television Art's Abstract Starts: Europa circa 1944–1969", in: *October*, Nr. 125, Sommer 2008, S. 29–64.

3 *Wir Kleinbürger!* ist der Titel einer wichtigen Werkgruppe, die Polke zwischen 1974 und 1976 schuf. Siehe Petra Lange-Berndt und Dietmar Rübel (Hg.), *Sigmar Polke: Wir Kleinbürger! Zeitgenossen und Zeitgenossinnen. Die 1970er Jahre*, Ausst.-Kat. Hamburger Kunsthalle, Hamburg 2009/2010, Köln 2009.

4 „The Palm at the End of the Mind" ist die erste Zeile von Stevens' spätem Gedicht *Of Mere Being* (Vom bloßen Sein), welches das letzte Gedicht in einer bekannten Sammlung ist, der es seine Überschrift leiht: Wallace Stevens, *The Palm at the End of the Mind: Selected Poems and a Play*, hg. von Holly Stevens, New York 1972. Obwohl selbstredend nicht paraphrasierbar, scheint dieses Gedicht von der Möglichkeit einer nicht- oder posthermeneutischen Kunst zu handeln, die sich auf keine anthropozentrische Bedeutung zurückführen lässt, etwa in den Zeilen (S. 398): „A gold-feathered bird / Sings in the palm / without human meaning / Without human feeling, a foreign song." (Ein goldgefiederter Vogel / Singt in der Palme / ohne menschliche Bedeutung / Ohne menschliches Gefühl ein fremdes Lied.)

5 Bernhard Siegert, *Cultural Techniques: Grids, Filters, Doors, and Other Articulations of the Real*, übers. v. Geoffrey Winthrop-Young, New York 2015, S. 14.

6 Michel Serres, *Der Parasit*, übers. v. Michael Bischoff, Frankfurt a. M. 1987.

7 Siegert 2015 (wie Anm. 5).

Abb. 01 Sigmar Polke, *Wurstesser*, 1963, Dispersionsfarbe auf Leinwand, 200 × 150 cm, Sammlung Friedrich Christian Flick
Abb. 02 Sigmar Polke, *Profil*, 1968, Dispersionsfarbe auf Dekostoff, 90 × 75,5 cm, Sammlung Froehlich, Stuttgart
Abb. 03 Sayre Gomez, *CRY: The Sequel*, 2021, Acryl auf Leinwand, 152,4 × 152,4 cm
Abb. 04 Laura Owens, *Untitled*, 2013, Acryl, Öl und Flashe Vinylfarbe auf Leinwand, 348,9 × 304,5 cm, Museum of Modern Art, New York

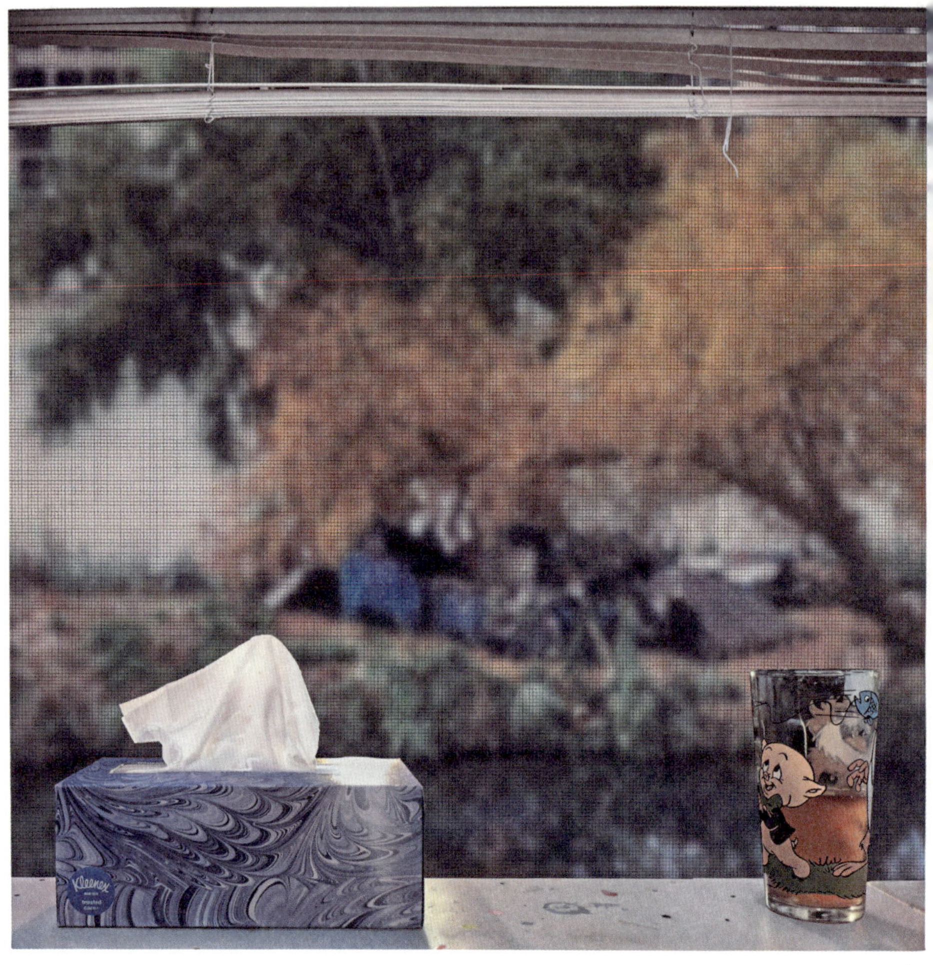

03

LOOP OF BOREDOM

DANIEL SPAULDING

Around 1969 Sigmar Polke traced a set of not entirely elegant arabesques on a wall in the basement of Rudolf Zwirner's gallery in Cologne, using at least three distinct bands of adhesive tape. Underneath, plastic letters spell out the neologism *Langeweileschleife* (Loop of Boredom). The work is posed appealingly at the borderline between art and something else: mere wastage of time, it would seem.

There are two obvious connotations to the work. First is the idea that boredom is the mother of invention. This seems to have been the case for Polke, as for so many artists of the time. By the late 1960s impromptu hijinks (either in the studio or in the exhibition space itself, as in this instance) were a veritable period style in the United States and Western Europe.

This leads straight to the second relevant connotation. The looping of the loops back over themselves suggests an allegory of Polke's nearly infinite creativity, which at a certain point could no longer be contained within the discrete rectangle of traditional painting. Instead, they take to the wall like mutant progeny of Vladimir Tatlin's spidery counter-reliefs of the 1910s. The forms seem to emerge, plant-like, from a process of contingent self-generation. It is as if the artist's boredom has burst into flower. The strips of tape turn and twist by obscure necessity, driven on by "Higher Beings," recursive, material, absurd.

This is an abstract version of a logic operative across most of the artist's work from the 1960s, both abstract and representational, that is at once a formal principle as well as an incipient media theory. The ductus of the mark is regularized but also let loose across an otherwise undifferentiated prepictorial field. We can observe much the same happening in some of Polke's earlier work, more usually associated with Pop Art or, rather, with its German cognate, Capitalist Realism.

Take, for example, the *Wurstesser* (Sausage Eater) of 1963, a picture that is straightforwardly about consumption in West Germany during the *Wirtschaftswunder* era (fig. 01). Like Gerhard Richter, a fellow though later émigré from the socialist German Democratic Republic, Polke was attuned from very early on to the absurdities of consumer culture. The artist here nominates the echt-German sausage as a sign of his adopted country's culinary habits. So far, so good—we remain in the realm of iconography. But note, also, how the chain of sausages becomes an autonomous line, a meander, as it extends away from the schematic hand and mouth at upper right. The further it gets from this point, the less it has to do with the erotics of consumption: the sausage-line becomes instead a mere partition of the pictorial field. The sausages generate shape by arbitrary change of direction, which may or may not set in at every link as if by aleatory Brownian motion.[1] We might even perceive a figure emerging from the pattern.

The sausage-sign here is the standard unit of form. And the logic of the sign regulates consumption. The sausage-line also resembles, indeed adumbrates, the loops of *Langeweileschleife*, with the difference that the latter is now shorn of any apparent representational content.

One of the innovations of Polke's early work is that it reconceives the generative structure of autonomous form as, indeed, not autonomous at all, but instead as coextensive with the simultaneous materiality and abstraction of everyday experience in capitalism: a sausage is like a brushstroke, and so on, all the way down the signifying chain. Polke's marks, then, are autonomous like money is, or like the signifier in Lacan—autonomy, then, as the language of signifiers among themselves. The basic strategy involved here, however, is that of regularizing the aesthetic unit or mark in analogy either with scientistic rationalization or, not unrelatedly, with the making-equivalent of qualitatively different material things that is the commodity form's most basic operation (a phenomenon sometimes called "real abstraction"). This aesthetic tendency reaches back to Georges Seurat at the very latest. Polke would have known a much more recent version of it in the explicitly televisual grid paintings of Karl Otto Götz, one of his teachers at Düsseldorf Art Academy.[2] These are all modes of picture-making in which the emergence of a distinguishable *Gestalt*, whether representational or abstract, occurs against a repetitive matrix that is to some degree ready-made: which is to say, out of the artist's control.

This comes to a head in Polke's famous raster paintings of the 1960s. Some of these are hardly representational at all. I am not the first to notice this abstraction or degradation of the motif; nor is it exclusive to Polke.

Polke's images revel in spooling out form from the contingencies of representation's abstract ground, which is withdrawn from intentionality even when, as in Polke's dot paintings, everything is handmade in a technical sense. The raster that does not signify, the gesture that materializes no psychic state, and the loop of boredom that records only dead time are artifacts of the interference that results when one formal system is run atop another, or when two misaligned instances of the same system cancel out the system's intended clarity. This, too, was almost a period style in the 1960s, and in more than one medium.

We have thus arrived at an alternate way of understanding Polke's significance: as a hinge between earlier avant-gardist techniques (Picabia's Dadaist appropriations of technical drawings, for example) and a more recent media ecology in which the boundaries between art and other forms of visual culture are no longer so clear-cut. But this threatens to make Polke's loyalty to the medium of painting seem like nothing more than an archaism; it might suggest that Polke's only innovations are to be found in the most technically mediated aspects of his practice. In fact, matters are not much different in pictures that bear no obvious sign of technical mediation, which is to say, works painted "freely" by hand. Like the earlier sausage links, the palm trees

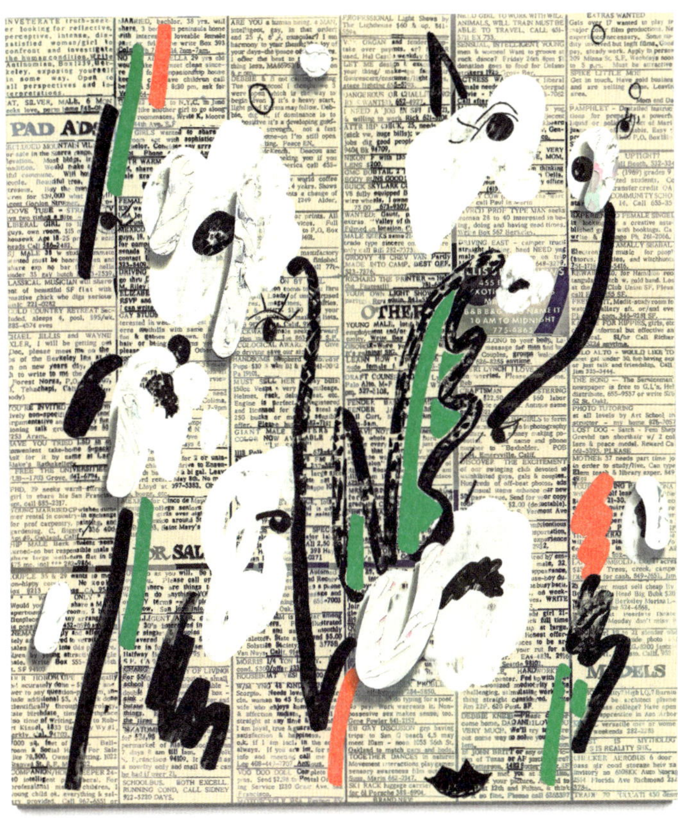

04

and herons that proliferate in his work between about 1964 and 1969 are never exactly identifiable as direct, mechanical reproductions of existing imagery. Yet they behave *like* reproductions even in the absence of an original. They flaunt their dependence on an industrialized visual culture that is associated with a determinate social class, specifically the petty-bourgeois that Polke so persistently and perhaps affectionately mocked.[3] These and similar images conjure mild postwar suburban fantasies of the tropics less through their representational content—which is so attenuated as almost to be abstract, yet again—than through their calligraphic yet oddly anonymized linearity, the hallmark of a sanitized mid-century modernism that was hegemonic in the West Germany of the iconic *Nierentisch*, or kidney-shaped table.

This is a way of drawing without making line the index of an autonomous subjectivity. But the results are not so much anodyne as hilariously weird—and by the end of the 1960s, downright psychedelic. Polke's draftsmanship thus internalizes heteronomy and then self-reflexively spits it out again as something different and unpredictable. Instead of melancholy mourning for painting's lost powers, Polke reinvents draftsmanship as an engine of difference.

This uncommon articulation between determination by a preexisting grid and the quasi-aleatory behavior of nonexpressive lines has yet to be fully theorized in commentary on Polke's work. Although the term may seem too informal for respectable academic writing, no alternative fits quite as well: Polke's characteristic line is a *squiggle*. A squiggle is not the eruption of freedom within the unfree, or subjectivity within the objective. Polke's lines are "free" in the sense that they are not obviously determined by any indexical or iconic necessity. But they are also in thrall to an autonomized formal drive, as I have shown in my discussion of *Wurstesser*. This sort of line commits at least three transgressions at once: of the decorum, such as it is, of the background pattern; of the presumed originality of the artist; and of the naturalism of the motif.

The series of pictures that begins with *Das Palmen-Bild* (The Palm Painting) in 1964 is perhaps the clearest manifestation of this dynamic. It has always been evident that Polke's birds and palm trees are borrowed from the vocabulary of mid-century tropical kitsch. Yet the standardization of gesture here prevents the painterly mark from meshing with the elements it was otherwise meant to hold together. Inflexible and awkward, the palm-squiggles lie both figuratively and sometimes literally on the bias of their readymade support. (To "cut on the bias" means to cut a piece of fabric at a diagonal with respect to its horizontal-vertical weave.) Each squiggle's will to sink into the background misfires, and they again become figure, while somehow still remaining *of* the ground nonetheless. Polke's refusal of either expression or mimesis brings the painted mark closer to the condition of its ground while also failing ever to reconcile the two. And this makes for the ruin of any attempt to read a straightforward referent into Polke's mutation of kitsch. The raw materials, of course, remain close to the artist's cherished petty-bourgeois baseline, but in a way that disables any immediate move from visual form either to critique or to campy celebration. The result is modernist opacity by other means: "The Palm at the End of the Mind," indeed, though not quite as Wallace Stevens imagined it.[4]

This immensely clever play with figure and ground means that Polke treads the territory of the fundamental, material, and culture-producing practices that have been described as "cultural techniques": technical practices that precede transcendental distinctions such as that between human and nonhuman.[5] These technicities filter the symbolic from the real in recursive chains of operations. Yet, as semiotic coding operations, and thus operations dependent upon the technicity and materiality of media, cultural techniques may also fall prey to parasitic interfaces between the real and the symbolic that deterritorialize codes and decolonize bodies. These moments of interference introduce a third factor between the sender-receiver relationship found in idealistic models of communication. Indeed, the third thing, the parasite, is not external to the relata at all, but is rather what must and yet cannot be expelled from any act of communication.[6]

Such is the case of Sigmar Polke's squiggles drawn through the raster. A picture like *Profil* (Profile, 1968) is akin to the production of a biopolitical subject out of the data of the bureaucratic archive (fig. 02). But Polke here reduces form-making to the tracing of lines in the pattern of abstract mediatedness (it is not in fact necessary for anything in particular to be mediated for this operation to work; that is to say, the "person" in *Profil* has no existence outside mediation itself). Pictures like this suggest that identity as such, either of pictorial objects or of human subjects, is nothing other than interference in the system. Identity is relational and disruptive, not foundational and unchanging—and this is true even when identity is built out of the least propitious of basic units, such as the commodified sausage-sign or the biopolitical data point. Polke's quasi-identities, always contingent, always mediated, are parasites, agents of relationality. They move through interfaces that they simultaneously deterritorialize.

This is an approach to mediation, in the most capacious sense of the word, that has found a great deal of currency in more recent art. One example among many might be the work of the Los Angeles–based artist Sayre Gomez. Gomez's paintings do not especially *look* like Polke's (fig. 03). His technique is mimetic in the extreme, to the extent that it has typically been described as photorealistic, although he also draws on far more stylized vernacular traditions such as custom car airbrushing and Hollywood matte painting. For all its apparent fidelity to visual appearances, however, Gomez's procedure is no less parasitic upon the technicity of cultural distinctions, such as that between inside and outside. Gomez's paintings of the Southern California urban landscape abound in semitransparent filters, such as chain-link fences, dirty glass windows, or insect screens (a simple, handy technology that is exceedingly rare in Europe but omnipresent in the United States). Even more often, this distancing effect is accomplished not through intervention of a mimetic object but rather by a version of photographic blur.

In contrast to the blurs and rasters of the German art of the 1960s, Gomez's cultural techniques tend to distinguish social spaces, or rather social classes. The distinction between inside and outside is also that between being housed and experiencing homelessness. This is a terribly material distinction, but also a symbolic divide that we produce and reproduce every day in the course of ordinary social practice (to be most blunt about it: by the fact that we who possess homes do not invite the homeless into them). Gomez's characteristic device is the use of various sorts of literal or notional scrims that produce layers of sociality distinguished by their abovementioned degree of simulated photographic focus. Each of these layers is an "articulation of the real," as the theorist Bernhard Siegert would put it, and by the same measure also a Polke-like interference *between* the symbolic and the real: a loop of boredom, that is to say. Apart from the obvious stylistic disjunction between Gomez's realism and Polke's messier aesthetic, the difference here is that Gomez explicitly politicizes the filtering operation of Siegert's "grids, filters, doors, and other articulations of the real," to cite the subtitle of one of his books.[7]

In fact, Gomez's use of layering, interference patterns, and raster-like grids has much in common with Polke's work from the 1960s. Polke's was a way of picture-making that already, more than half a century ago, approached images as almost infinitely reconfigurable palimpsests of semitransparent strata and heterogeneous techniques of pigment application. And if it is difficult to single out individual practices that are particularly aligned with Polke's example, it is simply because, in the age of Photoshop, his characteristic devices are more or less everywhere, though now of course the raster is digital rather than analog. The work of the Los Angeles–based painter Laura Owens, for example, amounts to a series of highly original improvisations on Polke-esque themes: she adopts not only his fondness for petty-bourgeois decoration but also, quite frequently, his monumentalized squiggle, all of it now, naturally enough, run through computerized mediation (fig. 04). Owens is only one of a cohort of painters who emerged, or at least achieved a new degree of prominence, in the 2000s for their approaches to painting as a subtle medium for investigating contemporary modes of image transmission, rather than as an irremediably archaic form of representation.

Polke's practice of running interference patterns between mediated articulations has thus turned out to be something like an all-terrain vehicle of contemporary art. Gomez remimeticizes the device, so to speak: he sets it to work more directly on the calamitous social landscape of late imperial America. By contrasting Gomez to Polke, though, I do not mean to supply a political conscience to the latter's work: needless to say, it is far from certain that depicting homelessness in fine art does anything much toward alleviating it. What I mean to convey, rather, is that Polke's restructuring of the articulation between readymade matrix, "free" gesture, nondenotative or abstract form, and various more or less reified types of representational content (consumer goods in one case, class distinctions in another) did a great deal to lay the foundation upon which almost any artist working in a two-dimensional medium is still constrained to build. Of course, Polke was only one of many artists involved in this 1960s reorientation of painting's mimetic capacities. But of all of them, Polke's work is arguably the least predictable, the most multifarious, and the most suggestive of further possibilities that remain available to artists working in his legacy; his loops of boredom have not yet ceased to throw us for a curveball or two. Which is one reason why his legacy is inescapable.

1 Brownian motion is the random movement of particles in a gas or liquid suspension. It was first described by the botanist Robert Brown in 1827.

2 On Götz's televisual aesthetics, see Christine Mehring, "Television Art's Abstract Starts: Europe circa 1944–1969," *October* 125 (summer 2008): 29–64.

3 *Wir Kleinbürger!* (We Petty Bourgeois!) is the title of an important body of work that Polke made between 1974 and 76. See *Sigmar Polke: We Petty Bourgeois! Comrades and Contemporaries, The 1970s*, ed. Petra Lange-Berndt and Dietmar Rübel (Cologne: Verlag der Buchhandlung Walther König, 2011).

4 "The Palm at the End of the Mind" is the first line of Stevens's late poem "Of Mere Being," which happens to be the last poem in a well-known collection to which it lends a title: Wallace Stevens, *The Palm at the End of the Mind: Selected Poems and a Play*, ed. Holly Stevens (New York: Vintage Books, 1972). Though of course unparaphrasable, this poem seems to be about the possibility of a non- or post-hermeneutic art irreducible to anthropocentric significance, as in these lines (page 398): "A gold-feathered bird / Sings in the palm, without human meaning, / Without human feeling, a foreign song."

5 Bernhard Siegert, *Cultural Techniques: Grids, Filters, Doors, and Other Articulations of the Real*, trans. Geoffrey Winthrop-Young (New York: Fordham University Press, 2015).

6 Michel Serres, *The Parasite*, trans. Lawrence R. Schehr (Baltimore: Johns Hopkins Press, 1982).

7 Siegert, *Cultural Techniques*.

Fig. 01 Sigmar Polke, *Wurstesser* (Sausage Eater), 1963, dispersion paint on canvas, 200 × 150 cm, Friedrich Christian Flick Collection

Fig. 02 Sigmar Polke, *Profil* (Profile), 1968, dispersion paint on patterned fabric, 90 × 75.5 cm, Froehlich Collection, Stuttgart

Fig. 03 Sayre Gomez, *CRY: The Sequel*, 2021, acrylic on canvas, 152.4 × 152.4 cm

Fig. 04 Laura Owens, *Untitled*, 2013, acrylic, oil and flashe on canvas, 348.9 × 304.5 cm, Museum of Modern Art, New York

SETH PRICE: DECIMATING DIGITAL DATA

SANDRA NEUGÄRTNER

Seit der Moderne ist der künstlerische Erfolg oft eng verknüpft mit der Begabung zur Selbstinszenierung in der Medienlandschaft. „Das Mandat der Gegenwart heißt: jeden kennen und jedem bekannt sein, um so zu einer maximal reproduzierbaren Komponente zu werden", erklärt der Multimediakünstler Seth Price 2017, nachdem er bereits 2011 versucht hatte seine Onlineprofile, Interviews und Fotos aus dem Internet entfernen zu lassen.[1] Dieser Akt der Auslöschung medialer Sichtbarkeit war für Price das Resultat seines Unbehagens gegenüber der Art und Weise, wie Künstler*innen darauf programmiert seien, Aufmerksamkeit zu erregen, und zwar weniger für ihre Kunst als vielmehr für sich selbst als Person. Inszeniert von Price als Antigeste fällt dieser Akt nicht weniger unter das Register der Selbstdarstellung. Er wirft aber zudem die Frage auf, inwiefern künstlerische Praktiken auch noch andere Kompetenzen, Einstellungen und Lebensweisen repräsentieren können als jene, die durch die Phänomene des Mediensystems in einer kapitalistischen Marktwirtschaft determiniert sind. Da sich der Wert des Kunstwerks an das „falsche" Ideal eines unternehmerischen Selbst knüpft, schlägt Price in seinem Roman *Fuck Seth Price* (laut Kim Gordon die beste Beschreibung der Kunstwelt aller Zeiten) vor, das Kunstobjekt aus einer fiktiven Gleichung zur Kalkulierung des Erfolgs eines Künstlers oder einer Künstlerin wegzulassen. Dadurch würde der Prozess des Kunstschaffens und somit die wirklich radikale Phase der Kunst ins Blickfeld gerückt werden.[2] Der vorliegende Text befasst sich damit, wie Price die Gesetzmäßigkeiten des künstlerischen Schaffens im digitalen Zeitalter, das heißt die Kategorien Zeit, Raum und Materialität, für die Kunst neu zu konfigurieren versucht, um der tradierten Triangulation aus Kunst, Medien und Ökonomie zu entkommen.

Seit mehr als zwanzig Jahren erforscht Price in einer konzeptuellen, multidisziplinären Kunstpraxis Video, Skulptur und eine Reihe von Strategien und Materialien, die nur lose unter die Rubrik bildende Kunst fallen. Seine Projekte beziehen sich auf Massenmedientechnologien und Informationssysteme sowie zirkulierende Kulturen. Strategien der Verbreitung sind auch der Ausgangspunkt für seinen kunsthistorischen illustrierten Essay unter dem treffenden Titel *Dispersion.* Erstmals im Jahr 2002 veröffentlicht und seitdem in unterschiedlichen Formen wieder und wieder in den Diskurs gebracht, handelt es sich um die inzwischen am häufigsten – auch in akademischen Kontexten – rezipierte Arbeit von Price (Abb. 01). Er argumentiert, dass die Distribution und nicht die Produktion der wichtigste Weg sei, um einem Werk Bedeutung zu verleihen. Die Disparität zwischen der Arbeit und ihrer zukünftigen Dokumentation sei das wichtigste Merkmal zeitgenössischer Kunstpraxis. Prices Themen sind Aneignung, Verpackung und das, was er „Umverteilung" genannt hat. Beispielhaft dafür steht sein nie abgeschlossener Essayfilm *Redistribution* (seit 2007 fortlaufend), eine surrealistische und zugleich dokumentarische Erzählung, in der er Fragen der kulturellen Produktion und der Verbreitung von Informationen reflektiert. Für jede einzelne Vorführung wird der Film umgeschnitten und mit neuem Material wieder zusammengesetzt. Er sei wie eine cineastische Petrischale, die zu unaufhörlichen Zellteilungen und viralem Wachstum fähig ist, schreibt das *Interview*-Magazin, das den Film zu einem der bedeutendsten Kunstwerke der letzten Jahrzehnte deklariert.[3] Überhaupt findet die Arbeit von Price ein äußerst positives Echo – nicht nur in digitalen Distributionskanälen. Er stellte unter anderem im Museum of Modern Art in New York und im Stedelijk Museum in Amsterdam aus und war auf der documenta (13) in Kassel vertreten. Die Gesetzmäßigkeiten zur Modellierung der Persönlichkeit, also jener eingangs erläuterten, unabdingbaren Kompetenz, die von einer Künstlerin oder einem Künstler verlangt wird, beherrscht Price wie nur wenige.

Den Grundstein für seine Zusammenarbeit mit Galerien legte er mit seiner ersten Einzelausstellung bei Reena Spaulings Fine Art im Jahr 2004, in der er unser Verhältnis zur Kunst und ihren Wert in der heutigen Gesellschaft hinterfragte. Für diese Ausstellung kreierte Price zum einen eine mit *Digital Video Effect: Spills* betitelte Videoarbeit, für die er – in der gängigen Manier von Aneignung, Verpackung und Umverteilung – von der Künstlerin Joan Jonas bereits im Jahr 1971 aufgenommenes Filmmaterial verwendete. Dem Archivmaterial, das eine Diskussion zwischen Richard Serra und weiteren Künstler*innen mit dem Kunsthändler Joseph Hellman zeigt, fügte Price einen digitalen Videoeffekt hinzu, sodass die Szene über den schwarzen Videobildschirm fließt, um am Ende selbst von Schwärze überspült zu werden. Das Video wurde auf einem noch halb in Karton verpackten Fernsehgerät präsentiert und mit vakuumgeformten Polystyrolplastiken kontrastiert, die – wie für eine Galerie typisch – an die Wand montiert wurden (Abb. 02). Die Präsentationsweise lässt darauf schließen, dass wir es mit zwei unterschiedlichen Kategorien von Kunst zu tun haben: auf der einen Seite mit einem Medium, das offensichtlich nicht in den Galerieraum gehört und nicht einmal vollständig ausgepackt wurde, und auf der anderen Seite mit Kunst als Ware – Plastiken, die Price in den Folgejahren als Unikatvarianten weiterentwickelte, um sie bei Christie's und anderen Auktionshäusern zu versteigern. Es handelte sich um eine Ausstellung über das Zeigen und Verbergen sowie über Verfügbarkeit und Vergänglichkeit sowohl der digitalen Kultur als auch des analogen Materials. So repräsentieren die Polystyrolplastiken Objekte durch ihre Abwesenheit – als negativen Raum, den die Objekte einmal eingenommen hatten, ganz ähnlich wie Fossilien – als indexikalische Spur. Anhand dieses Fachbegriffs aus der Semiotik, dem Index, soll die Abgrenzung zwischen digitalen und analogen Medien nachfolgend weiter vorangetrieben werden.

Der Index bezeichnet ein Zeichen, dessen Besonderheit darin besteht, dass es eine physische Verbundenheit zu den Dingen, über die es etwas zeigt, aufweist – ein Prinzip, das der Logiker Charles Sanders Peirce stets hervorgehoben hat. Diese Art von Zeichen lassen keinen Zweifel daran, daß die von ihnen angezeigten Objekte tatsächlich existieren. Sie halten uns fest mit den Realitäten verbunden.[4] So sehr diese Gesetzmäßigkeit auf die Polystyrolplastiken zutrifft, so wenig scheint sie für die Videoarbeit haltbar zu sein. Der digitale Effekt tilgt die indexikalische Spur des ursprünglich analogen Films. Die analoge Fotografie gilt in der Kunstwissenschaft als die indexikalische Kunstform schlechthin, denn durch den Lichtabdruck, der in der Aufnahme generiert wird, scheint das fotografische Bild tatsächlich kausal mit seinem Objekt verbunden zu sein. Besonders deutlich wird diese Verbundenheit bei den ersten Fotografien in der Mitte des 19. Jahrhunderts, die noch ohne Kamera generiert wurden. Die sogenannten Fotogenen Zeichnungen von William Henry Fox Talbot, dem Erfinder des Negativ-Positiv-Verfahrens, entstanden in direktem Kontakt mit Objekten. Talbot legte Blätter, Gräser, Spitzenborte und andere Gegenstände auf fotosensibilisiertes Papier und setzte diese Arrangements dem Sonnenlicht aus, wodurch nur die nicht von den Objekten bedeckten Stellen des Papiers belichtet wurden (Abb. 03). Durch den Einsatz der Kamera wurde der Eindruck von Unmittelbarkeit, den fotografische Bilder erzeugen, allerdings ein medialer Effekt. Für die Funktionsweise und Bedeutung der Fotografie war nunmehr konstitutiv, dass durch den fotografischen Aufzeichnungsmechanismus von Lichtverhältnissen ein authentischer Bezug suggeriert wurde, der natürlich nicht mehr gegeben war. Das heißt, bei der Kamerafotografie ließen sich die Effekte nicht nur auf den Lichtabdruck zurückführen, sondern sie waren gleichsam einer technischen Apparatur zu verdanken – und zwar um so mehr, je weiter die technische Entwicklung voranschritt.

Auf die Frage, wohin sich die Fotografie entwickeln werde, antwortet Price, das ließe sich nicht sagen, es stehe aber außer Frage, dass sie für Macht, für Geld, für Daten instrumentalisiert werde.[5] Wichtiger Ausgangspunkt für seine Auseinandersetzung mit Fotografie war für Price folgende Beobachtung: „Irgendwann wurde mir klar, dass die Bilder, die wir in der Stadt um uns herum sehen – Werbebilder eines iPhones, ein Glas Whisky oder eine Zeitschrift –, dass dies keine tatsächlichen Fotos sind. Sie werden in Computern errechnet."[6] Fotografie sei demnach das, was die Menschen für Fotografie halten. Diese Fotografie, die in einem digitalen Raum geschaffen wird, ahmt Fotografie und ihre Gesetze nach – ihre Physik, ihre Optik, das Wissen über Licht und Schatten und Materialität. Für seine Arbeit *Social Synthetic* fotografierte Price stundenlang die Haut eines Tintenfischs mittels einer Roboterkamera, wobei mehr als 10.000 Fotos entstanden sind. Die Bildinformationen ließ er anschließend von einer Software zusammenfügen, die für die Kartenerstellung und das 3-D-Kino entwickelt wurde. Bei den computergenerierten Bildern ist die vormals direkte Verbindung zum Objekt, dem Tintenfisch, nicht mehr vorhanden. Das Medium, das Daten trennt und speichert, hat sich vollkommen dazwischen geschoben und schafft auf Basis der eingegebenen Informationen und indem es alle möglichen Elemente des natürlichen Aufzeichnungsmechanismuses simuliert – die Kamerafahrt und die Lichtquelle – eine neue Realität.

Dass man von einer indexikalischen Verbindung zwischen Tintenfisch und virtueller Realität nicht mehr sprechen und diese künstliche Beziehung vor allem fehlerhaft sein kann, veranschaulichte Price in einer anderen Arbeit. 2015 fotografierte er Details menschlicher Haut von Probanden unterschiedlichen Alters und Geschlechts und verarbeitete das Material ebenfalls digital,

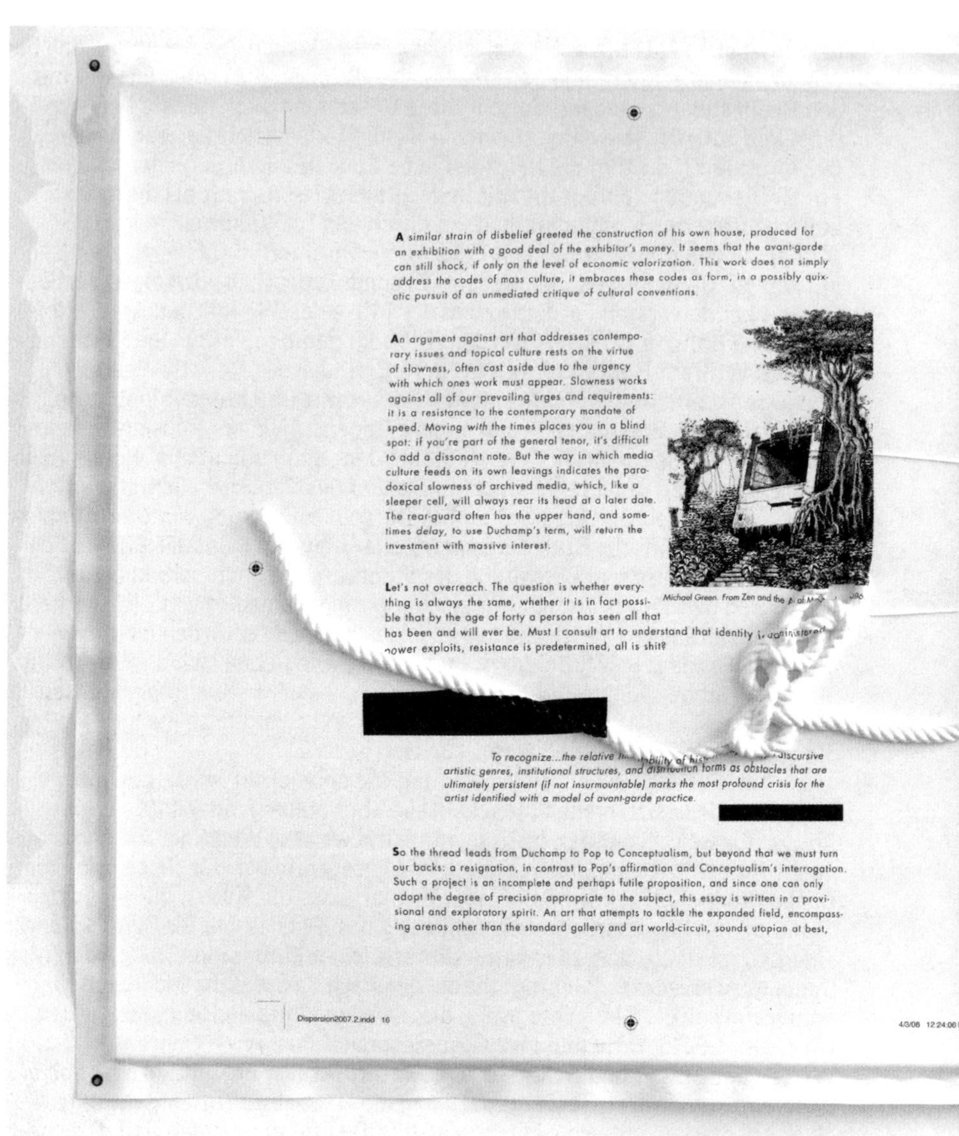

A similar strain of disbelief greeted the construction of his own house, produced for an exhibition with a good deal of the exhibitor's money. It seems that the avant-garde can still shock, if only on the level of economic valorization. This work does not simply address the codes of mass culture, it embraces these codes as form, in a possibly quixotic pursuit of an unmediated critique of cultural conventions.

An argument against art that addresses contemporary issues and topical culture rests on the virtue of slowness, often cast aside due to the urgency with which ones work must appear. Slowness works against all of our prevailing urges and requirements: it is a resistance to the contemporary mandate of speed. Moving *with* the times places you in a blind spot: if you're part of the general tenor, it's difficult to add a dissonant note. But the way in which media culture feeds on its own leavings indicates the paradoxical slowness of archived media, which, like a sleeper cell, will always rear its head at a later date. The rear-guard often has the upper hand, and sometimes *delay*, to use Duchamp's term, will return the investment with massive interest.

Michael Green. From Zen and the A[illegible] of M[illegible] [illegible]96

Let's not overreach. The question is whether everything is always the same, whether it is in fact possible that by the age of forty a person has seen all that has been and will ever be. Must I consult art to understand that identity i[illegible] administered, [illegible]ower exploits, resistance is predetermined, all is shit?

To recognize...the relative [illegible]bility of his[illegible] discursive artistic genres, institutional structures, and distribution forms as obstacles that are ultimately persistent (if not insurmountable) marks the most profound crisis for the artist identified with a model of avant-garde practice.

So the thread leads from Duchamp to Pop to Conceptualism, but beyond that we must turn our backs: a resignation, in contrast to Pop's affirmation and Conceptualism's interrogation. Such a project is an incomplete and perhaps futile proposition, and since one can only adopt the degree of precision appropriate to the subject, this essay is written in a provisional and exploratory spirit. An art that attempts to tackle the expanded field, encompassing arenas other than the standard gallery and art world-circuit, sounds utopian at best,

Dispersion2007.2.indd 16 4/3/06 12:24:06 P[illegible]

01

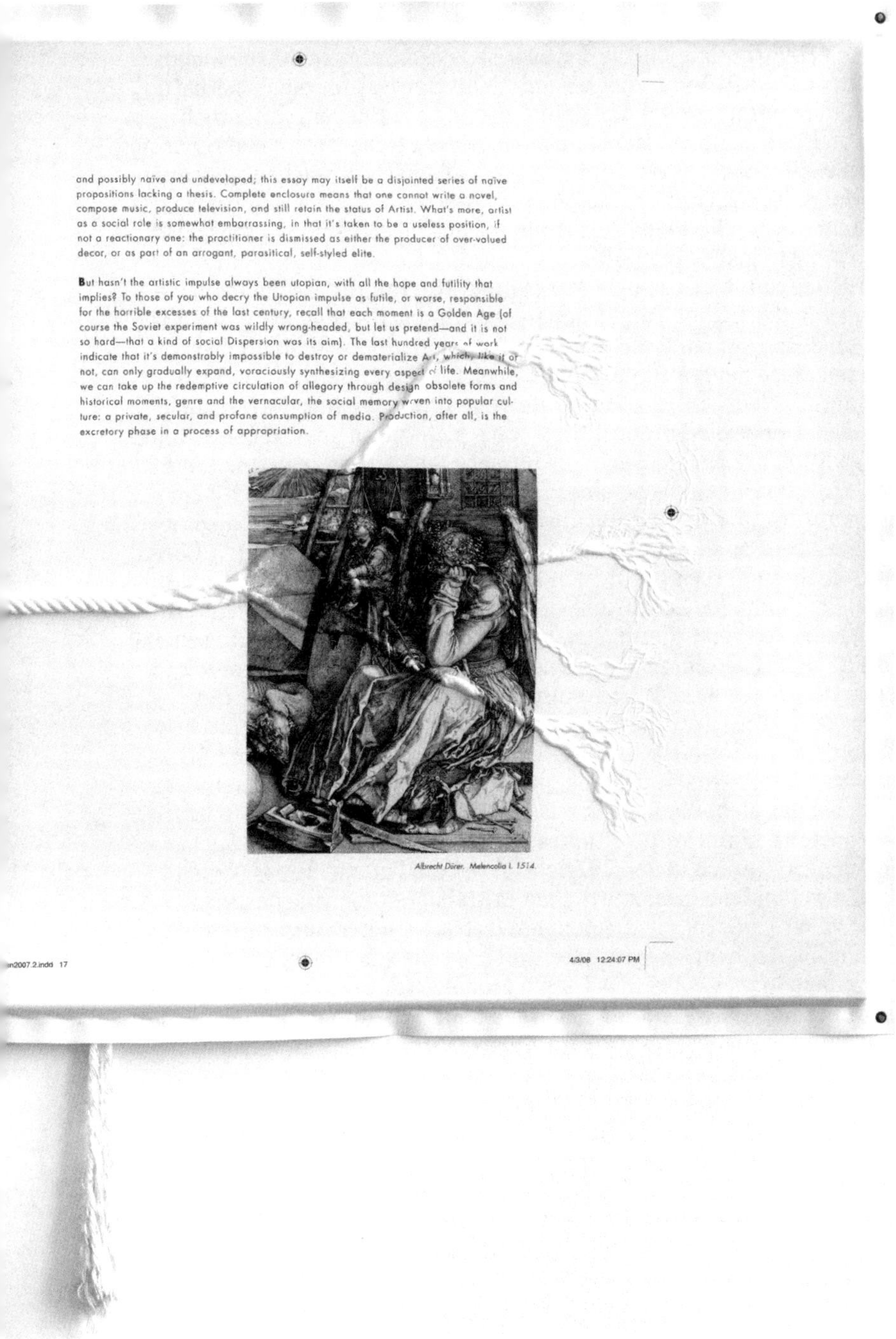

and possibly naïve and undeveloped; this essay may itself be a disjointed series of naïve propositions lacking a thesis. Complete enclosure means that one cannot write a novel, compose music, produce television, and still retain the status of Artist. What's more, artist as a social role is somewhat embarrassing, in that it's taken to be a useless position, if not a reactionary one: the practitioner is dismissed as either the producer of over-valued decor, or as part of an arrogant, parasitical, self-styled elite.

But hasn't the artistic impulse always been utopian, with all the hope and futility that implies? To those of you who decry the Utopian impulse as futile, or worse, responsible for the horrible excesses of the last century, recall that each moment is a Golden Age (of course the Soviet experiment was wildly wrong-headed, but let us pretend—and it is not so hard—that a kind of social Dispersion was its aim). The last hundred years of work indicate that it's demonstrably impossible to destroy or dematerialize Art, which, like it or not, can only gradually expand, voraciously synthesizing every aspect of life. Meanwhile, we can take up the redemptive circulation of allegory through design obsolete forms and historical moments, genre and the vernacular, the social memory woven into popular culture: a private, secular, and profane consumption of media. Production, after all, is the excretory phase in a process of appropriation.

Albrecht Dürer, Melencolia I, 1514.

n2007.2.indd 17 4/3/08 12:24:07 PM

um es im folgenden Jahr hochauflösend in Leuchtkästen auszustellen (Abb. 04). Er kontrastierte diese Installationen mit Abbildungen von schwarz-weiß gerenderten Hautpartien, die die Software aus den Daten nicht zu einheitlichen Bildern synthetisieren konnte, und die als Beweise für die Fehlerhaftigkeit des Simulationsprozesses fungieren. In den gebrochenen, willkürlich festgelegten Kompositionen ist nunmehr ein neuer Zeichentyp – nennen wir ihn synthetisches Zeichen – an die Stelle des indexikalischen Zeichens getreten. Damit verloren ist auch das ursprüngliche Wesen traditioneller Fotografie, das darin besteht, dass in ihr beide Zeichengrundbegriffe von Peirce – Index und Ikone – in Verschränkung operieren.

Der Blick auf die Geschichte der Fotografie zeigt, dass die indexikalischen wie die ikonischen Dimensionen der Fotografie konstitutiv für das fotografische Bild sind und die Vertreter*innen der unterschiedlichen Strömungen diese beiden Dimensionen allerdings auch unterschiedlich stark betonten. Neusachliche Fotografen wie Albert Renger-Patzsch und Karl Blossfeldt oder die Fotograf*innen, die sich Anfang der 1960er-Jahre auf die Tradition der Neuen Sachlichkeit beriefen, griffen in erster Linie auf die piktorialen Ressourcen eines früheren darstellenden narrativen Realismus zurück und reduzierten die Fotografie stark auf die rein ikonografische Konzeption des Bildes. Laut Benjamin Buchloh erreichten Bernd und Hilla Becher mit ihren neutralen Aufnahmen industrieller Architekturstrukturen, dass das Indexikalische der Fotografie allenfalls noch als ein aufzeichnendes Korrelat dieser Strukturen fungierte.[7] In Bezug auf seine bekannten Porträts erklärte der Becher-Schüler Thomas Ruff dieser Tradition folgend: „In gewisser Weise wollte ich alle Spuren [...] über die Person vor der Kamera auslöschen."[8]

Zu dieser auf Serialität und Gleichförmigkeit, Systematik und Stringenz basierenden Entwicklungslinie gibt es noch eine entgegengesetzte Richtung, bei der nicht die ikonografische Dimension betont wird, sondern die unvermittelte Materialität. Konträr zur Fotografie der Neuen Sachlichkeit entwickelte sich in den 1920er-Jahren die Fotografie des Neuen Sehens, die sich auf die grundsätzlichen Mittel der Fotografie besann. Fasziniert vom Licht argumentierten die Vertreter*innen dieser Richtung für einen neuen Realismusbegriff, der weit über die traditionellen Konzepte der Darstellung hinausweise. Für László Moholy-Nagy war die kameralose Fotografie der optimale Weg, um das Neue Sehen zu initiieren. Auch andere Vertreter*innen der Avantgarde der 1920er-Jahre, etwa Man Ray und Kurt Schwitters, sowie einige Jahre später Vertreter*innen der Neo-Avantgarde wie Robert Rauschenberg und Susanne Weil experimentierten mit dieser Sonderform der Fotografie, den sogenannten Fotogrammen. Sie demonstrierten auf diese Weise, dass die Ikonizität immer kontextabhängig ist und keine notwendige Bedingung für die Fotografie darstellt. Indem sie die Kamera, die stets versucht, Sehgewohnheiten mit immer raffinierteren Techniken nachzuahmen, aus dem fotografischen Prozess eliminierten, stand ihr Ansatz konträr zur Simulation und zur Entwicklung des synthetischen Zeichens. Friedrich Kittler konstituiert in seinem Buch *Grammophon Film Typewriter* (1986), dass zwischen 1880 und 1920 die Technisierung von Information begann, als man mit den neuen „scheinbar harmlosen Geräten", zu denen Kittler auch den Fotoapparat zählt, „die Geräusche, Gesichter und Schriften als solche speichern und damit trennen konnte".[9] Durch das Experiment mit Chemikalien und Effekten wie dem der

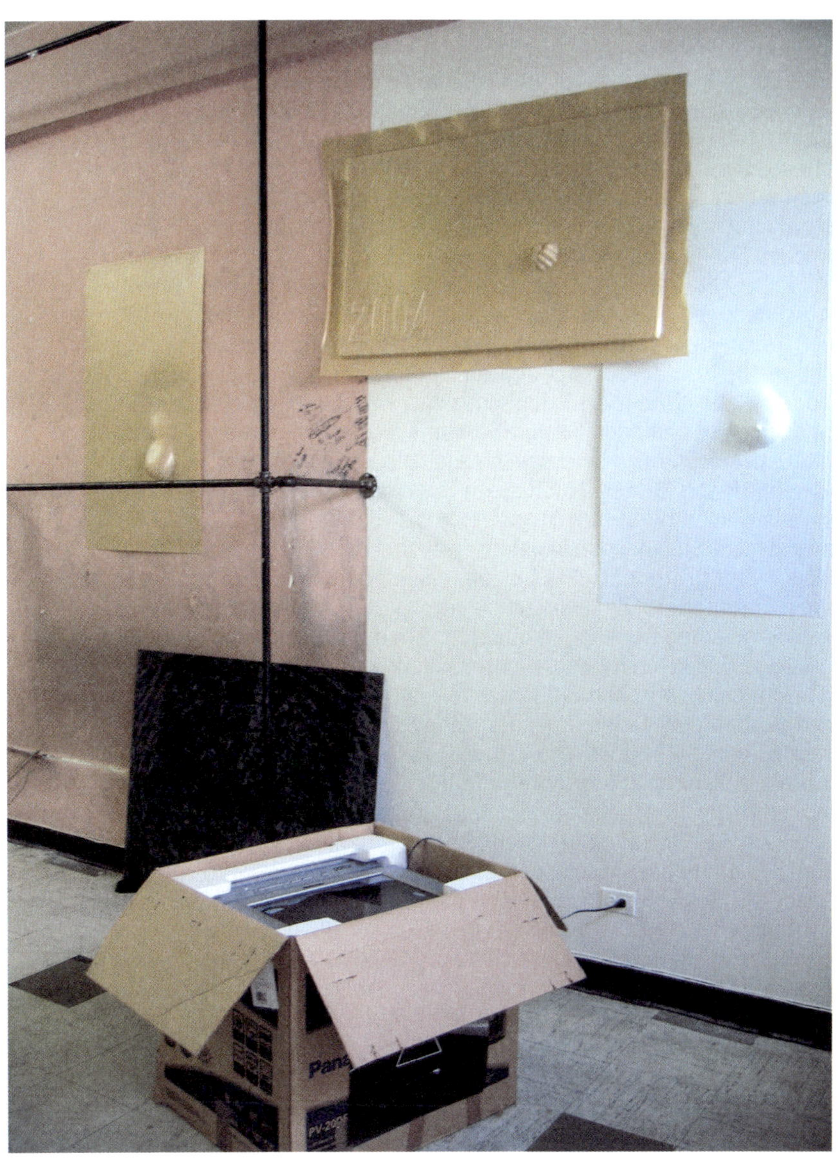

02

Solarisation, die ja die genaue Umkehrung der chemischen Prozesse auslöst, wird dieindexikalische Dimension der Fotografie betont, während durch die Konzentration auf die chemischen (anstatt physikalischen) Gesetzmäßigkeiten der Fotografie simulierende Mechanismen ihre Voraussetzungen verlieren.

Zeitgenössische Künstler*innen haben die Bedeutung der chemischen Reaktion als entscheidende Komponente bildgebender Verfahren längst wiederentdeckt und stellen sie in den Mittelpunkt ihres Schaffens. Adam Fuss' Arbeit *Love* von 1992 basiert auf spektakulären Farbeffekten, die aus den chemischen Wechselwirkungen zwischen den Eingeweiden von Kaninchen und den Eigenschaften von Papier resultieren. Genauso erhebt Wolfgang Tillmans das fotochemische Verfahren zum Ausgangspunkt seiner abstrakten Lichtmalerei. Mit seiner Arbeit *Ostgut Freischwimmer* (2004), die rein technisch eine Fotografie ist, aber hierbei nichts Konkretes darstellt, fordert er ebenfalls zu einem neuen Sehen auf.

Auch Price hat in seinen neuen Arbeiten das chemische Prinzip mobilisiert. Mit pigmentierten Polymerflüssigkeiten und Erdpulver manipulierte er Fotografien, die in New Yorks Straßen und U-Bahnen aufgenommen wurden. Längst sind wir hier im Bereich der digitalen Fotografie angelangt, und doch – oder gerade deshalb – integriert Price somit das, was ursprünglich konstitutiver Bestandteil jeder analogen Fotografie war. Dieses Vorgehen impliziert eine unvermittelte Materialität, aber zugleich auch die Zerstörung der ikonografischen Merkmale des Bildes. Noch einen Schritt weiter geht Price mit im Computer generierten Bildern. Historisch hat die Chemie-Physik-Dyade die Fotografie in einem Spannungsfeld gehalten, wobei die kameralose – also die technikfreie – Fotografie das eine Extrem beziehungsweise den Ursprung markiert und Fotografien, die technisch in einer 3-D-Modellierungssoftware konstruiert werden, den Gegenpol darstellen. Price setzt das technische Bild, das mehrdeutige Objekte zeigt und allenfalls ikonografisch repräsentieren kann, nachträglich chemischen Einflüssen aus und bewirkt so eine Aktivierung des Betrachtenden durch eine indexikalische Konfrontation (Abb. 05). Das synthetische Bild und die chemische Reaktion verbinden sich zu einer neuen Realität. Hatte Kittler noch behauptet, die Interferenz der chemischen und physikalischen Dispositive habe dazu geführt, dass sich der Lichtbegriff zu diesen zwei Rändern hin ausweitet, stellt Price die Behauptung des Gegenteils auf. Er sagt, es ginge darum, von der Entmaterialisierung zum Material überzugehen. Mit der Materialisierung wird – wie von Price eingefordert – die Prozesshaftigkeit des Kunstwerks betont und Mechanismen der unkontrollierbaren Reproduktion und Serialität werden unterbunden. Fragen der Distribution berücksichtigend, verarbeitet Price auf diese Weise einmal mehr die Phänomene des massenmedialen Informationszeitalters – Aneignung, Verfügbarkeit, Auslöschung und Vergänglichkeit – und die Diskrepanzen, die bezüglich dieser Kategorien zwischen dem digitalen Medium und dem analogen Material bestehen.

1 Seth Price, „Wrong Seeing, Odd Thinking, Strange Action", in: *Texte zur Kunst,* Nr. 106, Juni 2017, S. 83–86.
2 Kim Gordon, „My 10 Favorite Books: Kim Gordon", in: *The New York Times*, 4. November 2016, online: https://www.nytimes.com/2016/11/04/t-magazine/my-10-favorite-books-kim-gordon.html [zuletzt abgerufen am 17. Mai 2022]; Seth Price, *Fuck Seth Price,* New York 2015, S. 45.
3 Joan Jonas, „Artist Seth Price and His Friend Joan Jonas Discuss 'New Media' in All Its Mutated Forms", in: *Interview Magazine*, 26. Dezember 2019, online: https://www.interviewmagazine.com/art/seth-price-joan-jonas-media-artist-mutated [zuletzt abgerufen am 17. Mai 2022].
4 Charles S. Peirce, „Die Kunst des Raisonnierens", in: ders., *Semiotische Schriften,* Bd. 1, hg. von Christian J. W. Kloesel und Helmut Pape, Frankfurt a. M. 2000, S. 195–198.
5 Seth Price, „What is capitalist Technomancy?" Presentation from the Museum of Modern Art's 10th Anniversary Forum on Contemporary Photography, 22. September 2020, https://youtube/_0r9GdA4BCE [zuletzt abgerufen am 17. Mai 2022].
6 Ebd.
7 Isabelle Graw und Benjamin Buchloh, „Verlorene Lebensspuren. Ein Gespräch über Indexikalität in analoger und digitaler Fotografie zwischen Isabelle Graw und Benjamin Buchloh", in: *Texte zur Kunst,* Nr. 99 „Fotografie", September 2015, S. 43.
8 Gil Bank und Thomas Ruff, „Gil Blank and Thomas Ruff Discuss 'Portraits' (2004)", in: *Influence Magazine,* Nr. 2, 2004, S. 55.
9 Friedrich Kittler, *Grammophon Film Typewriter,* Berlin 1986, S. 4.

Abb. 01 Seth Price, *Essay with Knots,* 2008 (Detail: Seite 16–17), Siebdruck auf Polystyrol, vakuumgeformt über Seilknoten, 121,9 × 243,8 cm
Abb. 02 Seth Price, *Different Kinds of Art,* Installationsansicht Reena Spaulings Fine Art, New York, 2004
Abb. 03 William Henry Fox Talbot, *Album di disegni fotogenici*: fotogene Zeichnung, 1839–40, Salzdruck, The Metropolitan Museum of Art, New York
Abb. 04 Seth Price, *Ariana's Elbow,* 2015–2019, Farbstoff-Sublimationsdruck auf Kunststoffgewebe, Aluminum, LED, 134,6 × 233,7 cm
Abb. 05 Seth Price, *Grew Up in a Box Marked Freedom,* 2018, UV-gehärteter Tintenstrahl, Acrylpolymer, Acrylfarbe, Leim, Kunststoff, Holz, Metall, 142,2 × 106,6 cm

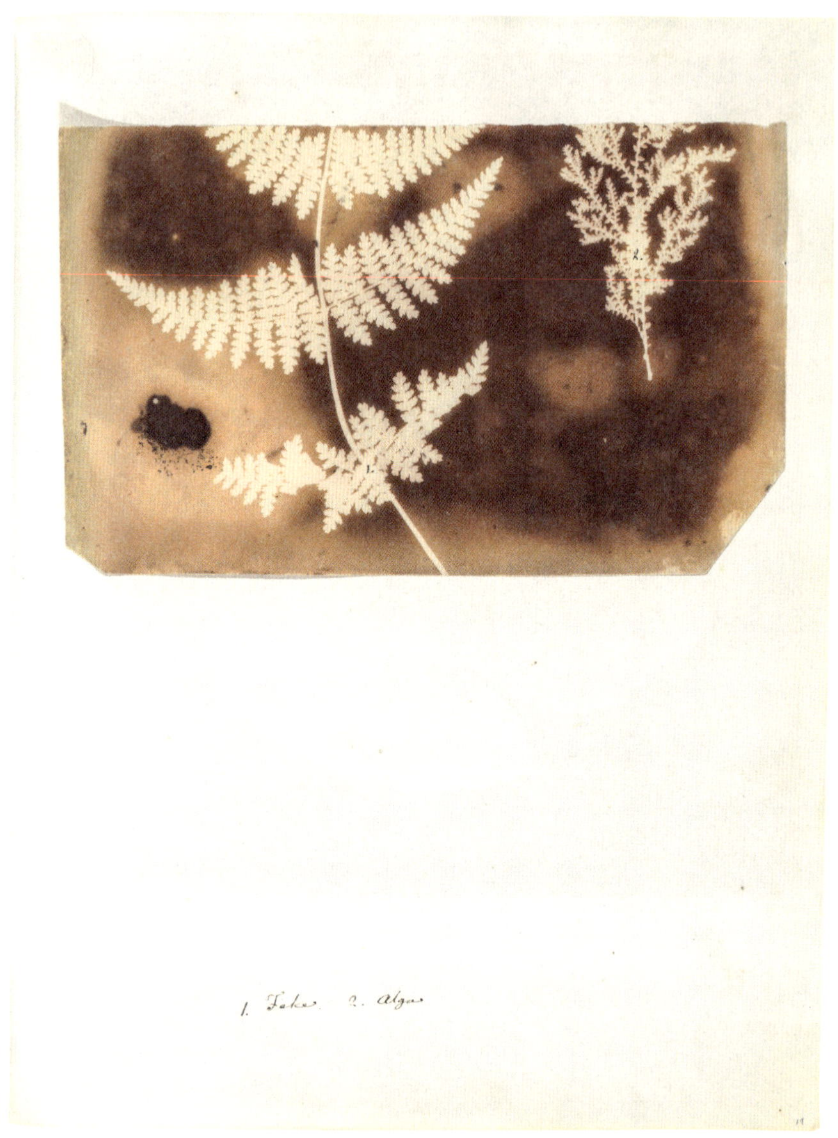

03

SETH PRICE: DECIMATING DIGITAL DATA

SANDRA NEUGÄRTNER

Since the modernists, artistic success has closely correlated with a talent for self-staging in the media landscape. "The contemporary mandate is to know everyone and be known by all, and thus become a maximally reproducible component," multimedia artist Seth Price explained in 2017 after attempting to have all his online profile, interviews, and photos deleted off the internet in 2011.[1] For Price, this act of extinguishing his medial visibility was the outcome of his unease about the way in which artists were being trained to attract attention not for their art but for themselves as individuals. Though Price presented this move as a foil, it too could be read as a form of self-staging. However, it also raises the question of to what degree artistic practices can also represent other competencies, attitudes, and ways of life than those determined by the phenomena of the capitalist market economy's media setup. In his novel *Fuck Seth Price* (dubbed "the best description of the art world of all time" by Kim Gordon), Price suggests subtracting out the art object when theoretically calculating an artist's success, because the artwork's value is tied to a "false" ideal of an entrepreneurial self. This would bring into focus the process of art-making and, with it, art's truly radical aspect.[2] In the following text I will consider how Price attempts to reconfigure the rules of artistic creation in the digital age, that is, within the categories of time, space, and materiality, in order to overcome the traditional triangulation of art, media, and economy.

For more than twenty years, Price has engaged in a conceptual, multi-disciplinary art practice that includes video, sculpture, and a series of strategies and materials that can only loosely be termed "visual art." His projects draw on mass media, information systems, and cultures of circulation. Price's illustrated art-historical essay, appropriately titled *Dispersion*, also treats themes of strategies of distribution. The essay was first published in 2002 and has repeatedly been a part of the discourse, appearing in various forms. It is Price's best-known work, also in academic circles (fig. 01). He argues that distribution, not production, is the most important way of endowing a work with meaning, and states that the disparity between the work and its future documentation is the most important characteristic of contemporary art practice. Price's topics are appropriation, packaging, and what he calls "redistribution," exemplified in his ongoing film essay *Redistribution* (since 2007), a both surreal and

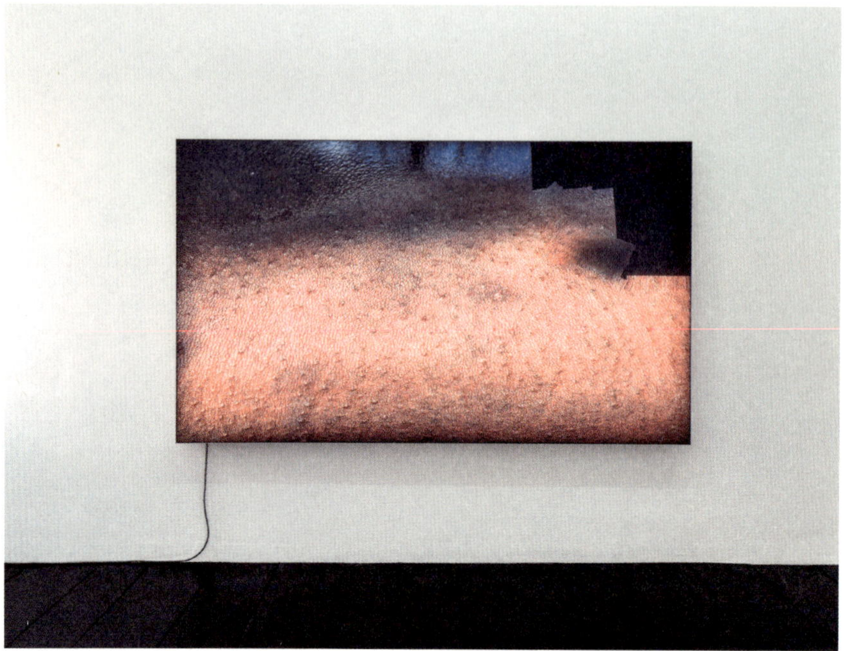

04

documentary tale in which he reflects on questions of cultural production and the distribution of information. He edits and adds new material for each new screening. The film can be seen as "a cinematic petri dish capable of ceaseless cell divisions and viral growth."[3] More largely, Price's work has been received very warmly, and not just when distributed digitally. It has been shown at the Museum of Modern Art in New York, at the Stedelijk Museum in Amsterdam, and during documenta (13) in Kassel. Price has mastered like few others the laws of personality modeling detailed at the start, that is, the indispensable competence required of an artist.

Price laid the foundation for his work with galleries in his first solo show at Reena Spaulings Fine Art in New York in 2004. In it, he queried our relationship to art and its worth in today's society. Price made the video piece *Digital Video Effect: Spills* for this show, in which he co-opted material filmed by the artist Joan Jonas in 1971, taking his usual approach of appropriating, repackaging, and redistributing. The archival material depicted a discussion between Richard Serra, art dealer Joseph Helman, and other artists. Price added a digital video effect to make the scene appear to flow onto a black video screen and be engulfed in blackness at the end. He presented his video on a TV still half in a cardboard box, shown in contrast to vacuum-formed polystyrene sculptures mounted on the wall in typical gallery style (fig. 02). The manner of presentation suggests that we are dealing with two different categories of art: on the one hand, a medium that evidently does not belong in a gallery space and that was not even fully unpacked; and on the other hand, art as a commodity. Price further developed these sculptures in subsequent years as unique pieces to be auctioned off at Christie's and other auction houses. It was an exhibition about displaying and concealing, and about the availability and transience of both digital culture and analog material. Thus seen, the polystyrene sculptures represent objects through their absence (as a negative space that they once occupied, much like fossils) as an indexical trace. Using the technical semiotic term *the index*, the distinction between digital and analog media will be further developed in the following.

The index denotes a sign distinguished by its physical connection to the things about which it shows something. It is a principle the logician Charles Sanders Peirce always emphasized. This type of sign leaves no doubt that the objects it represents actually exist. It "holds us stiffly up to the realities."[4] As much as this principle may apply to the polystyrene sculptures, it does not seem tenable for the video work. The digital effect erases the indexical trace of the original analog film. Art historians consider analog photography to be the indexical art form par excellence, because the light imprinted when the photograph is taken actually makes the photographic image appear causally connected to its object. This connection is particularly evident in the first photographs in the mid-nineteenth century, which were still made without use of a camera. William Henry Fox Talbot invented the negative-to-positive process that created what he called "photogenic drawings" in direct contact with objects. Talbot placed leaves, grasses, lace borders, and other objects on photosensitive paper and lay these arrangements in the sun. Only the parts of the paper not concealed by the objects were exposed (fig. 03). Through the use of the camera, however, the sense of immediacy created by photographic images became a media effect. An authentic reference suggested by the photographic recording mechanism of lighting conditions now became essential for the functioning and meaning of photography—one that, of course, was no longer present. In other words, the effects could not only be traced back to the impression by light in camera photography, but were due to a technical apparatus—which became increasingly true as technical developments progressed.

When asked how photography would develop, Price answered that although it was impossible to say, it would unquestionably be instrumentalized for power, money, and data.[5] A key starting point for Price's consideration of photography was his observation that "at some point when I was making these works I realized that a lot of the images we see around us in the city advertising images of an iPhone on a billboard floating in space or a flask of whiskey or jewelry in a magazine, these are not in fact photographs. They're created in computers out of math."[6] According to this, photography is what people think photography is. This photography, created in a digital realm, mimics photography and its laws—its physics, optics, and knowledge of light, shadow, and materiality. For his work *Social Synthetic*, Price used a robot camera to photograph the skin of a squid for hours at a time, yielding more than ten thousand photographs. He then used software developed for mapmaking and 3D cinema to stitch together the image data. In the computer-generated images, the formerly direct connection to the object, the squid, is no longer present. The medium that separates and stores data completely interposed itself, creating a new reality based on the input data and by simulating all possible elements of the natural recording mechanism: the camera path and light source.

In another work, Price illustrated the fact that the indexical connection between a squid and virtual reality is obsolete, and that the artificial relationship is flawed. In 2015 he made close-up photographs of human skin using subjects of different ages and genders, digitally processed the material, and

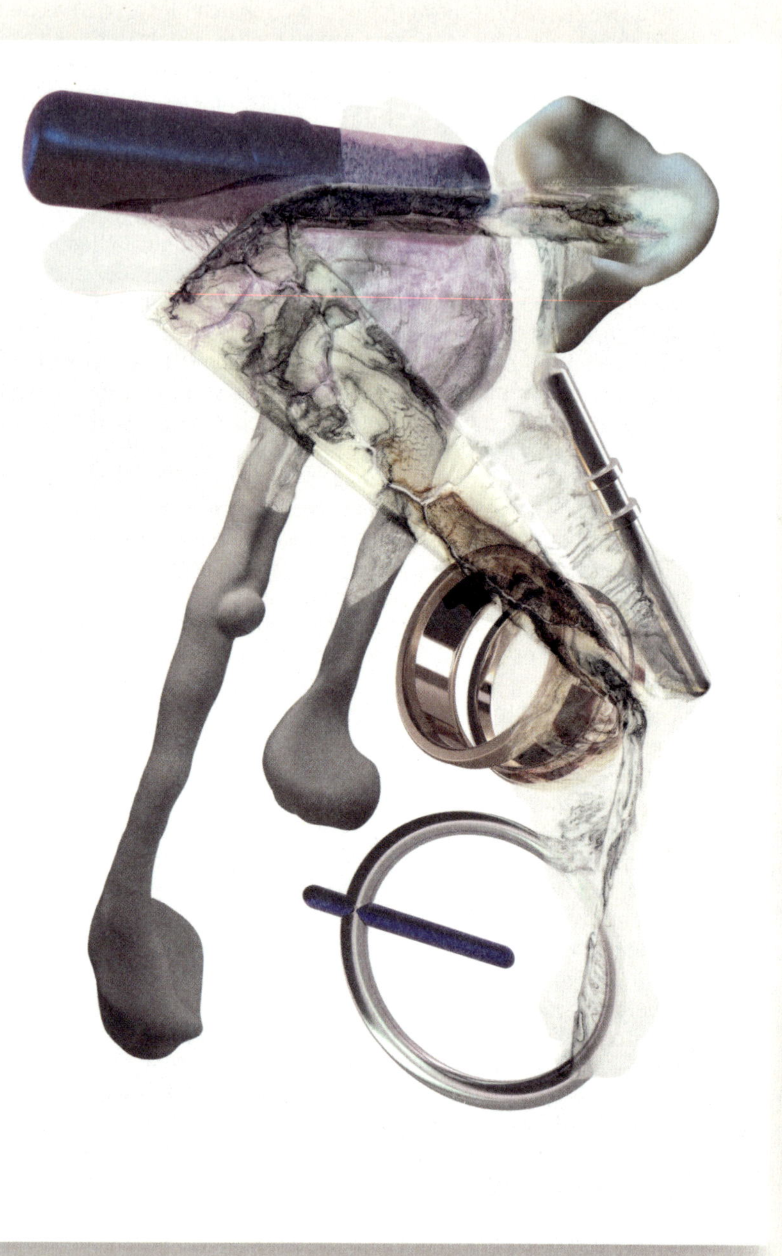

05

displayed it in high resolution in light boxes the following year (fig. 04). He contrasted these installations with images of skin rendered in black and white, which the software could not synthesize into uniform images based on the data, which act as evidence of the flawed nature of the simulation process. The broken, arbitrarily assembled compositions form a new type of sign—let us call it a synthetic sign—has now taken the place of the indexical sign. It has also displaced the original essence of traditional photography, consisting of the fact that both of Peirce's basic sign concepts—index and icon—are necessarily interlocked.

The history of photography shows that photography's indexical and iconic dimensions are integral to the photographic image, and that photographers from different traditions place a different emphasis on these two dimensions. Photographers of Neue Sachlichkeit (New Objectivitiy), such as Albert Renger-Patzsch and Karl Blossfeldt, and the photographers continuing the tradition of Neue Sachlichkeit in the early 1960s primarily drew on the pictorial resources of an earlier, representational narrative realism and sharply reduced photography to a purely iconographic conception of the image. Benjamin Buchloh has stated that Bernd and Hilla Becher succeeded in making the indexical quality of photography into at most a recording correlate of these structures with their neutral photographs of industrial architecture.[7] Thomas Ruff, who studied with the Bechers, described his well-known portraits made in this tradition as follows: "In a way I wanted to blot out any traces or information about the person in front of the camera."[8]

In contrast to the development based on seriality, uniformity, systematicness, and rigor, a contrasting approach exists in which the unmediated materiality is emphasized rather than the iconographic dimension. In contrast to Neue Sachlichkeit, New Vision photography, which developed in the 1920s, focused on the basic tools of photography. Its proponents, fascinated by light, argued for a new definition of realism that transcended traditional concepts of illustration. László Moholy-Nagy regarded photography without use of a camera as the optimal way of promoting the New Vision. Other avant-garde coevals in the 1920s including Man Ray and Kurt Schwitters, as well as adherents of the neo-avant-garde such as Robert Rauschenberg and Susan Weil, experimented with this special form of photography, the photogram. Their work shows that iconicity is always dependent on context and is not a necessary condition for photography. This approach works in contrast to the simulation and development of a synthetic sign because it eliminates the camera—which constantly tries to imitate habits of seeing with ever-more sophisticated technologies—from the photographic process. In his book *Grammophon Film Typewriter* (1986), Friedrich Kittler argues that a technologization of information began between 1880 and 1920, when "seemingly harmless machines" (among which Kittler includes the camera) "capable of storing and therefore separating sounds, sights, and writing" came into use.[9] Experimentation with chemicals and such effects as solarization (which triggers an exact reversal of the chemical processes) underscores the indexical dimension of photography, while a concentration on the chemical (rather than the physical) laws of photography causes the simulating mechanisms to lose their preconditions.

Contemporary artists have long since rediscovered the importance of chemical reactions as decisive components of photographic processes and placed them at the heart of their work. Adam Fuss's *Love* (1992) makes use of spectacular color effects resulting from the chemical interplay between rabbit viscera and the traits of paper. Wolfgang Tillmans similarly elevates photochemical processes to the origin of his abstract light paintings. From a technical point of view, Tillmans's *Ostgut Freischwimmer* (2004) is a photograph but does not depict a concrete subject and thus demands a new form of seeing.

Price, too, has made use of chemical principles in his latest works. He used pigmented liquid polymers and powdered earth to manipulate his photographs of New York streets and subways. Though—or because—we are firmly in the realm of digital photography, Price integrates elements that were originally fundamental ingredients of analog photography. This approach at once suggests an unmediated materiality and a destruction of the iconographic features of the image. Price goes one step further with his use of computer-generated images. Historically, the chemistry-physics dichotomy has held photography in a state of tension, wherein cameraless photography made without external mechanisms demarcated the extreme, or origin, and "photographs" constructed with 3D-modeling software represented the counterpoint. Price retroactively subjects the multivalent, at best iconographic, technical image to chemical agents, effecting an activation of the viewer through an indexical confrontation (fig. 05). The synthetic image and the chemical reaction unite to form a new reality. Kittler maintains that interfering with the chemical and physical dispositifs led to an expansion of the concept of light to these two extremes, whereas Price propounds the opposite. He states that the point is to move from a dematerialization to the material, and claims that a materialization will emphasize the processuality of the artwork and suppress mechanisms of uncontrollable reproduction and seriality. Keeping in mind questions of distribution, Price thus once again digests the phenomena of the mass-media information age—appropriation, availability, erasure, and transience—and the discrepancies that exist with regard to these categories between the digital medium and the analog material.

1 Seth Price, "Wrong Seeing, Odd Thinking, Strange Action," *Texte zur Kunst* 106 (June 2017): 83–86.
2 Kim Gordon, "My 10 Favorite Books: Kim Gordon," *New York Times*, November 4, 2016, https://www.nytimes.com/2016/11/04/t-magazine/my-10-favorite-books-kim-gordon.html (accessed on October 4, 2022); Seth Price, *Fuck Seth Price* (New York: Leopard, 2015), 45.
3 Joan Jonas, "Artist Seth Price and His Friend Joan Jonas Discuss 'New Media' in All Its Mutated Forms," *Interview Magazine*, December 26, 2019, https://www.interviewmagazine.com/art/seth-price-joan-jonas-media-artist-mutated (accessed on October 4, 2022).
4 Charles S. Peirce, "What Is a Sign?," in *The Essential Peirce: Selected Philosophical Writings*, ed. Peirce Edition Project, vol. 2, *1893–1913* (Bloomington: Indiana University Press, 1998), 4–10, here 10.
5 Seth Price, "What Is Capitalist Technomancy?," presentation from the Museum of Modern Art's Tenth Anniversary Forum on Contemporary Photography, September 22, 2020, YouTube video, 7:41, https://youtube/_Or9GdA4BCE (accessed on October 4, 2022).
6 Price, "What Is Capitalist Technomancy?"
7 Isabelle Graw and Benjamin Buchloh, "Lost Traces of Life: A Conversation about Indexicality in Analog and Digital Photography between Isabelle Graw and Benjamin Buchloh," *Texte zur Kunst* 99 (September 2015): 42.
8 Gil Bank and Thomas Ruff, "Gil Bank and Thomas Ruff Discuss 'Portraits' (2004)," *Influence Magazine* 2 (2004), 55.
9 Friedrich Kittler, *Gramophone, Film, Typewriter*, trans. Geoffrey Winthrop-Young and Michael Wutz, (Stanford: Stanford University Press, 1999), xl.

Fig. 01 Seth Price, *Essay with Knots*, 2008 (detail: pages 16–17), screen print ink on high-impact polystyrene, vacuum-formed over rope knots, 121.9 × 243.8 cm
Fig. 02 Seth Price, *Different Kinds of Art*, installation view Reena Spaulings Fine Art, New York, 2004
Fig. 03 William Henry Fox Talbot, *Album di disegni fotogenici* (Album of Photogenic Drawings), 1839–40, salted paper print, Metropolitan Museum of Art, New York
Fig. 04 Seth Price, *Ariana's Elbow*, 2015–19, dye-sublimation print on synthetic fabric, aluminum, LED, 134.6 × 233.7 cm
Fig. 05 Seth Price, *Grew Up in a Box Marked Freedom*, 2018, UV-cured inkjet, acrylic polymer, acrylic paint, glue, plastic, wood, metal, 142.2 × 106.6 cm

HISTORY OF EVERYTHING

KATHRIN BARUTZKI UND NELLY GAWELLEK

„Je mehr man weiß, desto mehr sieht man, was andere bereits getan haben. Man existiert nicht in einem Vakuum, man ist in der Zeit verwurzelt."

Sigmar Polke, engl. Orig. in: Martin Gayford, „A Weird Intelligence", in: *Modern Painters,* Winter 2003, S. 78–85, hier S. 82.

Sigmar Polke war sich seiner eigenen Verortung in der Kunstgeschichte bewusst und setzte sich aktiv mit den um ihn herum existierenden (Vor-)-Bildern auseinander. Motive, Themen und Materialien aus unterschiedlichsten Zeiträumen und Zusammenhängen, aus der Kunstgeschichte, den Naturwissenschaften oder der Alltagskultur bildeten die Grundlage und den Nährboden für die eigene künstlerische Praxis, die das bereits Existierende reflektierte, transformierte, weiterverarbeitete. Ein Blick auf das multimediale und fünf Jahrzehnte umfassende Œuvre Polkes zeigt, wie er hier ein Netz aus Erzählungen weitersponn, dabei bereits vorhandene Fäden aufnahm und gleichzeitig neue Verbindungen schuf: Fragmentierte und stark vergrößerte Dürer-Grafiken treffen auf industrielle Pigmente und Lacke, Einschusslöcher im Kölner Dom aus dem Zweiten Weltkrieg werden zur Skulptur eines englischen Bomberpiloten erklärt, die NS-Architektur des Deutschen Pavillons in Venedig verwandelt sich in einen alchemistischen Hochofen. Polkes präziser, sezierender Blick in die kunsthistorische Vergangenheit sowie in kunstferne Kontexte legt einerseits Entstehungszusammenhänge und Werkprozesse offen, andererseits hinterfragt er Vorstellungen von Autor*innenschaft kritisch, stellt kulturelle Traditionen und klassische Gattungsgrenzen infrage.

Einem prägnanten Beispiel für das komplexe Zitieren und Verweisen auf andere künstlerische Arbeiten ist Gabriele Wix nachgegangen, die in ihrem Beitrag „Werk und Fitzel" nahezu detektivisch die Quellengeschichte von Polkes experimentellem Collagieren mit dem Motiv des Besteckkästchens des Künstlers Max Ernst rekonstruiert. Dabei wird deutlich, dass es Polke weniger um das Erkennen des Original-Bildes und seiner Entstehungszusammenhänge ging, als um die irritierenden Effekte und produktiven Manipulationen, die sich in der Weiterverarbeitung des Ursprungsmotivs – oder besser: in engem Austausch mit diesem – in den unterschiedlichen medialen Fassungen und Formaten ergeben.

Auch Alexander Kluge stellt in seiner künstlerischen Arbeit das Potenzial der Transformation und Überlagerung von verschiedenen Bedeutungsebenen durch die Verwendung unterschiedlicher Bildquellen und Kontexte heraus. Sein Film *Achsenzeit* von 2021, der als Hommage an Sigmar Polke für das Jubiläum zum 80. Geburtstag des Künstlers entstanden ist, führt dies eindrucksvoll vor.

In seinem Kommentar dazu, „Wo Polke ist, ist Werkstatt", beschreibt Kluge die Transitionen, die zwischen seinen Arbeiten und den Werken anderer Künstler*innen und Denker*innen neuen Sinn stiften. Besonders fruchtbar für diesen offenen, lebendigen Dialog stellt sich für Kluge Polkes Werk dar, das er mit dem Bild der Werkstatt vergleicht, in der immer wieder Neues entsteht, dabei der Schaffensprozess sichtbar gemacht wird und das Werk auf diese Weise anschlussfähig bleibt für neue künstlerische Entwürfe und Ideen.

Im Gespräch über ihre 2021 entwickelte Werkserie *Dos and Don'ts – Smoke without Fire* berichtet Camille Henrot von dem Einfluss Polkes auf ihr eigenes künstlerisches Werk. Verbindungen lassen sich im Sammeln und Weiterverarbeiten von Bildern sowie im experimentellen Ausloten und Einsetzen unterschiedlicher Medien im Werkprozess ziehen. Henrot verschränkt verschiedene bildgebende Verfahren – vom Pinselstrich bis zum Ultraschall – und reflektiert damit ästhetische, soziale und politische Aspekte des Sehens und Gesehen-Werdens.

Wie können bestehende Erzählungen gebrochen, wie können etablierte Dynamiken und Machtverhältnisse gestört werden? Die kritische Auseinandersetzung mit einer weißen und westlich dominierten sowie männlich geprägten kunsthistorischen Tradition ist für Künstler*innen einer aktuellen Generation von großer Relevanz. In ihrem Beitrag „Zerstresste Bilder. Interferenzen des Bildlichen in Arbeiten von Frida Orupabo" untersucht Svetlana Chernyshova, wie Frida Orupabos Collagen und Videos die mediale Darstellung von Körpern durchkreuzen und stressen. Disparate Körperformen sind so zusammensetzt, dass neue Kontexte in den Fokus der Betrachtung von Identität rücken. Die zentrale Rolle der Schwarzen Frau als vielfach eingesetztes Bildmotiv wirft in unmittelbarer Gegenüberstellung mit weißen Figuren (und Betrachter*innen) Fragen nach Kolonialismus, Rassismus sowie nach den immer noch durch Unterdrückung und Ausgrenzung geprägten, politischen und medialen Realitäten auf.

HISTORY OF EVERYTHING

KATHRIN BARUTZKI AND NELLY GAWELLEK

"The more you know, the more you see what other people have done. You can't exist in a vacuum, you are rooted in time."

Sigmar Polke quoted in Martin Gayford, "A Weird Intelligence," *Modern Painters* (Winter 2003), 78–85, here 82.

Sigmar Polke was aware of his position in art history and actively worked with the visual images and art-historical models around him. His artistic practice was based on and drew on motifs, themes, and materials from a broad variety of periods and contexts in art history, the natural sciences, and everyday culture. In his work, he reflected on, transformed, and progressed existing models. Examining Polke's interdisciplinary oeuvre of five decades shows how he wove a network of narratives that picked up existing threads and created new connections: dramatically enlarged fragments of Dürer prints are combined with industrial paints and World War II bullet holes at Cologne Cathedral are declared as the sculpture of English bomber pilots; the Nazi-built German Pavilion in Venice is transformed into an alchemical blast furnace. Polke precisely dissects both the art-historical past and nonart contexts, in the process revealing connected geneses and work processes; he also critically examines ideas of authorship and questions cultural traditions and the boundaries of classical genres.

Gabriele Wix investigates one of Polke's loaded examples of complex citations and references to other artistic works in her essay "Wholes and Parts," which takes a detectivelike approach to the source history of Polke's experimental collages using Max Ernst's motif of the cutlery tray. Her work reveals that Polke was less concerned with depicting the original image and its origins than with the bewildering effects and productive manipulations resulting from advancing—or rather, in dialogue with—the original motif in various media versions and formats.

In his artistic work, Alexander Kluge demonstrates the potential of transforming and overlaying different levels of meaning by using various image sources and juxtapositions. His film *Achsenzeit (Hommage an Sigmar Polke)* (Axial Age [A Homage to Sigmar Polke]; 2021), made as a tribute to Sigmar Polke for the artist's eightieth birthday, impressively demonstrates this. In his commentary on this, "Wherever Polke Is, You'll Find a Workshop," Kluge describes how the transitions between his works and those of other artists and thinkers create new meaning. In Kluge's eyes, Polke's work is particularly suited to advancing such open, lively dialogue, a dialogue he compares to a workshop in which something new is always being made and in which creative process is revealed and the work can thus be linked to new artistic designs and ideas.

In a conversation on her 2021 series *Dos and Don'ts—Smoke without Fire,* Camille Henrot speaks about Polke's influence on her own artistic work. Connections can be drawn in the collecting and further processing of images as well as in the experimental exploration and use of different media in her work process. Henrot links different image-making processes ranging from the brushstroke to ultrasound, reflecting on the aesthetic, social, and political aspects of seeing and being seen.

How can fixed stories be disrupted and how might established dynamics and power relationships be disturbed? Critically examining an art-historical tradition dominated by white Western men is highly relevant for today's generation of artists. In her essay "Stressed Images: Interferences of the Pictorial in the Works of Frida Orupabo," Svetlana Chernyshova examines how Frida Orupabo's collages and videos juxtapose and strain media depictions of bodies. Disparate bodily forms are put together so that new contexts come into focus when considering identity. The central role of Black women as a frequently used pictorial motif raises questions about colonialism, racism, and the political and media realities still shaped by oppression and exclusion when placed in direct relation to white figures (and viewers).

WERK UND FITZEL

GABRIELE WIX

VOLLAUTOMATISCHE PHOTO COPIE GMBH

1965 setzt Sigmar Polke unter die Zeichnung auf Packpapier eine Sprechblase und notiert darin in Blockbuchstaben: VOLLAUTOMATISCHE PHOTO COPIE GMBH.[1] Wir befinden uns im vordigitalen Zeitalter, und selbst der analoge Fotokopierer, an den Polke hier die Autorschaft für eine Handskizze delegiert, ist noch kein alltäglicher Standard, eher eine mediale Zukunftsvision. Als dessen erste Kunstikone gilt das 1968 von Seth Siegelaub und John W. Wendler herausgegebene *Xerox Book*.[2] Mythos und Name sind geblieben, obwohl entgegen der ursprünglichen Planung die vollautomatische Fotokopie aus Kostengründen aufgegeben und das Buch im Offsetdruck produziert wurde. Auch Polke geht es in seiner Notiz nicht primär um das konkrete Medium, wenngleich er es später mit Lust bildzerstörerisch einsetzen wird. Es geht um ein Programm.

„Copie" ist das Stichwort. Nur darf man sich nicht vorstellen, dass hier jemand ans Werk geht, der das Malen durch automatische Kopierverfahren ersetzen will. Polke hält sich vielmehr unter der Freiheit des Kopierens und damit im Zugriff auf einen unbegrenzten Vorrat an Bildern alle Optionen und Medien offen. Und immer bleibt die Hand des Künstlers im Spiel: Er greift in der Dunkelkammer in die Entwicklungsvorgänge ein, ob mit Chemikalien oder Himbeersirup, und macht Fotoabzug um Fotoabzug in zahlreichen Variationen. Er verzerrt, verwischt, zerstört Bildvorlagen im Kopiervorgang am Gerät und friert die Bewegung im Medium der Fotokopie ein. Er projiziert vorgefundene Bildmotive auf die Leinwand – und verschleiert deren Herkunft aus reproduziertem Bildmaterial nicht, im Gegenteil. Eigenhändig malt er Rasterpunkt um Rasterpunkt, um sich dann wieder die Freiheit zu nehmen, das Bild als Auflagenobjekt maschinell kopieren zu lassen. Fragen der Autorschaft stellen sich neu, nicht nur in der bildenden Kunst. Roland Barthes schreibt in dieser Zeit an seinem Aufsatz „La mort de l'auteur", Der Tod des Autors, der 1967 erscheint.[3] Konsequenz seiner provokanten Diagnose ist die „Rückkehr des Schreibers", der Entwurf eines Modells des Kopisten, den Barthes in Bezugnahme auf den mittelalterlichen Schreiber „scripteur moderne" nennt.[4]

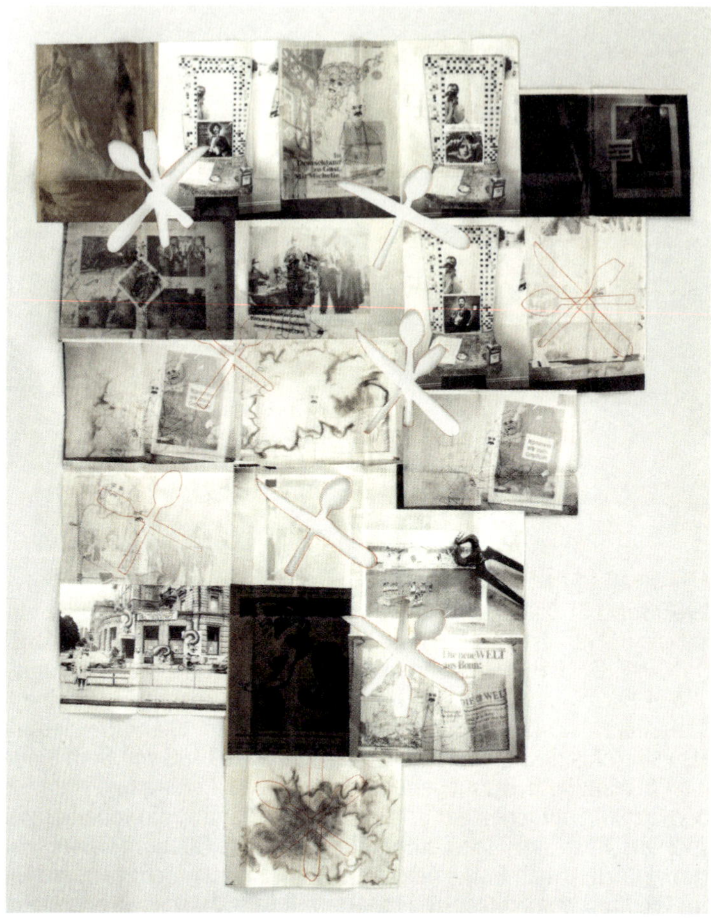

01

BIZARRE FOTOS

Vor diesem Hintergrund geht der Beitrag Bildmotiven nach, die ähnlich wie Schere, Tisch oder Stuhl trivialer nicht sein könnten, in Polkes Werk aber über einen größeren Zeitraum hinweg zirkulieren und dabei in Fotografie und Malerei durchgemustert, dekontextualisiert, verdreht und semantisch neu aufgeladen werden: Messer, Gabel und Löffel.

Die früheste Quelle ist eines der ersten Künstlerbücher von Sigmar Polke, *Bundestagswahl 1972. Bizarre Fotos aufgenommen in Düsseldorf und Köln*, 44 Blatt – Schwarz-weiß-Reproduktionen von Fotos – in einer einfachen Klemmbindung.[5] Polke hatte während des Wahlkampfs in Köln und Düsseldorf Wahlplakate aufgenommen, die ihrerseits bereits „bearbeitet" waren, übermalt, zerkratzt oder zerstört. Der Umschlag der Publikation zeigt ebenfalls vorgefundenes Bildmaterial: ein Plattencover, von Polke auf einem Flokati fotografiert. Es ist das Doppelalbum *An Evening with Wild Man Fischer* von Lawrence Wayne „Wild Man" Fischer, produziert von Frank Zappa und 1969 auf seinem Label Bizarre erschienen. Polke nutzt das Motiv gleich doppelt, visuell wie verbal. Der Schriftzug des Labels auf dem Cover ist an identischer

Stelle und damit in einer Art Überlagerung auf den Schutzumschlag aus durchsichtiger Plastikfolie kopiert und bildet den fragmentarischen Anfang des Untertitels von Polkes Buch: *Bizarre Fotos*. Der Eigenname ist zum Adjektiv, die englische Vokabel zur deutschen geworden. Auf dem Plattencover ist Lawrence Wayne Fischer abgebildet, der ebenso diabolisch wie lustvoll ein spitzes Messer – Blickfang des Bildes – auf ein Schild ansetzt, das die ältere Frau neben ihm um den Hals trägt. „LARRY'S MOTHER" steht darauf.

KOMMEN WIR ZUM GESCHÄFT

In einer Fotocollage von Polke ohne Titel, die erst 2009 bekannt wurde und auf 1976/77 datiert ist, kehrt das Motiv des Plattencovers wieder (Abb. 01).[6] 19 Fotos, auf ca. 177×110 Zentimetern neben- und untereinander angeordnet, sind teils mit Silhouetten von gekreuzten Besteckteilen überzeichnet und teils mit weißen Papierausschnitten, fünf an der Zahl, in Form gekreuzter Besteckteile verdeckt. Statt eines Tafelmessers mit abgerundeter Klinge, wie im Kontext eines Tafelbestecks zu erwarten wäre, erkennt man die Silhouette des spitzen Messers mit scharfer Klinge von dem Cover des Albums *An Evening with Wild Man Fischer*. Auch die darauf abgebildete Personenkonstellation verwendet Polke in Form einer Umrisszeichnung. „Larry's Mother", die weibliche Figur, hat sich in einen glatzköpfigen kräftigen Mann mit Schnurrbart verwandelt, Wild Man Fischer erscheint eher als Frau, und der Schriftzug auf dem Schild ist durch die Zeichnung einer prallen Wurst ersetzt, die auf der Fotocollage als eine Art Leitmotiv fungiert. Polke hat die Konturlinien der beiden Figuren immer wieder, auch seitenverkehrt, auf Vorlagen projiziert. Diese fand er, so Katharina Steffen, „in der Werbung, den gemischten Nachrichten, der Bildzeitung, in einem Kulturmagazin, in Cartoons, auf Postkarten – Zeitzeichen und Schnipsel aus der Gemischtwarenhandlung."[7] Man liest: „In Deutschland zu Gast mit Michelin" vor einer Fachwerkkulisse, „Kommen wir zum Geschäft" als gedruckte Notiz auf einem Zettel, Bruchstücke einer Rezension von Klaus Theweleits Untersuchung *Männerphantasien* („hier spinnt Theweleit"), der erste Band war 1977 erschienen, oder „Die neue WELT aus Bonn", eine Werbeanzeige anlässlich des Umzugs der Zentralredaktion von Hamburg nach Bonn im Jahr 1975. Und man sieht private Bilder, darunter arrangierte Fotos von zwei weiteren Alben: *Alle Sorelle Ritrovate* von Antonietta Laterza und *My Spanish Heart* von Chick Corea, 1975 und 1976 veröffentlicht. Es sind Kopien, „Abschriften", aus der Lebenswelt der 1970er-Jahre und Polkes eigenem Umfeld, die medial über die Fotografie in die Kunst kommen und groteskerweise über das Zitat eines Plattencovermotivs mit einem scharfen Messer im Zentrum zusammengehalten werden. Doch auch in der Malerei kommt Polke Anfang der 1980er-Jahre auf das Motiv gekreuzter Besteckteile zurück. Dahin führt ein Umweg.

MAX ERNST

Anfang des 20. Jahrhunderts hatte bereits ein anderer Maler die traditionellen Mittel der Bildherstellung verlassen, um über ein ganz eigenes Kopierverfahren verstörende Gegenwelten bürgerlicher Ordnung zu schaffen: Max Ernst, 1891 in Brühl geboren und 1976 in Paris verstorben. Er nutzte für seine Collagen abgelegtes Bildmaterial des 19. Jahrhunderts aus Werbe- und Musterkatalogen, populärwissenschaftlichen Zeitschriften oder Feuilletonromanen ebenso wie Kupfer- und Tonstiche aus der Hochkultur, schnitt einzelne Motive aus und klebte sie auf weißen Grund oder in Darstellungen von

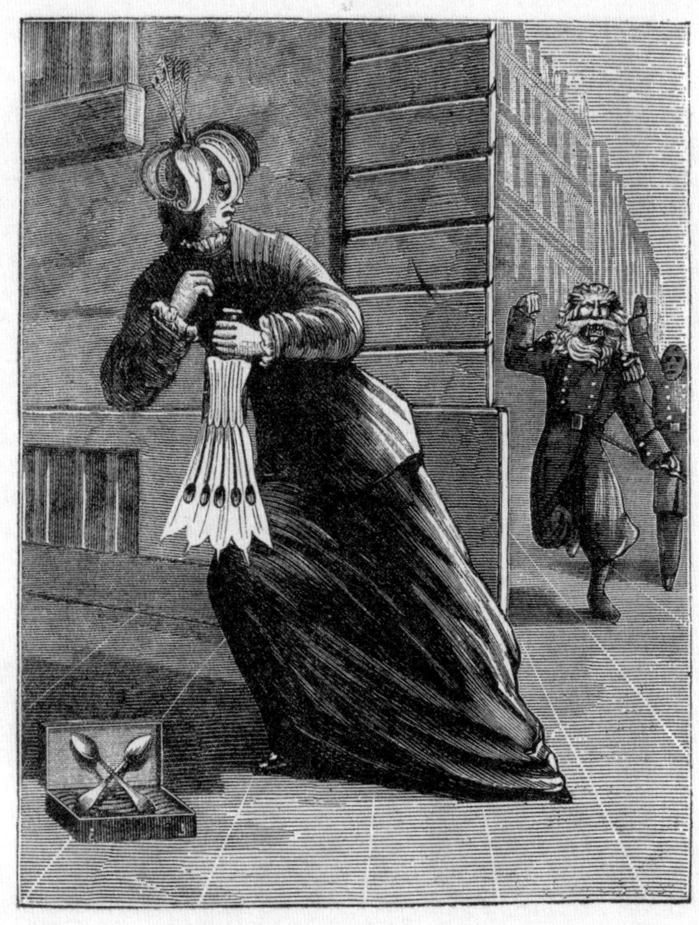

Interieurs oder Landschaften. Der Holzstich als Reproduktionsmedium seiner Bildvorlagen ermöglichte dem Künstler aufgrund der einheitlichen Textur schwarz-weißer Schraffuren eine im Nachhinein nicht mehr erkennbare Zusammenfügung heterogener Bilder, und auch die Retuschen mit Zeichenfeder und schwarzer Tusche blieben unsichtbar. Wie ein Schriftsteller seine Manuskripte setzen und drucken lässt, ließ Max Ernst die Originalcollagen fotomechanisch aufbereiten und drucken, wobei er bei der Herstellung großen Wert darauf legte, dass die Nahtstellen sorgfältig kaschiert waren. „Dessins", Zeichnungen, nannte er seine Bilder in der ersten Buchpublikation, den *Répétitions* mit Paul Éluard.[8] Sein 1929 erschienener Collagenroman, *La femme 100 têtes,* wurde mit „Roman en 150 gravures" beworben, nicht mit „Roman à 150 collages".[9]

BESTECKKASTEN MIT GEKREUZTEN LÖFFELN

Als Sigmar Polke Reprints zweier Romane Max Ernsts in der 1978 eröffneten Filiale des Literatur-und Musik-Versandhauses *Zweitausendeins* in der Kölner Ehrenstraße für seine Malerei entdeckte, war er sich der Tatsache nicht bewusst, dass Max Ernst hier die Zeichenfeder gegen Schere und Kleber getauscht hatte und er auf einen Kopisten gestoßen war.[10] Polke nutzte – soweit bekannt – drei Seiten aus Ernsts Romanen in fünf eigenen Arbeiten.[11]

Eine dieser Seiten, aus der ein Bild-Fitzel[12] in Polkes Werk migrierte, stammt aus Max Ernsts 1934 erschienenem Collagenroman *Une semaine de bonté* (Abb. 02).[13] Im Rückgang auf die Fotoarbeiten aus den 1970er-Jahren erscheint es nicht verwunderlich, dass Polkes Interesse genau von diesem marginalen Motiv geweckt wurde, einem Besteckkasten, vor dessen aufgeklappten Deckel zwei gekreuzte Löffel gesetzt sind. In Ernsts Collage steht das Kästchen auf der Straße als stummer Zeuge einer Szene, in der eine junge Frau vor dem gewalttätigen Löwen von Belfort flieht. Indem Polke allein den Besteckkasten mit den gekreuzten Löffeln kopiert und ihn sozusagen aus dem Zusammenhang herausschneidet, wiederholt er den Arbeitsprozess seines Vorgängers, der das Motiv aus einem der im ausgehenden 19. Jahrhundert weitverbreiteten französischen Vorlagenkataloge für Werbegrafik ausgeschnitten hatte.[14] Polke vergrößert den Besteckkasten und überträgt das Motiv auf einen mit Dekostoff bespannten Keilrahmen. Der wohnliche Stoff, die gemalten Pflanzen und die großen weißen Schemen von Kochlöffel und Ei, vergleichbar den weißen Papierausschnitten der gekreuzten Besteckteile auf der Fotocollage, schaffen einen ironisch vagen Kontext von Häuslichkeit. Alle narrativen Bezüge der Ernstschen Collage sind getilgt.[15]

Schon 1980, ein Jahr zuvor, hatte Polke das Motiv auf eine Leinwand von 50×40 cm übertragen. Der Besteckkasten ist um 90 Grad nach links gedreht, so dass man die Leinwand über Eck aufhängen müsste, um ihn in der Waagerechten wahrzunehmen. Das macht sich Trix Wetter, die Grafikerin der Kunstzeitschrift *Parkett,* nicht ohne Humor zunutze, indem sie 1984, es ist die zweite Ausgabe von *Parkett,* in Bice Curigers Aufsatz über Sigmar Polke eine Schwarz-weiß-Verkleinerung des Bildes am unteren linken Rand des Satzspiegels platziert. Die beiden rechtwinkligen Linien, mit denen Polke den Besteckkasten links gerahmt hat, schließen genau mit dem Satzspiegel ab und betonen ihn geradezu, während die Kanten des über Eck gesetzten Bildes ihn gleichzeitig sprengen.[16] Die Leinwand ohne Titel ist auf 1980 datiert, doch hat sich die Arbeit an dem Bild, wie oft bei Polke, über einen längeren Zeitraum erstreckt. Den Malgrund hatte er wohl schon in den 1970er-Jahren mit Dispersionsfarbe in Blau- und Rosétönen besprüht.[17] Elf Jahre später kehrte das Bild in einer weiteren in Kollaboration mit Sigmar Polke entstandenen Ausgabe von *Parkett*, Heft 30 von 1991, als Edition zurück, via Computer und vierfarbigem Nadeldrucker in San Diego, USA, auf Vinyl reproduziert und auf Keilrahmen aufgezogen – eine vollautomatische Kopie des bereits 1984 in *Parkett* abgebildeten Originals auf Leinwand (Abb. 03).[18]

Zusammengefasst: Ein Motiv aus einer am Ende des 19. Jahrhunderts entworfenen Vorlage für Gebrauchsgrafik wurde Anfang des 20. Jahrhunderts Teil einer reproduzierten Collage in einem Roman Max Ernsts, den Sigmar Polke als Reprint vorfand, aus dem er wiederum das Motiv kopierte, um es gleich mehrfach weiterzuverwenden. Die Intertextualitätsforschung hat die Tätigkeit des Kopisten mit „citation, citation de la citation, citation de la citation de la citation" auf eine Formel gebracht.[19] Auch in Polkes Œuvre verwirbelt sich die Kopie mit der Kopie der Kopie der Kopie... „Du musst schnell gucken", zitiert Sophia Stang den Künstler.[20]

DIE RÜCKKEHR DES KOPISTEN

Polke wäre nicht Polke, wenn er das Konzept des Kopisten nicht im Werk selbst reflektiert hätte. Auf einer großformatigen Leinwand aus dem Jahre 1982, *The Copyist*, sieht man eine männliche Gestalt mit der Schreib- oder Zeichenfeder in der Hand vor einem Buch an einem Tisch sitzen, überraschenderweise in der freien Natur, nicht im Skriptorium.[21] Die Rückenfigur ist den Betrachtenden leicht zugewandt, so dass man ihr Gesicht im verlorenen Porträt sieht, versunken in das Buch und die Schreibarbeit, die Aussicht auf die Landschaft ignorierend oder im Prozess des Abschreibens imaginierend. Die Figur wird in der Sekundärliteratur – allen Irritationen zum Trotz – in Referenz auf den Bildtitel stets als mittelalterlicher Mönch gesehen. Nicht so von dem damals jungen und 2005 im Alter von nur 47 Jahren verstorbenen Dichter Thomas Kling, der Polke aus Köln in den 1980er-Jahren kannte. Er schrieb über Polkes Gemälde ein Gedicht mit dem Titel: „-paßbild. (polke, ‚*the copyist*', 1982)" und veröffentlichte es 1993 in dem Gedichtband *nacht.sicht.gerät.*[22]

> „*monk at work .., vor ort ..*", buch-
> stabiert wer, vermutet notker den
> drittn. es ist restlicht-, restlicht-
> verstärkung, lesart, schwebe;
> *links vorm*
> *rand:* pol / *über* p *rasur oder schmutz-*
> *flekk* / *zweites* l *auf rasur* / *vorher* ei
> *ausgewischt;*
> [...][23]

Mit „‚*monk at work*'" setzt der Text ein und scheint sich in das gängige Muster der Deutungen einzureihen. Doch bietet sich auch – einem Hinweis von Marcel Beyer folgend – eine andere Lesart an. In Thomas Klings Arbeitsbibliothek auf der Raketenstation Hombroich befindet sich das *Parkett*-Heft Nr. 30, von dem schon wiederholt die Rede war. Auf dem Cover ist Sigmar Polke bei der Arbeit vor einer Leinwand zu sehen, in einen Umhang gehüllt, den er wie eine Mönchskutte über den Kopf gezogen hat

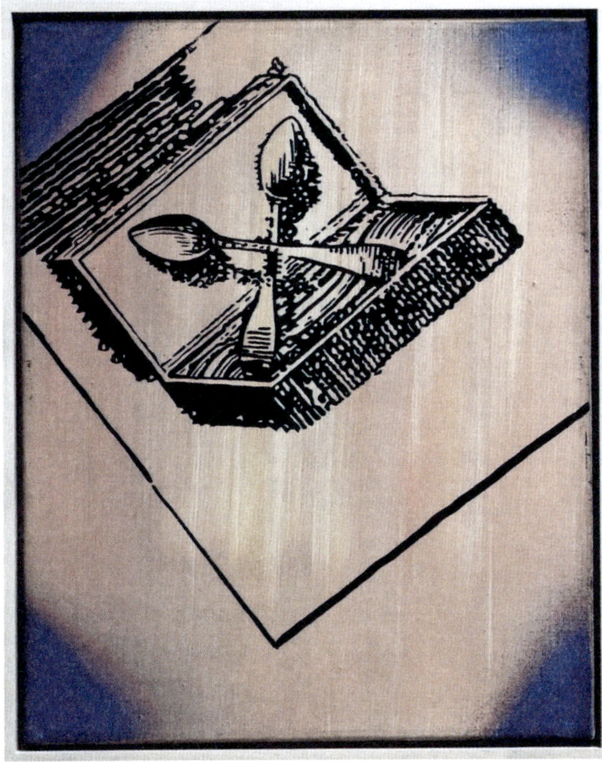

03

(Abb. 04). Ist er, der Maler, der im Gedicht angesprochene „monk at work", auf den sich das Buchstabieren, die Tätigkeit des Schreibers richtet und dessen Name es über Rasur und Schmutz zu entziffern gilt? Es gibt ein weiteres Indiz, das diese Deutung in einer frechen, beinahe gewaltsamen Verschiebung der Lektüre des Gemäldes stützt. Während der Arbeit an der Thomas-Kling-Werkausgabe wurde bei einer erneuten Sichtung der Handschriften im Thomas Kling Archiv ein bislang unbekanntes Manuskript des Gedichts *von inneren minuslandschaften* entdeckt (Abb. 05). Oben auf dem Bogen skizziert Thomas Kling Überlegungen zu einem Gedicht über Polkes Bild: „selbstportrait als polkes ‚the copyist'" steht da.[24] In der in das Buch versunkenen Figur mit der Feder in der Hand sieht Kling sein Selbstporträt („-paßbild") als Kopist, als Abschreiber in der Nachfolge Notker III., der um das Jahr 1000 die deutsche Schrift- und Literatursprache schuf: „restlicht-, restlicht- / verstärkung, lesart, schwebe".

Der Fund der Handschrift liefert eine zusätzliche Volte am Schluss: In der Lust am Selbstporträt treffen sich Thomas Kling und Sigmar Polke. Auf dessen Fotocollage von 1976/77 ist neben den oben beschriebenen Motiven mehrfach ein Selbstporträt des Künstlers mit Fotoapparat vor dem Auge zu sehen: der Kopist mit der Kamera, „monk at work" (Abb. 01). Und als Kopist nutzt Polke Pop, Surrealismus oder großväterlich angehauchten Holzstich-Verismus in Schwarz-Weiß; Zeichnung, Vinyldruck, Malerei auf Dekostoff, überarbeitete Fotografie oder Fotocollage. Alles geht. Das Messer ist gezückt.

1 Sigmar Polke, *Vollautomatische Photo Copie GmbH*, 1965, Kugelschreiber auf Papier, 29,5×21 cm. Die Datierung geht auf Angaben Sigmar Polkes zurück, vgl. Bice Curiger, *Sigmar Polke. Alles fließt: Die Photo Copie GmbH*, hg. von Klaus Gallwitz, Frieder Burda Matineen, Baden-Baden 2004, S. 7, Anm. 5, Abb. S. 9.

2 Seth Siegelaub und John W. Wendler (Hg.), *Carl Andre. Robert Barry. Douglas Huebler. Joseph Kosuth. Sol LeWitt. Robert Morris. Lawrence Weiner. [The Xerox book]*, Ausst.-Kat. Seth Siegelaub Contemporary Art, New York 1968.

3 Der zuerst in den USA in englischer Übersetzung erschienene Text wird hier zit. n. Roland Barthes, „La mort de l'auteur", in: ders., *Œuvres complètes*, Bd. 2, Paris 1994, S. 491–495.

4 Jörg Löffler, *Die Fehler der Kopisten. Autorschaft und Abschrift von der Romantik bis zur Postmoderne*, Heidelberg 2016, S. 124; Barthes 1994 (wie Anm. 3), S. 492.

5 Sigmar Polke, *Bundestagswahl 1972. Bizarre Fotos aufgenommen in Düsseldorf und Köln*, Heidelberg 1972.

6 Sigmar Polke, *Ohne Titel*, 1976/77, Collage von 19 Fotos und 5 Papierausschnitten in Form gekreuzter Besteckteile, ca. 137×110 cm. Abb. mit dem Zusatz „(Aarberger Hof Bern)" in: Petra Lange-Berndt und Dietmar Rübel (Hg.), *Sigmar Polke: Wir Kleinbürger! Zeitgenossen und Zeitgenossinnen. Die 1970er Jahre*, Ausst.-Kat. Hamburger Kunsthalle 2009/2010, Köln 2009, S. 257. Die Arbeit wurde auch in der Kölner Station der Polke-Retrospektive gezeigt und im „Verzeichnis der zusätzlich ausgestellten Werke im Museum Ludwig, Köln" mit dem Zusatz „(Messer, Gabeln, Löffel)" erfasst, siehe Kathy Halbreich/Mark Godfrey/Lanka Tattersall u. a. (Hg.), *Alibis. Sigmar Polke 1963–2010*, Ausst.-Kat. Museum of Modern Art, New York, 2014, Tate Modern, London, 2014/2015, Museum Ludwig, Köln 2015, München 2015, S. 305.

7 Katharina Steffen, „Day by Day… ein Flashback mit Zukunft.", in: Lange-Berndt/Rübel 2009 (wie Anm. 6), S. 287–310, hier S. 300.

8 Paul Éluard, *Répétitions. Dessins de Max Ernst*, Paris 1922.

9 Max Ernst, *La femme 100 têtes*, Paris 1929. Verlagsanzeige in: *Variétés*, 2. Jg., Nr. 8, Brüssel, 15. Dezember 1929, S. xxx.

10 Max Ernsts Collagetechnik und die Anfang der 1980er-Jahre in Auseinandersetzung mit Max Ernst entstandenen Bilder waren Gegenstand mehrerer Gespräche mit Sigmar Polke von August bis Oktober 1990, in denen er mir über die Entstehungszusammenhänge Auskunft gab und mich auf zwei damals noch nicht abgebildete und damit weitgehend unbekannte Arbeiten aufmerksam machte, die er spontan bis ins kleinste Detail beschrieb, siehe Gabriele Wix, „Von Schlangen, schlafenden Müttern und Schmetterlingen ohne Flügel. Polke liest Ernst"/„Of Snakes, Sleeping Mothers, and Butterflies without Wings. Polke reads Ernst", in: *Parkett*, Nr. 30, Zürich 1991, S. 100–108.

11 Abbildungen der Arbeiten ebd., S. 30, 71, 101, 104 und 108. Wie Sigmar Polke sagte, seien im Rahmen seiner Beschäftigung mit Max Ernst noch weitere Arbeiten entstanden, die er im Atelier habe. Sie konnten bislang nicht identifiziert werden.

12 Der Begriff „Fitzel" wie auch der Titel des Beitrags gehen zurück auf Rembert Hüser: „Kippenberger sammelt unterschiedslos Original und Fälschung, Werk und Fitzel", in: ders., „Vorsingen in Amerika", in: Arne Höcker und Oliver Simons (Hg.), *Kafkas Institutionen*, Bielefeld 2007, S. 157–185, hier S. 164.

13 Max Ernst, *Une semaine de bonté*, Paris 1934. Deutsche Erstausgabe: Berlin 1963. Reprint: Frankfurt a. M. 1975.

14 Die Vorlage hat Jürgen Pech ermittelt, siehe E-Mail an die Verfasserin vom 19. April 2022. Abb. in: *A Source Book of French Advertising Art*, compiled by Irving Zucker, London/New York 1964, S. 208.

15 Sigmar Polke, *Ohne Titel*, 1981, Mischtechnik auf Dekostoff, 130×110 cm. Abb. in: *Parkett*, Nr. 30, Zürich 1991, S. 104.

16 Bice Curiger, „Sigmar Polke", in: *Parkett*, Nr. 2, Zürich 1984, S. 36–41, hier S. 38. Die grafische Gestaltung wird noch einmal zitiert in: Bice Curiger, „Eine große Sigmar Polke-Retrospektive ist dieses Jahr durch die Vereinigten Staaten gereist", in: *Parkett*, Nr. 30, Zürich 1991, S. 30.

17 Ich danke Sophia Stang und Nelly Gawellek von der Anna Polke-Stiftung, Köln für ihre Recherchen sowie Michael Trier und Bice Curiger für ihre Auskünfte zu der Entstehung und Datierung des Bildes.

18 Der Titel der Edition, ein Zungenbrecher, ist eine Referenz an die Schweiz: „Dr Pabscht het z'Schpiez s'Schpäckbschteck z'schpät beschteut."/„Der Papst hat in Spiez das Speckbesteck zu spät bestellt.", in: *Parkett*, Nr. 30, Zürich 1991, S. 70.

19 Jean-Claude Vareille, „Butor ou l'intertextualité généralisée", in: Raimund Theis und Hans T. Siepe (Hg.), *Le plaisir de l'intertexte: formes et fonctions de l'intertextualité*, Frankfurt a. M. u. a., 1986, S. 277–296, hier S. 278.

20 Sophia Stang, „‚Du musst schnell gucken'. Magie und flüchtige Materialisierungen im Werk Sigmar Polkes". Vortrag im Rahmen des *Droste Festival 2021 – Dark Magic*. Sigmar Polke ist zit. n.: „Ein Bild ist an sich schon eine Gemeinheit. Bice Curiger im Gespräch mit Sigmar Polke. 18. Dezember 1984", in: *Parkett*, Nr. 26, Zürich 1990, S. 6–17, hier S. 15.

21 Sigmar Polke, *The copyist*, 1982, Lack auf Leinwand, 200 × 260 cm. Siehe dazu: Laurent Cassagnau, „‚(…) vielmehr ein bild sich macht, davon, im bildstaub'. Thomas Kling, Sigmar Polke und die Ekphrasis", in: Gabriele Wix und Kerstin Stüssel (Hg.), *Thomas Kling. Double Exposure*, Schriftenreihe der Kunst- und Museumsbibliothek der Stadt Köln, Band 5, Köln 2017, S. 69–77. Abb. ebd., S. 68.

22 Thomas Kling, „-paßbild. (polke, ‚the copyist', 1982)", in: ders., *Werke in vier Bänden*, hg. von Marcel Beyer in Zusammenarbeit mit Frieder von Ammon, Peer Trilcke und Gabriele Wix, Bd. 2, Berlin 2019, S. 28.

23 Ebd.

24 Die Archivrecherche lag in den Händen des Gesamtherausgebers der Thomas-Kling-Werkausgabe Marcel Beyer in Zusammenarbeit mit Ute Langanky, der Frau des Dichters, und Raphaela Eggers, Sammlungen und Archive der Stiftung Insel Hombroich. Marcel Beyer machte mich auf die Handschrift und den möglichen Bezug von Thomas Klings Gedicht zu dem Foto Sigmar Polkes auf dem Umschlag des *Parkett*-Hefts Nr. 30 aufmerksam. Die Notiz auf dem Manuskript lautet vollständig: „rumänisches selbstportrait als polkes ‚the copyist' (1982)"; den Verweisen auf den rumäniendeutschen Dichter Oskar Pastior kann im Rahmen dieses Beitrags nicht nachgegangen werden.

Abb. 01 Sigmar Polke, *Ohne Titel*, 1976/77, Collage von 19 Fotos und 5 Papierausschnitten in Form gekreuzter Besteckteile, ca. 137 × 110 cm, Privatsammlung

Abb. 02 Max Ernst, *Une semaine de bonté. Die weiße Woche. Ein Bilderbuch von Güte, Liebe und Menschlichkeit*, Berlin 1963, n. p. [Der Löwe von Belfort, 5]

Abb. 03 Sigmar Polke, *Ohne Titel* (Besteckkästchen/*Dr Pabscht het z´Schpiez s´Schpäckbschteck z´schpät bschteut*), 1980, Acryl und Sprühfarbe auf Nessel, 50 × 40 cm, Privatsammlung

Abb. 04 „Sigmar Polke malt an seinem Bild FRAU HERBST UND IHRE ZWEI TÖCHTER, photographiert von Gernot Schauer im Februar 1991", *Parkett*, Nr. 30, Zürich 1991

Abb. 05 Thomas Kling, *selbstportrait als polkes*, Manuskript, Objektnr. HHI.2008.D.Kling.1972, Thomas Kling Archiv, Stiftung Insel Hombroich

GABRIELE WIX

FULLY AUTOMATED PHOTOCOPY CO.

In 1965 Polke placed a speech bubble beneath a drawing on a piece of brown paper and wrote in it, "VOLLAUTOMATISCHE PHOTO COPIE GMBH" (Fully Automated Photocopy Co.).[1] In the pre-digital era, even the analog photocopy machines to which Polke delegated his drawing were not yet an everyday fixture, but rather a medial vision of the future. Its first art icon was *The Xerox Book*, published in 1968 by Seth Siegelaub and John W. Wendler.[2] The name of the legendary book was retained even though the use of the originally planned fully automatic photocopying process had to be abandoned for reasons of cost and offset printing was used instead. Similarly, Polke's note was not first and foremost concerned with the actual medium, even if he later used it with gusto to destroy images. The statement itself was crucial.

Copy is a key term. However, it should be not assumed that the artist in question was seeking to replace painting with mechanized photocopying. Rather, Polke remained open to all options and types of media available through copying and thus maintained access to an unlimited supply of images. The artist's hand was always active: he intervened when developing photographs in the darkroom, using chemicals or raspberry syrup, and made numerous variations of photo prints. He distorted, smeared, and destroyed original images, and froze movements using the photocopying machine. He projected found images onto the canvas without concealing their origins as reproductions. On the contrary, he painted every grid square individually by hand, only taking the liberty of photocopying the image as a limited-edition print. Questions of authorship returned to the agenda, not least in the fine arts. This was when Roland Barthes wrote his essay about the death of the author, published in 1967.[3] His provocative diagnosis led to a "return of the scriptor," positing the model of the copyist, which Barthes called "scripteur moderne" in reference to medieval scribes.[4]

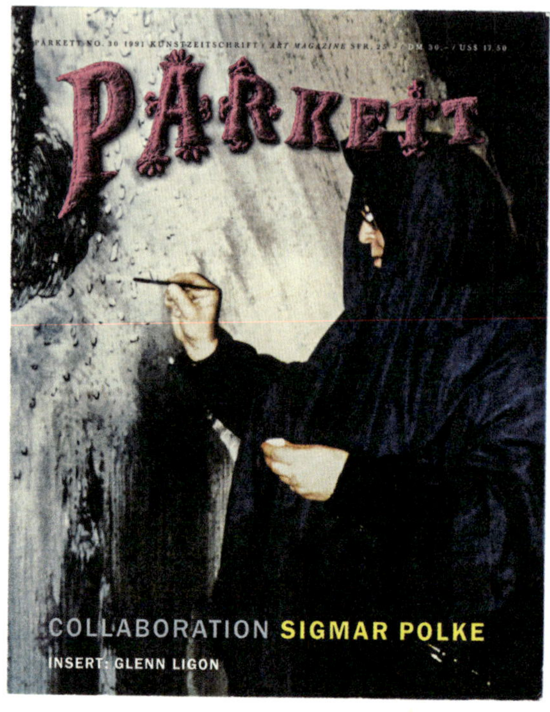

04

BIZARRE PHOTOGRAPHS

Against this background, this essay explores the pictorial motifs of the knife, fork, and spoon. While these motifs—similar to scissors, tables, and chairs—could not be more trivial, they circulate in Polke's work over an extended period and are resampled, decontextualized, distorted, and semantically refreshed in his photographs and paintings.

The earliest source is one of Polke's first artist books, *Bundestagswahl 1972: Bizarre Fotos aufgenommen in Düsseldorf und Köln* (1972 Parliamentary Elections: Bizarre Photographs Taken in Düsseldorf and Cologne), comprising forty-four staple-bounded pages with black-and-white reproductions of photographs.[5] Polke photographed election posters that had been "reworked"—meaning overpainted, scratched, or destroyed—during the election campaign in Cologne and Düsseldorf. The publication cover shows a found image: an album cover that Polke photographed on a flokati rug. This is the double album *An Evening with Wild Man Fischer* by Lawrence Wayne "Wild Man" Fischer, produced by Frank Zappa and released on his label Bizarre in 1969. Polke used the image twice, both visually and verbally. The label lettering on the cover is copied in exactly the same place and superimposed on the clear plastic dust jacket, forming the fragmentary beginning of a subtitle to Polke's book: *Bizarre Fotos*. The proper name becomes an adjective and the English word becomes German. The album cover shows Fischer looking diabolical and delighted as he holds a sharp knife—the visual magnet of the image—up to a sign worn by an older woman beside him, which reads "Larry's Mother."

LET'S GET DOWN TO BUSINESS

The album cover motif recurs in an untitled photo collage by Polke, first discovered in 2009 and thought to be made in 1976–77 (fig. 01).[6] Nineteen photographs are placed beside and beneath one another on a surface measuring around 177 by 110 centimeters. Silhouettes of overlapping cutlery have been drawn onto them and five cut-outs from white paper, also in the shape of overlapping cutlery, cover them in various places. Instead of the rounded blade of a table knife one would expect to see in a standard set of cutlery, the viewer recognizes the silhouette of a sharp blade on the cover of the album *An Evening with Wild Man Fischer*. Polke uses the arrangement of individuals depicted there in a drawn silhouette. "Larry's Mother," the female figure, is now a stocky bald man with a moustache. Wild Man Fischer has become a woman and the writing on the sign has been replaced by a drawing of a fat sausage, which serves as a leitmotif in the photo collage. Polke repeatedly transferred the (sometimes reversed) silhouettes of the two figures onto templates. Katharina Steffen has remarked that he found these templates "in advertising, miscellaneous news, the tabloids, in a cultural magazine, in cartoons, on postcards—symbols of the times and snippets from the general store."[7] The viewer reads: "In Deutschland zu Gast mit Michelin" (Visiting Germany with Michelin) against an ensemble of half-timbered buildings; "Kommen wir zum Geschäft" (Let's Get Down to Business) as a printed note on a slip of paper; fragments such as "hier spinnt Theweleit" (Theweleit Is Making This Up) from a review of Klaus Theweleit's study *Männerphantasien* (Male Fantasies), the first volume of which was published in 1977; and "Die neue WELT aus Bonn" (The New WELT from Bonn), an ad that ran when the editorial office of the German daily *Die Welt* moved from Hamburg to Bonn in 1975. Furthermore, there are personal photographs, including arranged photos from two other record albums: *Alle Sorelle Ritrovate* by Antonietta Laterza (1975) and *My Spanish Heart* by Chick Corea (1976). They are copies or "transcripts" of life in the 1970s and of Polke's immediate surroundings, which have medially entered art via photography and are grotesquely placed at the center of the album cover motif with the sharp knife. Yet in his painting too, Polke returned to the motif of the crossed cutlery in the early 1980s—via a detour.

MAX ERNST

At the beginning of the twentieth century, another painter had abandoned the traditional tools of image-making in order to create disturbing upended versions of the bourgeois order using a unique copying process: Max Ernst, who was born in Brühl in 1891 and died in Paris in 1976. For his collages, he used stores of images from nineteenth-century advertising and sample catalogues, popular science magazines, serialized novels, and copper and wood engravings, cutting out individual subjects and pasting them onto white backgrounds or into depictions of interiors or landscapes. By using wood engravings to reproduce his images, which created a uniform appearance due to the black-and-white hatching, the artist was able to fuse heterogeneous images and keep his retouches using a pen and black ink invisible. Just as an author's manuscript is typeset and printed, Ernst also had his original collages prepared through photomechanical means and printed, attaching great importance to carefully concealing the joins during production. He labeled his prints *Dessins* (Drawings) in his first book, *Répétitions* with Paul Éluard.[8] His collage novel *La femme 100 têtes* (The Hundred Headless Women, 1929) was advertised as a "roman en 150 gravures" (novel with 150 engravings) rather than a "roman à 150 collages."[9]

CUTLERY CASE WITH OVERLAPPING SPOONS

Sigmar Polke discovered a reissue of two novels by Max Ernst for his paintings at a branch of the mail-order book and music firm Zweitausendeins on Ehrenstrasse in Cologne. At the time, he wasn't aware that in it, Ernst had exchanged his pen for scissors and glue, and that he had encountered a copyist.[10] Polke made use of at least three pages from Ernst's novels in five of his own works.[11]

One of the pages from which a *Fitzel* (snippet) of an image made its way into Polke's work was taken from Ernst's 1934 collage novel *Une semaine de bonté* (A Week of Kindness; fig. 02).[12] Looking back at his photo works in the 1970s, it is not surprising that this specific peripheral subject caught Polke's interest: a cutlery case with an opened lid in front of which two overlapping spoons are placed. In Ernst's collage, the case is placed on the street as a silent witness to a scene in which a young woman flees from the violent lion of Belfort. By simply copying the cutlery case with the overlapping spoons and removing it from its context, he repeats the work process of his predecessor. The latter cut the motif out of a French catalogue of models for advertising graphics of a type common in the late nineteenth century.[13] Polke enlarged the cutlery case and transferred the motif to a picture stretcher fitted with decorator's fabric. This homely fabric, the painted plants, and the large white arrangement of cooking spoon and egg are comparable with the white paper cut-outs of the overlapping items of cutlery in the photocollage, creating an ironically vague sense of domesticity. All narrative references of Ernst's collage are erased.[14]

One year prior, in 1980, Polke had transferred the motif to a fifty-by-forty-centimeter canvas. The cutlery case is rotated ninety degrees to the left so the canvas would need to be hung diagonally in order to view it leveled. Trix Wetter was the graphic designer for the art journal *Parkett*. She made use of this by placing, not without humor, a reduced black-and-white reproduction of the image on the lower left edge of the spread in 1984, beside Bice Curiger's essay on Polke in the second issue of *Parkett*. The two angled lines with which Polke has framed the cutlery tray on the left match exactly and indeed emphasize the layout while the edges of the picture, set at an angle, simultaneously disrupt it.[15] The untitled canvas is dated 1980, but as was usual for Polke, he worked on the painting for an extended period. He likely sprayed the canvas with blue and rose-pink emulsion paint in the 1970s.[16] Eleven years later, in 1991, the painting reappeared in issue thirty of *Parkett*, made in collaboration with Polke. Here, the image was included as a special edition print, made on vinyl using a computer and a four-color needle printer in San Diego, California, and mounted on stretchers: a fully automatic copy of the original on canvas depicted in *Parkett* in 1984 (fig. 03).[17]

In summary, a motif taken from a late nineteenth-century model for applied graphic design becomes part of a collage reproduced in a novel by Ernst in the early twentieth century, which Polke discovered in a reprint. Polke then copied the motif and reused it multiple times. Intertextual research linked the copyist's activity with "citation, citation de la citation,

citation de la citation de la citation."[18] In Polke's oeuvre too, the copy swirls with the copy of the copy of the copy. Sophia Stang quotes the artist as saying, "You've got to look fast."[19]

THE RETURN OF THE COPYIST

Polke would not be Polke if he hadn't reflected on the idea of the copyist in his own work. *The Copyist* (1982) is a large-scale canvas depicting a male figure sitting at a table with a book before him and a pen in his hand—en plein air rather than in a scriptorium, surprisingly enough.[20] Seen from the back, the figure is angled slightly toward the viewer, so that one glimpses his face in profile: lost in his book and the task of writing, ignoring the view of the landscape or imagining it in the copying process. In secondary literature, this figure—overlooking all other elements of confusion—is portrayed as a medieval monk as indicated by the painting title. This is, however, not the case with the young poet Thomas Kling, who died in 2005 at the age of only forty-seven. Kling knew Polke from Cologne in the 1980s. He wrote a poem on Polke's painting titled "-paßbild. (polke, *the copyist,* 1982)" and published it in his 1993 collection *nacht.sicht.gerät*:

> "*monk at work . . , vor ort . . ,*" buch-
> stabiert wer, vermutet notker den
> drittn. Es ist restlicht-, restlicht-
> verstärkung, lesart, schwebe;
> *links vorm*
> *rand:* pol / *über* p *rasur oder schmutz-*
> *flekk* / *zweites* l *auf rasur* / *vorher* ei
> *ausgewischt; . . .*[21]

The poem reads: "'*monk at work . . , on location . . ,*'" someone is spelling, maybe notker the third. It is residual light, residual light amplification, reading, hovering; *by the left margin*: pol / *above* p *shaved or dirt fleck* / *another* 1 *on shaved* / *before the* egg *is cleaned out.*" The text begins with "monk at work" and seems to conform to a common model of interpretation. Yet it offers another reading, taking a tip from Marcel Beyer. The aforementioned issue thirty of *Parkett* is part of Kling's library at Raketenstation Hombroich. The cover shows Polke working at a canvas, shrouded in a curtain that he has pulled over his head like a monk's habit (fig. 04). Is he, the painter, the one addressed in the poem as "monk at work," to whom the spelling and activity of a writer is attributed and whose name is to be deciphered through shaving and dirt? There is another piece of evidence that supports this cheeky, almost violent shift in interpretation of the painting. While working on a new edition of Kling's work and reviewing his handwritten manuscripts at the Thomas Kling Archive, a hitherto undiscovered manuscript of the poem "von inneren minuslandschaften" (of inner minus landscapes) was discovered (fig. 05). At the top of the sheet, Kling sketched out thoughts for a poem about Polke's painting: it reads "self-portrait as polke's *the copyist.*"[22] It is within this figure, absorbed in a book with quill in hand, that Kling sees his self-portrait (*-paßbild*, or passport photo) as a copyist, as the scribe and heir to Notker III, known as Notker the German, who created the German script and literary language around the year 1000: "restlicht-, restlicht-/verstärkung, lesart, schwebe" (residual light, residual light/amplification, reading, hovering).

selbstportrait als polkes
"the copyist" (1987)

("... ich gesehn wi di p. in trans westberlin
einzäng zwarwerp.
rü.
gel. 23.12.89
te.")

fallsch;

gedächtnisprotokolle von gedächtnisprotokollen
von landschaften von inneren landschaften
da die ober virusfürfehn zwergsturz -15
virusfürfehr der bajonettete gras;

gart ... in doppelbelegten ... rotbefleckte säuglinge
wagen (schwarzerwees) -15
... regierungs ... man stirbt

eins (zwergsturz virusfürfehr) :-all-inn-
inges. alle
gibt das ... an
aus ... wiederwirrel fällt c's leiche; die wie wolbz
meteorologische sicherheitsangabe die zigarrdor virusfürfehrer sich wird

The discovery of this handwritten manuscript provides a final clever move that unites Thomas Kling and Sigmar Polke in their passion for self-portraits. In Polke's collage of 1976–77, repetitions of the artist's self-portrait holding a camera to his eye can be seen alongside the motifs described above: the copyist with his camera, the "monk at work" (fig. 01). And as a copyist, Polke made use of Pop Art, Surrealism, and outmoded illustrative monochrome woodcuts, as well as drawings, vinyl prints, painting on decorator's fabrics, reworked photographs, and photo collages. Everything is possible. The knife is drawn.

1 Sigmar Polke, *Vollautomatische Photo Copie GmbH* (Fully Automated Photocopy Co.), 1964, ballpoint pen on paper, 29.5 × 21 cm. The dating is based on information provided by Sigmar Polke; see Bice Curiger, *Sigmar Polke. Alles fließt: Die Photo Copie GmbH*, ed. Klaus Gallwitz, Baden-Baden, Frieder Burda Matineen (Karlsruhe: Engelhardt & Baue, 2004), 7, note 5, reproduction, 9.

2 Seth Siegelaub and John W. Wendler, eds., *Carl Andre. Robert Barry. Douglas Huebler. Joseph Kosuth. Sol LeWitt. Robert Morris. Lawrence Weiner* [*The Xerox Book*] (New York: Siegelaub / Wendler, 1968).

3 The text, first published as an English translation, is quoted here from Roland Barthes, "The Death of the Author," in *Image, Music, Text*, trans. Stephen Heath (London: Fontana Press, 1977), 142–48.

4 Jörg Löffler, *Die Fehler der Kopisten: Autorschaft und Abschrift von der Romantik bis zur Postmoderne* (Heidelberg: Universitätsverlag Winter, 2016), 124; Barthes, "The Death of the Author," 145.

5 Sigmar Polke, *Bundestagswahl 1972: Bizarre Fotos aufgenommen in Düsseldorf und Köln* (Heidelberg: Edition Staeck, 1972).

6 Sigmar Polke, 1976–77, collage of nineteen photos and five paper cut-outs in the form of intersected pieces of cutlery, ca. 137 × 110 cm. Reproduced with the addition of "(Aarberger Hof Bern)," in *Sigmar Polke: We Petty Bourgeois! Comrades and Contemporaries, The 1970s*, ed. Petra Lange-Berndt and Dietmar Rübel (Cologne: Verlag der Buchhandlung Walther König, 2011), 257. The work was shown at Cologne's Polke retrospective and included in the "Verzeichnis der zusätzlich ausgestellten Werke im Museum Ludwig, Köln" with the addition of "(Messer, Gabeln, Löffel)," see among others *Alibis: Sigmar Polke 1963–2010*, ed. Kathy Halbreich, Mark Godfrey, Lanka Tattersall, and Magnus Schaefer (New York: Museum of Modern Art, 2014; London: Tate Modern, 2014; Cologne: Museum Ludwig, 2015), 305.

7 Katharina Steffen, "Day by Day . . . Flashback to the Future," in *Sigmar Polke: We Petty Bourgeois!*, 303–26, here 316.

8 Paul Éluard, *Répétitions: Dessins de Max Ernst* (Paris: Au Sans Pareil, 1922).

9 Max Ernst, *La femme 100 têtes* (Paris: Édition de Carrefour, 1929), xxx. Publisher's advertisement in *Variétés* (Brussels) 2, no. 8 (1929): 30.

10 Sigmar Polke discussed Max Ernst's collage technique and the paintings he created in the early 1980s in dialogue with Max Ernst's work in several conversations with the author between August and October 1990. He explained the context of their creation and drew my attention to two works that had not been reproduced at the time and were therefore largely unknown, which he spontaneously described down to the smallest detail, see Gabriele Wix, "Von Schlangen, schlafenden Müttern und Schmetterlingen ohne Flügel: Polke liest Ernst / Of Snakes, Sleeping Mothers, and Butterflies without Wings: Polke Reads Ernst," *Parkett* 30 (1991): 100–08.

11 For reproductions of the works, see Wix, "Von Schlangen, schlafenden Müttern und Schmetterlingen ohne Flügel," 30, 71, 101, 104 and 108. As Sigmar Polke has said, he has other works created during his study of Max Ernst in his studio. It has not yet been possible to identify them.

12 The term *Fitzel* as well as the German title of this essay can be traced back to Rembert Hüser ("Kippenberger sammelt unterschiedslos Original und Fälschung, Werk und Fitzel") in "Vorsingen in Amerika," *Kafkas Institutionen*, ed. Arne Höcker and Oliver Simons (Bielefeld: transcript Verlag, 2007), 157–85, here 164. Max Ernst, *Une Semaine de bonté ou les sept éléments capitaux* (A Week of Kindness or the Seven Deadly Elements) (Paris: Éditions Jeanne Bucher, 1934). First German edition, Berlin 1963. Reprint, Frankfurt 1975.

13 The motifs were identified by Jürgen Pech; see email to the author of April 19, 2022. Reproduced in Irving Zucker, *A Source Book of French Advertising Art* (London: Faber and Faber; New York: George Braziller, 1964), 208.

14 Sigmar Polke, *Untitled*, 1981, mixed media on decorator's fabric, 130 × 110 cm. Reproduced in *Parkett* 30 (1991): 104.

15 Bice Curiger, "Sigmar Polke," *Parkett* 2 (1984): 36–41, here 38. The graphic design is again referenced in Curiger, "Eine große Sigmar Polke-Retrospektive ist dieses Jahr durch die Vereinigten Staaten gereist," *Parkett* 30 (1991): 30.

16 I would like to thank Sophia Stang and Nelly Gawellek from the Anna Polke Foundation, Cologne, for their research, as well as Michael Trier and Bice Curiger for details about the making and dating of the painting.

17 The title of the edition is a reference to a Swiss German tongue twister meaning "The pope ordered the bacon cutlery in Spiez too late." See "Dr Pabscht het z'Schpiez s'Schpäckbschteck z'schpät beschteut" / "Der Papst hat in Spiez das Speckbesteck zu spät bestellt," *Parkett* 30 (1991): 70.

18 Jean-Claude Vareille, "Butor ou l'intertextualité généralisée," in *Le plaisir de l'intertexte: formes et fonctions de l'intertextualité*, ed. Raimund Theis and Hans T. Siepe (Frankfurt am Main: Peter Lang, 1986), 277–96, here 278.

19 Sophia Stang, "'Du musst schnell gucken': Magie und flüchtige Materialisierungen im Werk Sigmar Polkes," lecture, *Droste Festival 2021—Dark Magic*. Sigmar Polke is quoted from "Ein Bild ist an sich schon eine Gemeinheit: Bice Curiger im Gespräch mit Sigmar Polke, 18. Dezember 1984," *Parkett* 26 (1990): 6–17, here 15.

20 Sigmar Polke, *The Copyist* (1982), varnish on canvas, 200 × 260 cm. See also Laurent Cassagnau, "'(. . .) vielmehr ein bild sich macht, davon, im bildstaub': Thomas Kling, Sigmar Polke und die Ekphrasis," in *Thomas Kling: Double Exposure*, ed. Gabriele Wix and Kerstin Stüssel, Schriftenreihe der Kunst- und Museumsbibliothek der Stadt Köln, vol. 5 (Cologne: Stadt Köln, 2017), 69–77. The painting is reproduced on page 68.

21 Thomas Kling, "-paßbild. (polke, *'the copyist,'* 1982)," in *Werke in vier Bänden*, ed. Marcel Beyer with Frieder von Ammon, Peer Trilcke, and Gabriele Wix, vol. 2 (Berlin: Suhrkamp Verlag, 2019), 28.

22 Marcel Beyer, the editor of the complete edition of works by Thomas Kling, was responsible for the archival research in collaboration with Ute Langanky, the poet's wife, and Raphaela Eggers of Stiftung Insel Hombroich collections and archives. Marcel Beyer brought my attention to the handwriting and the possible reference to Kling's poem about Polke's photograph on the cover of *Parkett* 30. The note on the manuscript reads in full: "rumänisches selbstportrait als polkes 'the copyist' (1982)"; the references to the Romanian-German poet Oskar Pastior cannot be explored within the framework of this contribution.

Fig. 01 Sigmar Polke, *Ohne Titel* (Untitled), 1976–77, collage of nineteen photos and five paper cut-outs in the form of crossing pieces of cutlery, ca. 137 × 110 cm, private collection

Fig. 02 Max Ernst, *Une semaine de bonté: Die weiße Woche; Ein Bilderbuch von Güte, Liebe und Menschlichkeit* (A Week of Kindness: The White Week; A Picture Book of Goodness, Love, and Humanity), Berlin 1963, n. p. [Der Löwe von Belfort (The Lion of Belfort), 5]

Fig. 03 Sigmar Polke, *Ohne Titel* (Besteckkästchen / *Dr Pabscht het z'Schpiez s'Schpäckbschteck z'schpät bschteut*) (Untitled [Cutlery Tray / The Pope Ordered the Bacon Cutlery in Spiez Too Late]), 1980, acrylic and spray paint on calico, 50 × 40 cm, private collection

Fig. 04 "Sigmar Polke malt an seinem Bild FRAU HERBST UND IHRE ZWEI TÖCHTER, photographiert von Gernot Schauer im Februar 1991" (Sigmar Polke Working on His Painting MRS. AUTUMN AND HER TWO DAUGHTERS, Photographed by Gernot Schauer in February 1991), *Parkett* 30, 1991

Fig. 05 Thomas Kling, "selbstportrait als polkes" (self-portrait as polke's), manuscript, object number HHI.2008.D.Kling.1972, Thomas Kling Archive, Stiftung Insel Hombroich

WO POLKE IST, IST WERKSTATT

ALEXANDER KLUGE IM GESPRÄCH
MIT KATHRIN BARUTZKI UND NELLY GAWELLEK

KATHRIN BARUTZKI / NELLY GAWELLEK:

Guten Tag, Herr Kluge. Für das Festival *Produktive Bildstörung. Sigmar Polke und aktuelle künstlerische Positionen* haben Sie einen Film entworfen, der sich mit Polkes Werkgruppe *Achsenzeit*[1] und dem dazugehörigen Künstlerbuch[2] beschäftigt. Sie verbinden mit Bezug zu Polkes Werken die Achsenzeit-Theorie, geprägt von dem Philosophen Karl Jaspers, mit anderen philosophischen Denkern seit der Antike bis heute. Die Filmbilder und aufgerufenen Bildkontexte führen von Höhlenmalereien über Galaxien bis hin zu Robotern und KI. Sie sprechen in dem Zusammenhang weniger von direkten Bildstörungen als von Transitionen. Können Sie uns den Gedanken der Achsenzeit vorstellen und erläutern, was Sie an den *Achsenzeit*-Werken von Polke besonders gereizt hat?

ALEXANDER KLUGE:

Was mich besonders entzückt hat war das Motiv der Kinder, die von oben runter gucken. Die schauen von jetzt in die Achsenzeit. Achsenzeit beschreibt die Zeit zwischen 800 v. Chr. und 300 v. Chr., mit dem Zentrum 500 v. Chr. Da zeigt sich etwas Erstaunliches, nämlich dass in China Konfuzius, in Indien Buddha und im antiken Griechenland Heraklit gleichzeitig neugierig durch die Welt gingen und universale Vorstellungen von der Welt begründeten. Vorher ist nichts da, hinterher ist wenig da. Ich bin kein großer Metaphysiker, ich bin eigentlich ganz sachlich, aber es ist, als ob eine fremde Sonne an unserem Sonnensystem vorbeigelaufen wäre und uns für kurze Zeit schöpferisch gemacht hätte.

Wenn Polke mit seinen Methoden ein dickes Kompendium mit dem Titel *Achsenzeit* macht, das ist verblüffend. Es ist eine richtige Sammlung, wie die Brüder Grimm sammelten. Er hat nicht gesagt, „ich beherrsche das", oder „ich mache etwas neu", sondern er hat es zusammengesetzt.

Es hat mich gerührt, dass auch Jürgen Habermas, der ja der Kritischen Theorie angehört, die Achsenzeit-Theorie aufgreift.[3] Zur Kritischen Theorie gehören die Grenzzäune der Ratio. Im 18. Jahrhundert bauten sich die fortschrittlichen Menschen, die Menschen der Aufklärung, eine Festung, in der sich die Ratio verschanzte und sagte, was erlaubt und was nicht erlaubt war. So wie man die Füchse und die Wölfe erschossen hat, hat man die Gespenster vernichtet, die zur Magie gehören. Die Allmacht des Gedankens blüht in der Aufklärung und während der Französischen Revolution. Wie aggressiv diese Allmachtsfantasie ist, spürt man im Nacken durch die Guillotine. Aber jedes Kind wächst animistisch auf, wie die Polke-Kinder, die auch in meinem Triptychon vorkommen. Animistisch, das heißt, die Dinge sind nicht tot. Sie sind Geister. Und das führt dann dazu, dass jedes Kind irgendwann einmal mit der Magie beginnt und sagt: „Ich banne die Geister. Ich fürchte mich nicht mehr. Ich kann gut einschlafen, indem ich anfange, Zauberer zu werden."

Ich denke, damit ist auch Polke immanent beschäftigt. Wir denken ja nicht nur mit dem Verstand, sondern auch mit dem Zwerchfell, zum Beispiel wenn wir etwas komisch finden oder rebellisch werden, oder auch mit der Haut. Die Haut ist die einzige Waffe gegen den Krieg, die wirklich funktioniert. Die Moral, sagt Sigmund Freud, die funktioniert gar nicht gegen den Krieg, sondern die verlängert ihn nur. Wenn es viele Tote gab und der Feind Unrecht getan hat, dann muss ich noch mehr Unrecht und Aggression investieren. Aber die Haut, sagt Freud, die antwortet. Und in den Gräben von Flandern verhindert die Haut die Fortsetzung des Ersten Weltkriegs. Wer zuerst merkt, dass die Haut die sensiblere ist, der unterliegt.

Das sind alles Dinge, die Polke sofort verstehen würde, wenn er hier mit uns säße. Und in gewissem Sinne tut er es ja, denn das ist der Sinn einer Ausstellung. Die Bilder sind ja nicht tot und seine Sammlung hier, das *Achsenzeit*-Buch, die gibt uns etwas. Das ist eine Werkstatt. Und ich arbeite mit meinem kleinen Beitrag hier in dieser Werkstatt von Polke und von Habermas. Bei Habermas fehlen die Bilder, aber sonst ist es ein sehr gutes 2000-seitiges Buch. Es ist generös, dass er aus dem 18. Jahrhundert, also aus dem Gefängnis der Aufklärung ausbricht. Er geht in die Gebiete, wo die Gewissheit von Menschen anders erworben wird als über Kritische Theorie, über Philosophie, dahin, wo wieder Magie und Zauberei sind, das ist die Scholastik. „Kann man auf weißem Schnee die Füße von Engeln unterscheiden?" Da würde ein verständiger Scholastiker, wie meinetwegen William of Ockham, sagen: „Die Frage ist falsch gestellt". Wir sind nicht

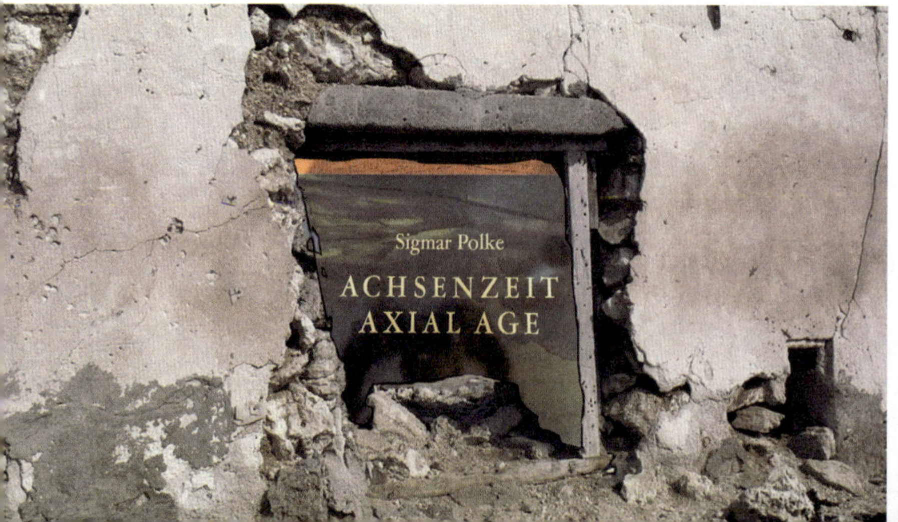

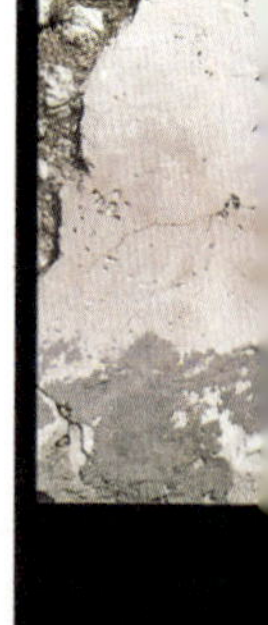

per Du mit den Engeln. Wir sind nicht mit Gott per Du. Und was sollen die Engel im Schnee? Die sollen beim Luftangriff im Keller die Menschen schützen. Sie merken, das reibt sich aneinander. Die Bilder, die ich hier verwende, stören einander produktiv, denn ich fange nicht an, ornamental zu denken, sondern ich denke von der Wirklichkeit her. Die Kinder, die Polke malt, die haben mal in einem Luftschutzkeller gesessen oder sitzen dort heute in Aleppo und Idlib, oder in Bergkarabach und werden von Drohnen bedroht, vor denen man nicht kapitulieren kann. Keine weiße Fahne hilft.

Es ist ganz grausig, wie der Krieg, dieses Chamäleon, dieses Monstrum, dauernd seine Bilder ändert. Und Polke würde hier wahrscheinlich sagen: „Dagegen anmalen." Und ich sage als Filmemacher: „Ich muss die Bilder gegeneinander führen." Deswegen ist das ein Triptychon. Man sieht nicht auf eine Leinwand, die viereckig ist. Die Weltverhältnisse sind nicht viereckig, sie sind nicht wie ein Fenster. Sie sind manchmal kugelig oder verzerrt, es gibt eher eine verbeulte Dialektik. All diese Dinge gibt es im Werk von Polke. Und ich würde gerne, so wie man Pfeffer und Salz zu etwas hinzufügt, zu Habermas und dem Denken und den bloßen Worten, ein Stück Polke einbringen. Das sind Transitionen. Ich stifte Bilder für das, was Habermas sehr, sehr genau sagt. Dadurch kommt zwar ein Funken Ungenauigkeit hinein, aber es ergibt sich auch ein Zugang zur Seele.

Das Wort kommt bei ihm nicht vor, aber ich meine, dass jede Zelle von uns – und wir sind sehr alte Lebewesen – so etwas hat. Und ob ich das als Seele bezeichne, als Thymos oder Conatus, wie Spinoza, ist egal. Aber dass es das gibt, und dass es sich durch Musik besser entzündet als nur durch Communiqués, da bin ich mir ganz sicher. Nun habe ich noch keine Abendschau gesehen, bei der die Sprecherin, weil sie erschüttert ist, anfängt zu singen. Und auch im Bundeskabinett ist es nicht üblich, dass die Kanzlerin oder der Kanzler zum Beispiel auch nur summt. Aber Kinder – und ich bin wieder bei den Kindern von Polke, die so neugierig gucken am Rand des Bildes – hören genau an der Tonlage, in der die Mutter ihnen die Geschichte am Abend erzählt, dass sie einschlafen können. Die Tonlage übermittelt ihnen, dass sie wieder aufwachen.

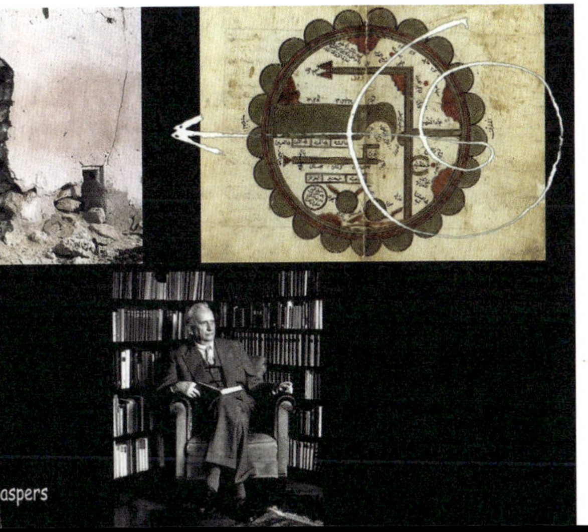

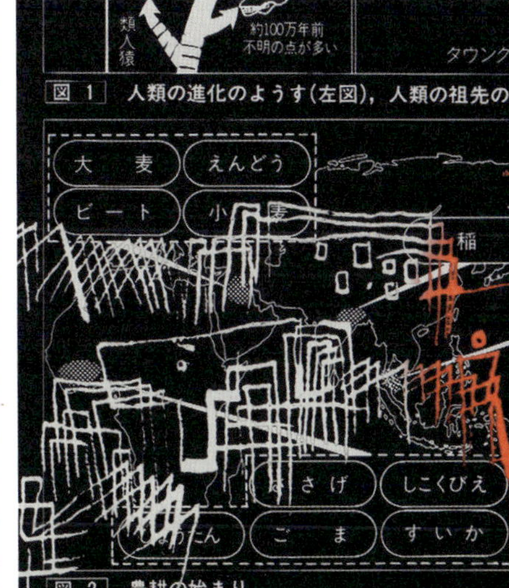

KB / NG:

Die Töne spielen ja auch in Ihrem Film eine wichtige Rolle. Können Sie vielleicht erläutern, wie sie mit Tönen und Bildern umgehen? Wie sich diese bedingen oder auch aneinander reiben?

AK:

Also „polkisch" [*lacht*]. Ich würde sagen, die Grundform des Films ist ohne Ton. Ich bin ein absoluter Patriot des Stummfilms. Und dann gibt es den Stummfilm mit Ton. Ich bin rebellisch gegen den Oktroi des Theaters, des Dramas, der auf den Film übergriff. Meines Erachtens kann man das auch teilweise wieder rückgängig machen. Und in Zeiten der Pandemie macht man es sogar. Wo die Kinos geschlossen sind, ist auch der Kommerz ein bisschen gedämpft. Und da gibt es jetzt Lücken. Wenn wir zum Beispiel flüstern würden, wäre das sehr komisch, sowohl im Netz als auch im Fernsehen. Aber dieses Flüstern gibt es doch. Und ich weiß von meiner Großmutter, wenn geflüstert wurde, dann hörte sie doppelt so gut. Ich würde also zwischen Musik und Sprechen, dem Buchstaben lesen und innerlich Sprechen nicht unterscheiden, sondern da gibt es Transitionen.

Wenn man etwas durch fünf Sprachen gibt, ändert sich das Wort. Wasser, Schlamm, Matsch und Liebe – diese vier Worte übersetze ich ins Russische, wo der Schlamm zweimal im Jahr eine ganz andere Rolle spielt. Da gibt es die Rasputiza, wo das gesamte Gelände von Puschkin bis heute, Matsch ist. Polke weiß genau, was ich meine, wenn ich sage „Matsch". Ich kann nicht durchschwimmen. Ich kann nicht drinstehen. Das ist viel schlimmer als Wasser, da habe ich Auswege. Und es ist auch viel schlimmer als ein Felsbrocken. Da kann ich ausweichen. Deshalb gibt es im Russischen sechzig Ausdrücke dafür, so wie es auch in Grönland mehr Ausdrücke für Schnee gibt als hier. Und jetzt gebe ich das Ganze in lateinische Gegenden, nach Portugal, nach Spanien, nach Frankreich, nach Italien und bekomme die Worte zurück. Aber wenn ich sage „Regen", „Starkregen", „Nieselregen", „Matschregen", „Schneeregen" und so weiter, sind es weniger Worte, weil der Schnee nicht so häufig ist, weil die Lateiner überhaupt ärmer sind an Worten.

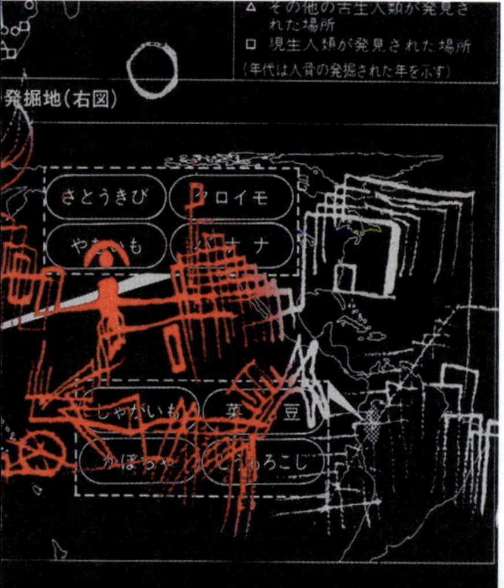

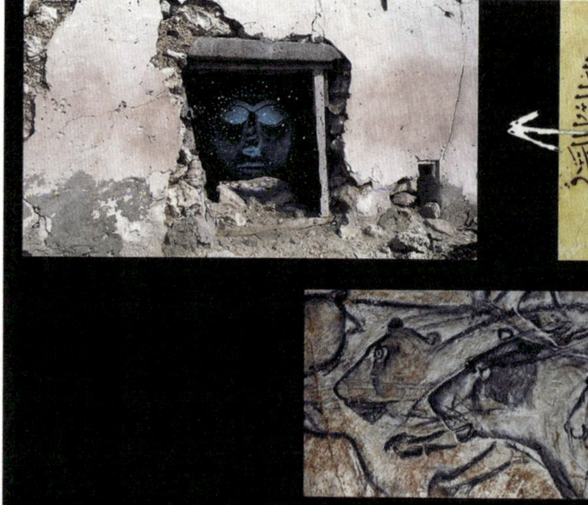

Sie merken, wir reden dauernd von Gegensätzen. Wenn man die Grenze zwischen diesen Gegensätzen anbohrt, etwa an der Nahtstelle, wo Haut an Haut liegt, ist die Wahrscheinlichkeit, dass etwas Kreatives entsteht, größer als im Zentrum. Wenn ein Philosoph sagt: „Ich bin Philosoph", und ein Astrophysiker sagt: „Ich weiß etwas von den Sternen", und ein Biologe sagt: „Ich weiß etwas von dem, was man nicht sehen kann. Und das ist das Virus. Das Omikron-Virus", dann sind die in der Mitte ihrer Identität und reden eigentlich gar nicht miteinander. Die Sterne und Galaxien sind etwas zu groß. Das Virus kann man überhaupt nur im Elektronenmikroskop sehen und wenn es ein paar Milliarden sind. Und dazwischen sind wir, Polke mit seinen Bildern, und die Kinder, die gucken, wir Menschen mit unseren Sinnen.

Unsere Sinne sind selbst eine Organisation produktiver Bild- und Tonstörungen. Das Ohr kann nicht nur die Unterschiede zwischen Musik, leisen Ermahnungen der Mutter oder Befehlen eines Feldwebels sehr genau unterscheiden. 360 Unterschiede pro Sekunde kann das Ohr unterscheiden, unser blödes Auge kann nur 16 Unterschiede pro Sekunde unterscheiden. Sonst wird es Film.

KB / NG:

In diesen produktiven Ton- und Bildstörungen steckt für Sie also immer ein offenes Moment. Für eine Transition muss sich ja etwas bewegen, dafür muss es einen Austausch geben oder einen Wandel. Das heißt, es ist nicht negativ konnotiert, es ist keine Schließung, sondern es öffnen sich Bilder und Kontexte für neue Interpretationen.

AK:

Absolut. Alles Verstehen geht über einen Gegenpol, über eine Störung. Das Ohr kann Musik verstehen, Sprache verstehen, Mathematik – ich weiß nicht. Aber dann kann das Ohr auch das Gleichgewicht regulieren. Das korreliert mit dem Auge. Wenn Sie zum Beispiel als Artist zwischen zwei Hochhäusern in New York auf einem Seil gehen oder wie Till Eulenspiegel über die Saale – und Polke ist für mich ein Till Eulenspiegel – dann steckt das Gleichgewichtsgefühl in den Fußsohlen, wird gleichzeitig vom Ohr kontrolliert und das Auge muss am Horizont sein. Sonst fallen Sie runter. Wenn Sie

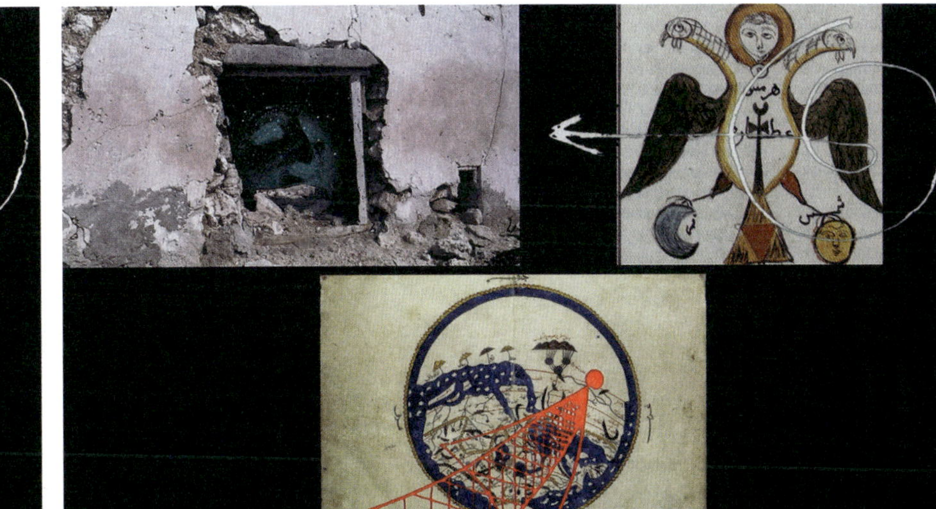

runter gucken, fliegen Sie runter. Sie müssen das Auge festnageln, denn das nimmt Teil an diesem ganzen Geschehen. Und das sind schon mal drei einander störende Dinge. Wenn Sie also sagen „Gleichgewicht", dann verstehen Sie auch „Ungleichgewicht". Wenn sie „sichtbar" sagen, dann müssen sie auch „unsichtbar" sagen. Was mich bewegt, hat immer etwas Unsichtbares. Da bin ich wieder bei der Bilderstörung. Ich bin von Haus aus Ikonoklast, gemäßigter Ikonoklast [*lacht*].

Übrigens ist Polke einen Tag vor meinem Geburtstag, dem 14. Februar, geboren, allerdings um neun Jahre versetzt. Und so sind wir untereinander verwandt. Und wenn ich jetzt von der Kunst spreche und der Poetik, dann meine ich damit, dass wir untereinander, ob wir nun leben oder tot sind, verschwistert sind. Mich bewegt es, Polke hier eine Hommage zu schicken und ich fühle mich geehrt, dass Sie diese annehmen. Mich bewegt es, Polke in die Nähe von Habermas zu bringen. Habermas hatte über dem Sofa ein Bild von Günter Fruhtrunk. Das sieht ganz anders aus als die Bilder von Polke. Polke würde sagen: „Das ist mir vielleicht doch zu nüchtern, das ist mir zu ordentlich." Der würde da eine Fliege draufkleben, damit irgendeine Störung in dem Bild ist. Damit sage ich hier nichts gegen Fruhtrunk. Es geht um die Transition, das Anbuffen – und das kann bis zum Streicheln gehen. „Von einer Zärtlichkeit gestört, guckte der Gelehrte vom Schreibtisch auf [...]." Auf diese Art müssten wir im Grunde den ganzen Tag reden und arbeiten. Deswegen ist Polke für mich nicht tot. Für mich sind auch Heiner Müller oder Walter Benjamin nicht tot, solange wir an ihnen weiterarbeiten. Wenn wir das richtig schön pflegen, dann ist alle Grammatik nochmal da. Sie erwähnten vorhin die Höhlenmalerei. Das sind ja wunderbare Bilder. Der Bison ist so wunschgerecht. Er ist nicht so dargestellt, wie er mich umbringt, sondern handlich ist er, an der Wand. Und daneben ich als Strichmännchen, so habe ich mich gemalt. Polke hat angedeutet, dass man so etwas aufgreifen kann. Es ist wie eine Obertonreihe. Jeder Ton in der Welt hat eine Obertonreihe. Ich schlage C-Dur an und darüber ist As, Fis, B, also eine Pyramide, ein gotischer Dom anderer Töne und von diesen Obertönen können sie immer in die Moderne. Ich habe also von Caspar David Friedrich den *Chasseur*[4], der vor einem Wald steht, der ihn beunruhigt. Ein berühmtes Bild. Die Obertonreihe davon wäre: 1941 ist

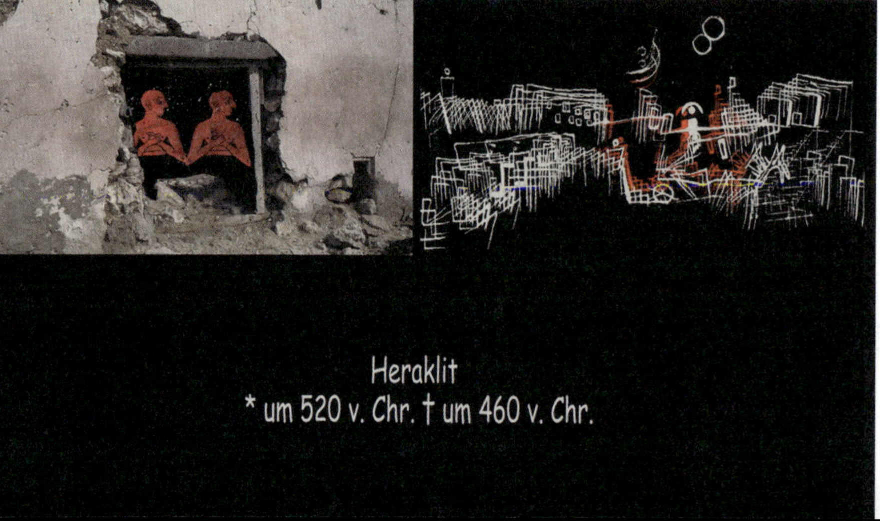

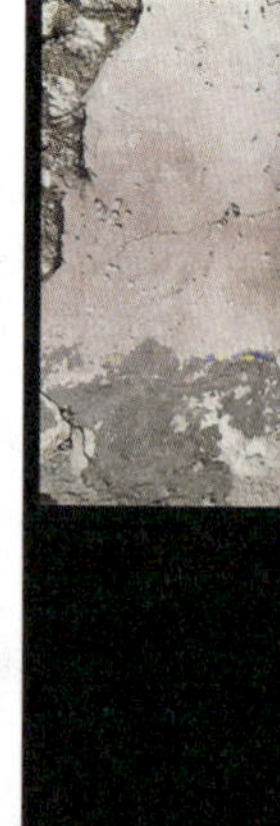

Beuys auf der Krim, 2021 ist ein GI in Kabul der Nachfolger von diesem erschrockenen Napoleonisten. Bald wird er im Schnee in Russland sein, elend daliegen. Diese Zeiten sind miteinander verwandt und wir Poeten sind sozusagen als Zeitgenossen, als Zeitsammler, Zeitverdichter, auch untereinander und miteinander tätig.

KB / NG:

Könnte man sagen, dass für Sie Werke anderer Künstler*innen wie Dialogpartner*innen funktionieren? Eines von vielen Beispielen ist Ihre Zusammenarbeit mit der Künstlerin Kerstin Brätsch, die auch an unserer Jubiläumsausstellung zu Polkes 80. Geburtstag in der Kunsthalle Düsseldorf teilgenommen hat. Sehen Sie eine Reibung oder auch eine produktive Bildstörung erst wirklich im Dialog mit einem anderen künstlerischen Werk möglich?

AK:

Das ist genau richtig. Im Fall von Kerstin Brätsch ist es mehr eine Bildpflege. Ich liebe die Glasmalereien von Kerstin Brätsch heiß und innig. Sie hat sich eine Gesteinssammlung verschafft, wie die, die Polke für seine Fenster im Grossmünster Zürich verwendet hat, und diese in ihre Gläser eingebaut. Die nehme ich mit der Kamera auf und verwandele sie wiederum in Bilder. Die Bilder sind dann einmal transiert. Sie sind von Polke zu Kerstin Brätsch und von dort zu mir gekommen. Und so sind es wandelnde Steine.

KB / NG:

Hieran sieht man wunderbar, wie die verschiedenen thematischen und zeitlichen Ebenen zusammenfinden und wie Sie eine Geschichte fortschreiben, die vielleicht mit Polke angefangen hat oder auch schon sehr viel früher und die sich in der Gegenwart mit Kerstin Brätsch fortsetzt. Es gibt also keine Linearität in der Auffassung von Geschichte. Das Kunstwerk erscheint als etwas Offenes, Aktives.

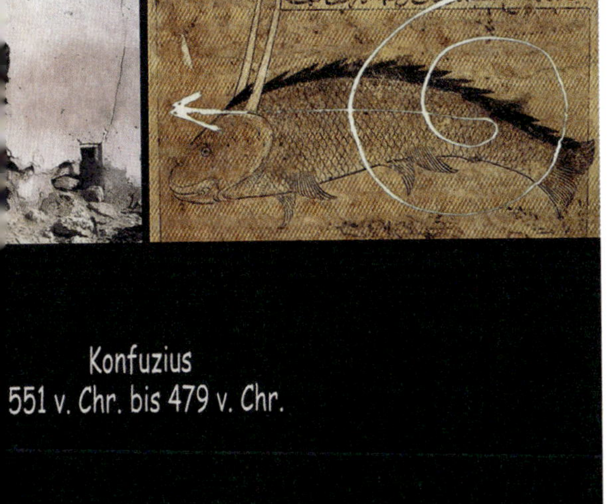

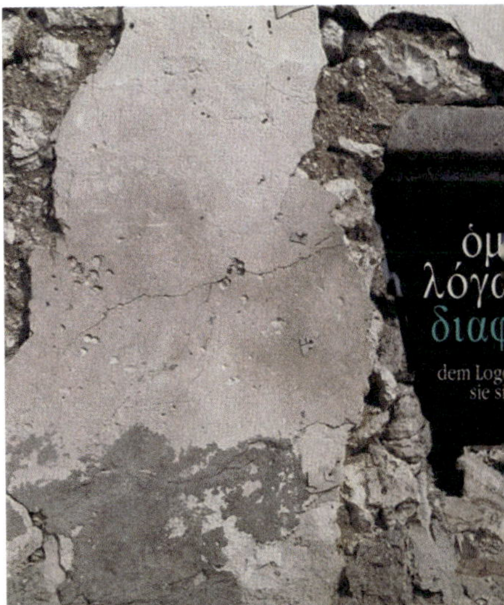

AK:

Wo Polke ist, ist Werkstatt. Das ist der Kerngedanke und der Grund, weswegen ich die Hommage gemacht habe. Er ist der Experimentelle. Der Robuste, der im Grunde lieber eine Holzlatte um etwas rummacht, als das Bild schön zu hängen. Und das ist Werkstatt. Ich finde es sehr schön, dadurch hier in der Moderne anzukommen. Die Wurzeln, also die Rhizome, sind zum Teil sehr viel älter, aber nicht dadurch vergangenen, dass Zeit vergeht. Und die Bilder von Polke, wenn wir mal nicht aufpassen, nachts, die reden untereinander [*lacht*]. Ein gutes Bild hat eine Gravitation. Es bildet Konstellationen, so wie bei den Himmelskörpern. Und da passt das Originalitätsdenken nicht mehr. Polke ist in dieser Hinsicht ehrgeizig und stellt die Malerei gleichwertig neben die anderen Wissensgebiete, wie die Astrophysik, der sagt: „Also, eigentlich ist auch die Malerei auf der Höhe der sonstigen Intelligenz. Und auch ein bisschen mehr." Da ist eben mehr Schwung drin. Also, ich glaube an ihn.

KB / NG:

Schön. [*lachen*]. Vielen Dank Herr Kluge, für Ihre Beteiligung an unserem Projekt und für Ihren Kommentar.

1 Acht großformatige Gemälde, entstanden zwischen 2005 und 2007.

2 Sigmar Polke, *Achsenzeit*, Künstlerbuch, Köln, 2009.

3 Jürgen Habermas, *Auch eine Geschichte der Philosophie*, in 2 Bd., Berlin 2019.

4 Caspar David Friedrich, *Der Chasseur im Walde*, 1814.

Abb. Alexander Kluge, *Achsenzeit (Hommage an Sigmar Polke)*, 2021, Filmstills

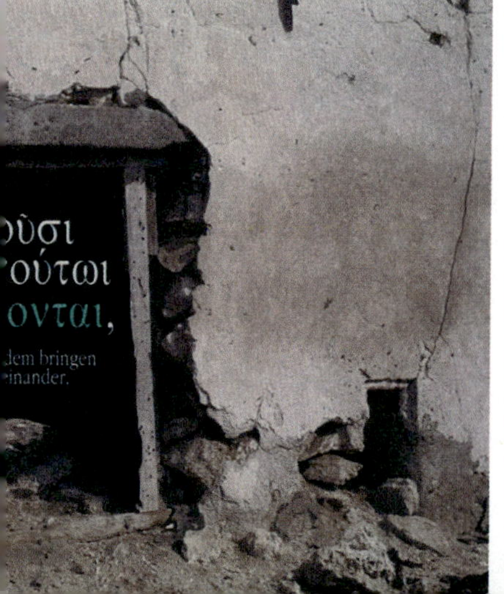

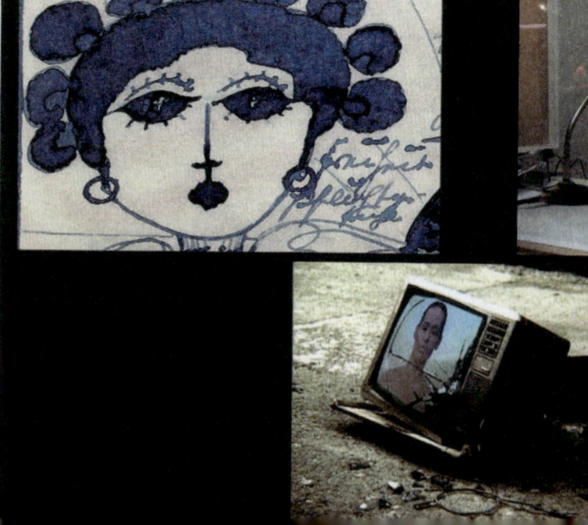

ALEXANDER KLUGE IN CONVERSATION WITH KATHRIN BARUTZKI AND NELLY GAWELLEK

KATHRIN BARUTZKI/NELLY GAWELLEK:

We're so happy to be able to talk with you today, Mr. Kluge. Your film *Achsenzeit (Hommage an Sigmar Polke)* (Axial Age [A Homage to Sigmar Polke]), which you made for the festival *Productive Image Interference: Sigmar Polke and Artistic Perspectives Today*, examines Polke's *Achsenzeit* series and the accompanying artist book.[1] With reference to Polke's work, you draw connections between Karl Jaspers's theory of the Axial Age and other philosophers and thinkers from antiquity to the present day. The film images and their context lead from cave painting and galaxies to robots and artificial intelligence. Within this context, you speak of transitions rather than actual image interference. Could you give us an introduction to the theory of the Axial Age and explain what in particular attracted you to Polke's *Achsenzeit* works?

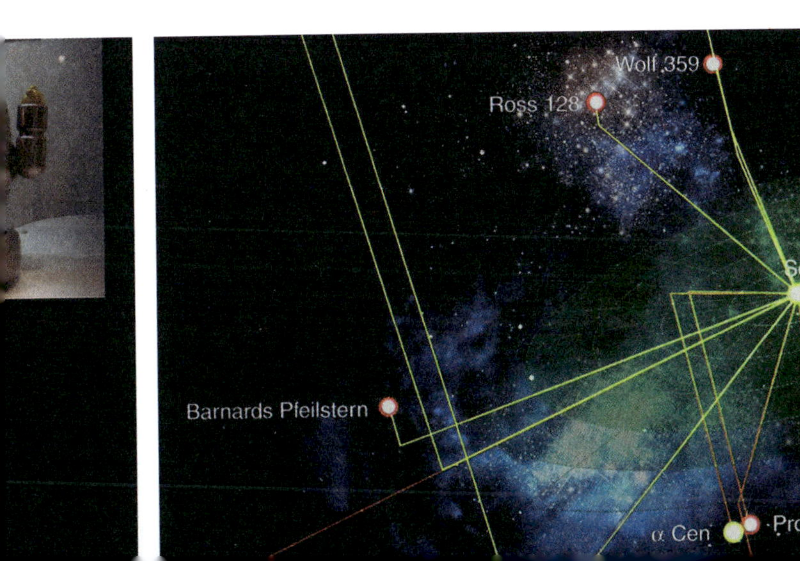

ALEXANDER KLUGE:

What particularly charmed me was the motif of the children looking down from above (see page 101). They are looking from the present into the Axial Age. The Axial Age refers to the period between 800 BCE and 300 BCE, centered at 500 BCE. It was an astonishing time in which Confucius in China, the Buddha in India, and Heraclitus in ancient Greece looked around with curiosity and established universal ideas about the world. Before then, there was nothing, and little came after. I'm not a big metaphysician—I'm actually very objective—but it is as though an alien sun passed close to our solar system and made us creative for a short period of time.

The ways in which Polke used his methods to make this rich compendium of *Achsenzeit* is astonishing. It truly is a collection to match those of the Brothers Grimm. He didn't say, "I'm an expert on this" or "I'm making something new"; instead, he collated what had come before.

I was touched that Jürgen Habermas, a proponent of critical theory, also took up the idea of the Axial Age.[2] It's in critical theory that one finds the borders of reason. In the eighteenth century, progressive people—people of the Enlightenment—built a fortress where reason took refuge and dictated what was and was not allowed. In the same way that people shot foxes and wolves, they also destroyed spirits belonging to the realm of the magical. The omnipotence of reason flourished during the Enlightenment and the French Revolution. The aggression behind this fanciful striving for rational omnipotence is quite palpably felt in the guillotine. But every child grows up an animist, like Polke's children, who are also present in my triptych. In animism, objects are not dead; they have spirits. That means that at some point, every child will turn to magic and say, "I banish the ghosts. I'm not afraid anymore. I can sleep easily by becoming the magician."

I think Polke is also immanently concerned with this. After all, we don't just think with our mind, but also with our diaphragm, for example, when we find something funny or when we become rebellious. We also think with our skin, which is the only weapon that works to counter war. Sigmund Freud stated that morality does not stop a war but prolongs it. When many have died and the enemy has committed injustices, you must

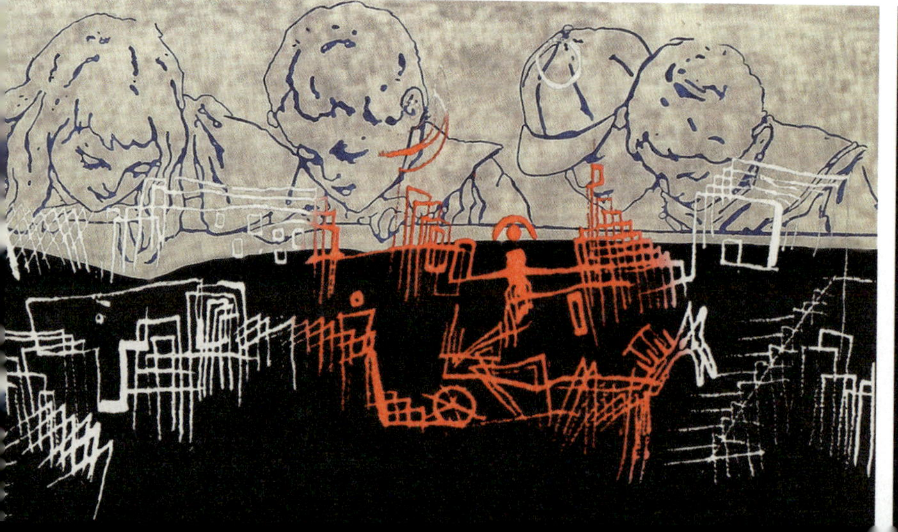

act with more injustice and aggression to rectify what went wrong. But, as Freud said, the skin reacts. And in the graves of Flanders, the skin prevented the prolongation of World War I. The first to succumb to the sensitivity of the skin is the one who is defeated.

Those are all things that Polke would understand immediately if he were sitting with us. In some sense, he is here, for that is the idea behind an exhibition. The paintings are not dead, and his collection here, his *Achsenzeit* book, still conveys something to us. It is a workshop. And with my small contribution, I'm working in the workshop of Polke and of Habermas. Habermas's work contains no images but is nonetheless a very good two-thousand-page book. It is noble that he breaks out of eighteenth-century confinements, out of the prison that is the Enlightenment. He enters areas where one's certainty has been ascertained through different means than through critical theory and philosophy, where magic is once again present. He enters scholasticism. "Can you distinguish the feet of angels on white snow?" A learned scholar, such as William of Ockham, would say: "The question has been posed incorrectly." We should not refer to angels so informally nor should we do so to God. And what are the angels doing in the snow anyway? They should be protecting people in cellars during air raids. You see, there's friction there. The images I'm using here interfere with each other in a productive manner, for I'm beginning not to think in an ornamental fashion, but to think out of reality. The children that Polke painted once sat in an air raid shelter. Today they are sitting in Aleppo and Idlib, or in Nagorno-Karabakh, plagued by drones that don't accept surrender. White flags serve no purpose.

The way the war—this chameleon, this monster—constantly changes its images is gruesome. And Polke would probably advise us to "Paint against it." And I, as a filmmaker, say, "I have to run the images against each other." This is why the film is a triptych. You're not looking at a rectangular screen. We do not relate to the world through a rectangle as if we are looking through a window. Sometimes our relations are distorted. There's a kind of dented dialectic. You'll find all these themes in Polke's work. And I would so love to incorporate a piece of Polke into Habermas's thoughts and mere words, like seasoning a dish with salt and pepper. That is the function of the transitions.

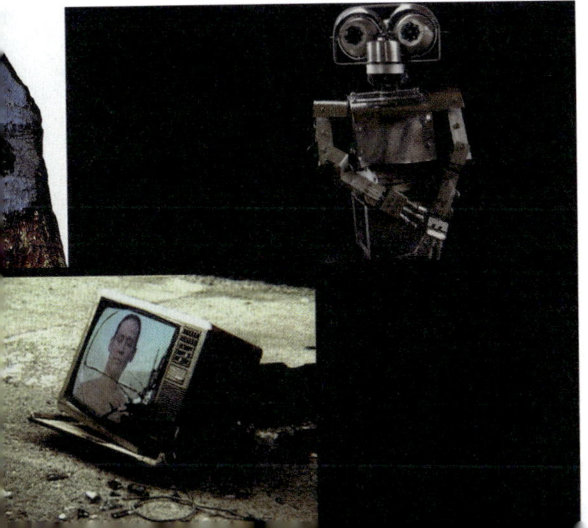

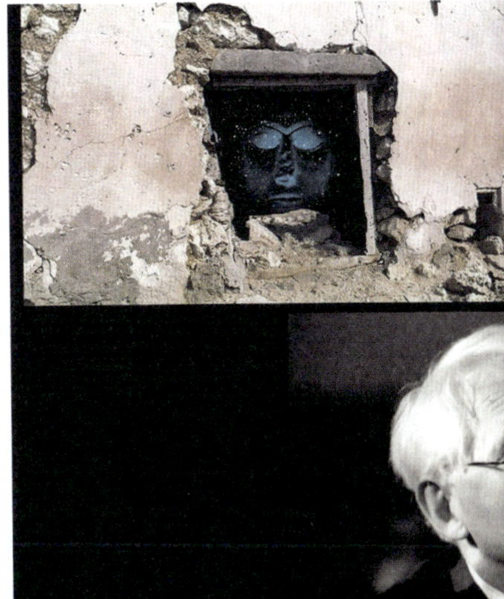

Habermas speaks in a very, very precise manner, and I am trying to create images that correspond to what Habermas says. This adds an element of imprecision, but it also grants access to the soul.

He doesn't use this word, but I think that each of our cells—and we are very ancient creatures—has such a soul. And it doesn't matter whether I describe it as a soul, or as *thymos* or *conatus*, as Spinoza did. But I am quite sure of the fact that it exists, and that it can be roused more easily by music than via communiqués. Now I have yet to see an announcer on the evening news who is in such distress that they start singing. It is just as unusual for the chancellor to hum in the Federal Cabinet. But children—and I'm back to Polke's children here, who gaze so curiously from the edge of the picture—can gather from the pitch at which their mother tells them a bedtime story that it is safe to fall asleep. Her pitch tells them that they will wake up again.

KB / NG:

Sounds also play an important role in your film. Could you perhaps explain how you deal with sounds and images? How they depend on or interact with one other?

AK:

Well, it's "Polke-esque" [*Laughs.*] I would say that in its most basic form cinema is soundless. I am an absolute patriot of silent films. And then there are silent films with sound. I rebel against the octroi of theater, of drama, that has spilled over into film. In my opinion, this can be partially reversed, even in pandemic times. When the cinemas are shut, commerce is also a bit subdued. There are gaps now. If we were all to begin to whisper, for example, both online and on TV, it would be very funny. But this whispering does exist. And my grandmother told me that when someone whispered, she would listen twice as carefully. So, I would not distinguish strictly between music and speaking, reading letters and inner speech; there are overlaps and transitions.

When people try to express themselves in five different languages, their choice of words changes necessarily. Water, mud, sludge, and love—I am trying to translate these four words into Russian. But twice a year mud plays a completely different role. Since the time of Pushkin up to the present

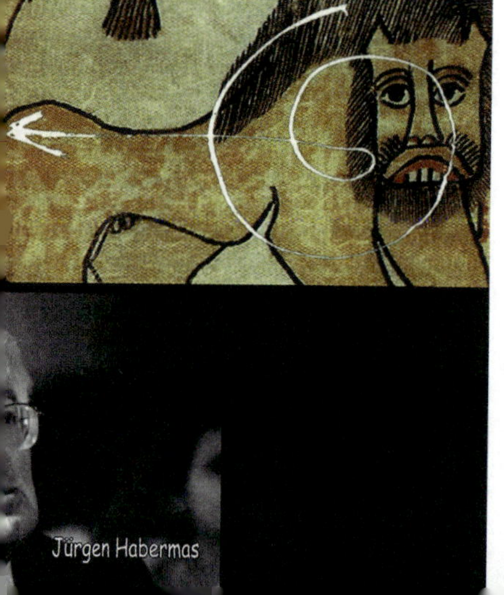

Jürgen Habermas

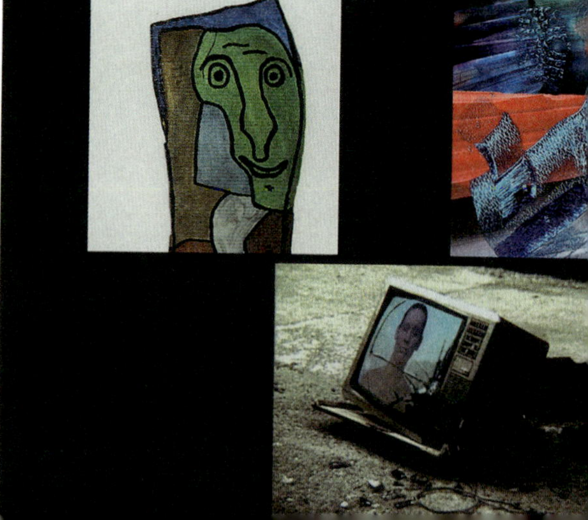

day, the entire country has turned to sludge during *rasputitsa*. Polke knows exactly what I mean when I say "sludge." I can't swim through it. I can't stand in it. Sludge is much worse than water, from which you can escape. And it is much worse than boulders, which can be avoided. That is why there are sixty words for *sludge* in Russian, like there are more words for *snow* in Greenland than there are here. If I put all those terms into the Romance regions of Portugal, Spain, France, or Italy, I would get different words back in return. But when I say "rain," "heavy rain," "drizzle," "muddy rain," "sleet," and so on, I have fewer ways of expressing myself because snow isn't as common in these regions and because Romance languages have fewer words overall.

As you see, we are constantly talking about contradictions. If you tap into the division that separates these opposites, such as the border where skin lies beside skin, the probability that something creative will emerge is greater than at the center. When a philosopher says, "I'm a philosopher," or an astrophysicist says, "I know something about stars," or a biologist says, "I know something about something you can't see. And that's a virus. The omicron virus," they are focused on their own identity and are not actually engaging with one another. The stars and galaxies are a little too big, and the viruses are so small that they can only be seen under an electron microscope. And we are between these two ends of the spectrum: Polke with his pictures, the children who stare, and humans with our senses.

Our senses are just a collection of productive image and sound interferences. The ear can do more than distinguish between music, a mother's soft warnings, and a sergeant's commands. The ear can distinguish between 360 different sounds per second, while our naked eye can only distinguish between sixteen differences a second. Otherwise it would become film.

KB / NG:

So these productive sound and image disturbances always contain an opening for you. To enable a transition, something has to move. There has to be an exchange or a change. This transition should not have negative connotations, nor be seen as a closure. It is rather an opportunity for images and contexts to encourage new interpretations.

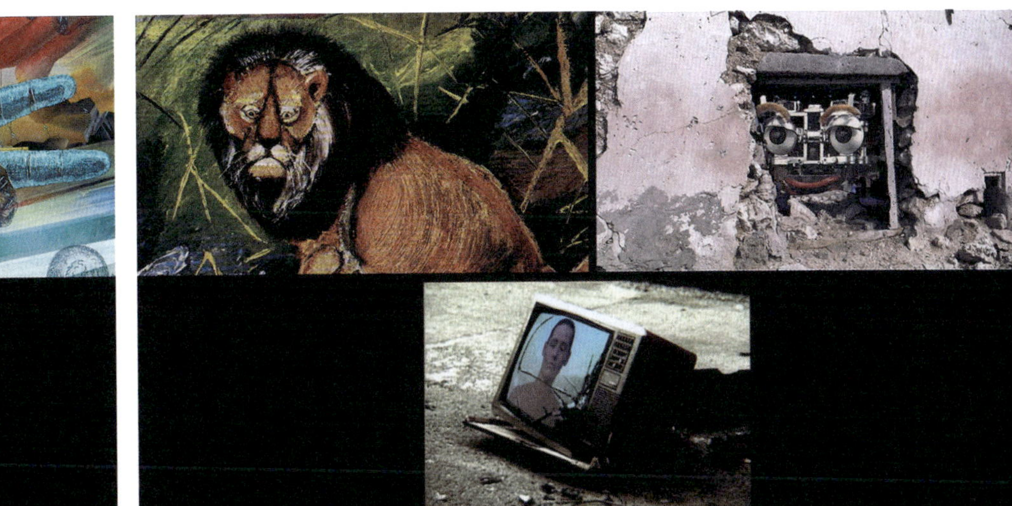

AK:

Absolutely. All understanding passes through a counterpole—through a disturbance. The ear can understand music, language, mathematics, and whatever else. But the ear can also help us remain balanced. Balance is also controlled by the eye. For instance, when an acrobat walks across a tightrope between two skyscrapers in New York, or like Till Eulenspiegel across the Saale River (for me, Polke is a kind of Till Eulenspiegel), their sense of balance is in the soles of their feet. But it is also being regulated by their ears and by their eyes that are focused on the horizon. Otherwise they would fall. If you look down, you will fall. If you fix your eyes on a point, they help you keep your balance. And here you already have a series of three disturbances. So, if I say "balance," you would also recognize "imbalance." If you say "visible," you would also have to say "invisible." The things that move me always contain something of the invisible. There I go again with the image of disturbances. I am an iconoclast by nature, a moderate iconoclast. [*Laughs.*]

By the way, Polke was born on February 13—one day before my birthday and nine years later. So, in a sense, we're related to one another. When I speak of art and poetry now, regardless of whether we are dead or alive, I maintain that we're siblings. I was compelled to pay tribute to Polke on this occasion and am honored that you have accepted it. I wanted to position Polke alongside Habermas. Above his sofa, Habermas had a painting by Günter Fruhtrunk. It's quite different from Polke's paintings. Polke would say, "This is a bit too sober for me, too orderly." He would have stuck a fly onto it to create a disturbance in the painting. By that I don't mean to insult Fruhtrunk. It's about the transition, smoothing it out—it could go as far as caressing. "Disturbed by an act of tenderness, the learned one looked up from his desk." Basically, this is how we must speak and work all day long. So for me, Polke isn't dead. For me, Heiner Müller and Walter Benjamin are also not dead as long as we keep working on them. If we look after it properly, all the grammar will still be there. Earlier you mentioned cave paintings. They are wonderful images. The bison is just as you would hope for. It is not shown in the act of killing me, rather hung neatly on the wall. And next to it, I painted myself as a stick figure. Polke suggested that one could engage with such themes. It's like a harmonic sequence. Every sound in the world has a harmonic sequence. I play

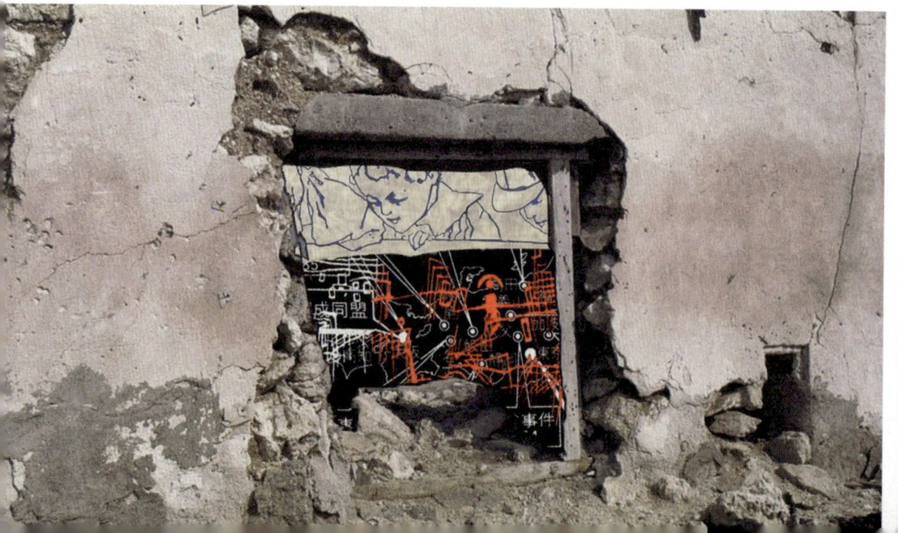

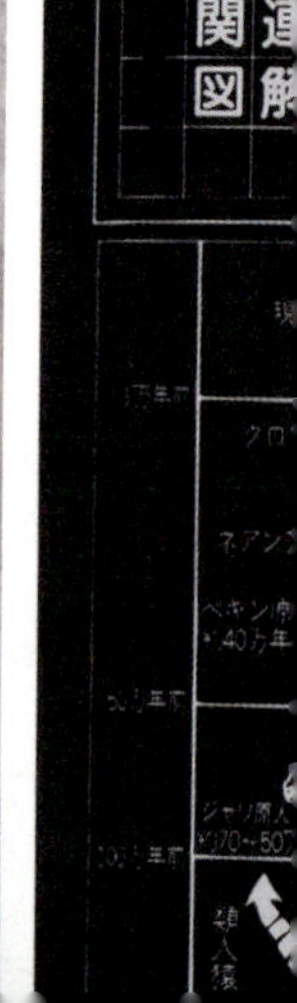

C major and above that is A-flat, F-sharp, and B-flat. It's a pyramid, a Gothic cathedral of other notes, and from those harmonic sequences the sound reaches the modern. Take Caspar David Friedrich's well-known painting that depicts a huntsman standing before an unsettling forest.[3] If we put it into a harmonic sequence, it would be followed by Joseph Beuys in the Crimea in 1941 and a GI in Kabul in 2021. These would be the successors of this frightened Napoleonist huntsman. Soon he will be lying miserably in the snow in Russia. These periods are connected to each other, and we poets are, so to speak, contemporaries, time collectors, and time compressors, acting among ourselves and with one another.

KB / NG:

Could it be said that works by other artists function as interlocutors for you? One of many examples is your collaboration with the artist Kerstin Brätsch, who also took part in our anniversary exhibition for Polke's eightieth birthday at Kunsthalle Düsseldorf. Do you see any friction or even a productive disturbance of the image as only really possible in dialogue with another artistic work?

AK:

That's exactly right. In the case of Kerstin Brätsch, it's more like caring for images. I love Brätsch's stained glass windows dearly. She got herself a collection of rocks, like the ones Polke used for his windows in the Grossmünster in Zurich, and incorporated them into her glass. I photographed them and in turn transformed them into images. The images have thus been transposed once. They have come from Polke to Brätsch and from her to me. And so they are stones in a state of metamorphosis.

KB / NG:

This shows in a wonderful way how the different thematic and temporal dimensions come together and how you extend a history that may have begun with Polke, or even much earlier, and that continues in the present day with Kerstin Brätsch. So there is no linearity in your conception of history. The work of art is seen as something open, active.

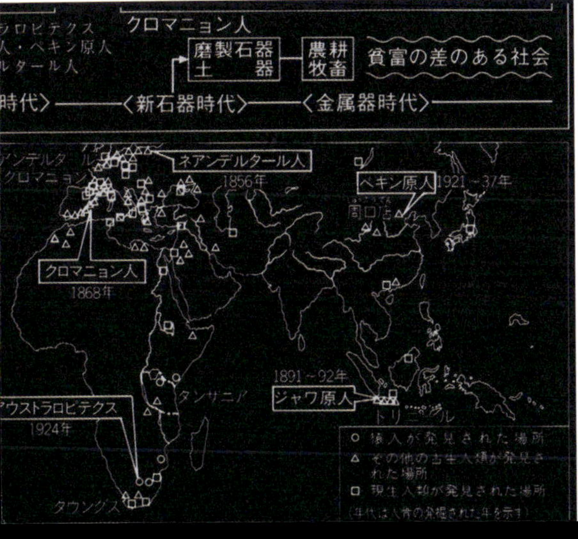

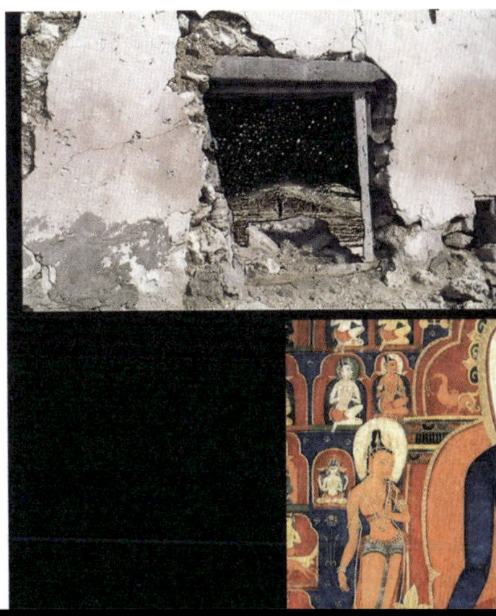

AK:

Wherever Polke is, you'll find a workshop. That is the core idea behind and the reason why I paid homage to him. He is experimental. He is robust, someone who prefers tinkering with a wooden slat to hanging a picture beautifully. And that's the workshop. I find it wonderful to return to it in the modern age through that route. The roots themselves—that is, the rhizomes—are in parts much older, but not because more time has passed. And if we're not careful, Polke's paintings will start talk to one another at night. [*Laughs.*] A good picture has its own gravity. It forms constellations around it, like the celestial bodies. And there, original thinking loses its sway. Here, Polke is ambitious, placing painting on equal footing with other fields of knowledge, such as astrophysics, saying, "Well, actually, painting is also on par with other forms of intelligence. And it's a bit more." There's just more energy in it. So, I believe in him.

KB / NG:

Lovely. [*Laughter.*] Many thanks, Mr. Kluge, for taking part in our project and for sharing your thoughts.

1 The series comprises eight large-format paintings from between 2005 and 2007. Polke's artist book is *Achsenzeit/Axial Age* (Cologne: Verlag der Buchhandlung Walther König, 2009).

2 Jürgen Habermas, *Auch eine Geschichte der Philosophie*, 2 vols. (Berlin: Suhrkamp Verlag, 2019).

3 Caspar David Friedrich, *Der Chasseur im Walde* (The Huntsman in the Forest), 1814.

Figs. Alexander Kluge, *Achsenzeit (Hommage an Sigmar Polke)* (Axial Age: An Homage to Sigmar Polke), 2021, film stills

CAMILLE HENROT IM GESPRÄCH MIT NELLY GAWELLEK

NELLY GAWELLEK:

Hallo Camille. Wir haben dich eingeladen, an der Ausstellung *Produktive Bildstörung* teilzunehmen, und bei unserem ersten Skype-Anruf – ich glaube, es war im Juni 2020 – hast du mir erzählt, dass Sigmar Polke großen Einfluss auf dich hatte. Was an seinen Arbeiten hat dich fasziniert?

CAMILLE HENROT:

Was mich sehr bestärkt hat, ist sein Verhältnis zu Stil und Bildern, besonders seine Akzeptanz stilistischer Wandelbarkeit. Er nutzt Bilder wie ein Alphabet, eine Art Code. Angezogen hat mich auch sein Interesse an Tricks und Imitation – da ahmt er ein maschinelles Verfahren nach, das technisch locker zu reproduzieren wäre, zu faken aber eine Menge Arbeit ist. Die subtile Verschiebung der Ästhetik, die dabei eintritt, erlaubt es, das Bild völlig anders zu verstehen. Ich denke an die Rasterbilder, in denen er gedruckte Bilder kopiert – aber in Handarbeit. Mit Blick auf meine eigenen Arbeiten dachte ich darüber nach, dass manche Drucktechniken die Hand zu imitieren scheinen und wie sehr dann wiederum die Hand den Druck zu imitieren versucht. Fürs Bildermachen ergibt das einen ziemlich ausgefuchsten Kreislauf, und diese Idee interessierte mich. Deshalb habe ich vorgeschlagen, für die Ausstellung neue Arbeiten zu schaffen. Zeichnen ist ja meine Haupttätigkeit, aber als wir ins Gespräch kamen, hatte ich gerade seit einem Jahr zu malen begonnen. Ich bekam Interesse an der Idee, Bilder zu malen, die nicht wie gemalt aussehen, beziehungsweise mit den Möglichkeiten zu spielen, die neue Druckgeräte oder Computerprogramme wie Procreate oder Photoshop bieten. Darin finden sich Werkzeuge, die Maltechniken imitieren, dabei aber ihre ganz eigene Ästhetik haben, die durch die Arbeit anderer Künstler*innen, wie Avery Singer, fast selbst schon wieder zu einer Tradition in der Malerei geworden ist.

Bildstörung bedeutet für mich zweierlei Verschiedenes: Das Eingreifen neuer Technologien in die Bildgestaltung, aber auch das Potenzial von Bildern hinsichtlich ihrer Rolle in unserer Gesellschaft. Ich frage mich, wie Bilder heute codiert sind, und wie vorhandene Bilder als Alphabet genutzt werden können. Ich mag Roland Barthes' Gedanken, dass Sprache faschistisch,

Literatur aber befreiend ist. Ich glaube, in der Bildtechnologie verhält es sich ähnlich. Am Internet ist etwas Faschistisches – zum Beispiel bei Google. Es ist so viel Information da, aber sie wird gesteuert und kontrolliert. In dem Vorgang, sich diese Bilder wieder anzueignen, liegt aber ein Weg, wieder eine Freiheit und einen Raum auszubilden, um herrschende Diskurse herauszufordern.

NG:

Du hast erwähnt, dass dich Polkes technische Malverfahren inspiriert haben, etwa in seinen Rasterbildern oder anderen Arbeiten wie *Strahlen Sehen* [2006–07], bei denen er Bilder auf dem Fotokopierer verzerrte und eine Zusatzschicht Acrylgel auf die Leinwand auftrug, um einen holografischen Effekt zu erzielen. Polke verwendete also einen Mix aus mechanischen und manuellen Techniken, um optische Tricks zu erzeugen. Kannst du uns ein wenig über dein Vorgehen bei der Gestaltung von *Dos and Don'ts* (Abb. 01) sagen, für die du digitale, technische und manuelle Methoden angewendet hast?

CH:

Das ist tatsächlich eine lange Abfolge von Schritten. Zuerst habe ich mit Tinte breite Pinselstriche gemalt und diese dann gescannt und vektorisiert. Ich bin also umgekehrt vorgegangen wie Polke mit den Punkten. Ich habe nicht mit dem gedruckten Bild angefangen, sondern mit dem handgemachten. Die vektorisierten Pinselstriche ließ ich als Vinylmasken herstellen, mit denen ich die Leinwand abdeckte, die dann mit einem Gesso präpariert und bedruckt wurde. Dabei arbeitete ich mit dem Drucker und Galeristen Mike Karstens zusammen, mit dem du mich bekanntgemacht hast und der, wie ich finde, großen Anteil an diesem Projekt hat (Abb. 02–04). Nach dem Bedrucken der Leinwände nahm ich die Vinylmasken ab, sodass die rohe Leinwand wieder frei lag. Anschließend habe ich die bedruckte und die rohe Leinwandfläche – innerhalb und außerhalb der Pinselstrichform – noch einmal übermalt.

In *After Being Doing* (Abb. 05) malte ich mit Wasserfarben ein Sonogramm. Wenn wir von Störung sprechen, betrifft das nicht nur technische, sondern auch gesellschaftliche und politische Aspekte. Ich denke daran, wie zum Beispiel die digitalen Medien sich auf die Überwachung ausgewirkt haben – ein Thema, das auch Polke interessierte. Ich habe unsere Haut immer für die letzte uns schützende Grenze gehalten, aber das ist nicht länger der Fall, wenn wir uns die allgegenwärtige Nutzung von Gesundheits-Apps vor Augen halten, die unsere Daten sammeln. Sonografie, ein medizinisches Verfahren, das hochfrequente Klangwellen nutzt, um Bilder vom Körperinneren zu erzeugen, beleuchtet diese menschliche Grenze und greift zugleich in sie ein. Es wird viel darüber geschrieben, wie Ultraschall Babys im Bauch tatsächlich stört, und wie sie diesem Zugriff zu entkommen versuchen. Sie wollen gewissermaßen nicht gesehen werden, so wie viele von uns nicht fotografiert oder gefilmt werden wollen. Es ist also eine Reflexion darüber, was es bedeutet, beobachtet zu werden, und über die Spannung zwischen Sicherheit und Privatsphäre. Die gleiche Dynamik gilt für die Recherche im Internet. Wir bekommen Hilfe, aber wir werden auch gesehen.

Ich fand, diese Serie bot die passende Gelegenheit, meine Sammlung der Bildschirmfotos einzusetzen, die ich von Computer-Fehlermeldungen angelegt habe. Ich meine, Sigmar Polke hat das auch gemacht – Sachen zusammentragen –, und eines Tages wusste er, was damit anzufangen war, richtig? Natürlich ließen sich die Bildschirmfotos unmöglich in hoher Qualität drucken. Es war also wieder ein wenig wie ein umgekehrter Polke – wir haben alles neu aufgesetzt und jede einzelne Linie gefüllt, um einen vergrößerten Tintenstrahldruck anfertigen zu können.

NG:

Ich glaube, die Künstlichkeit der Bilder ist in deiner Arbeit so entscheidend wie bei Polke: Jedes Bild ist ja etwas, das gemacht wird – mit einer bestimmten Perspektive, einer bestimmten Funktion, einem bestimmten Ziel im Kopf. Dabei schaust du, die in Zeiten digitaler Medien arbeitet, aus einem ganz anderen Winkel auf Bilder als Polke. Können wir ein wenig darüber sprechen, wie sich das in deiner Arbeit zeigt? In *Manners for Women* (Abb. 06) ist das verzerrte Bild einer Katze zu sehen, was mich an die Unzahl von Katzen-Memes denken ließ, die im Internet kursieren.

CH:

Der Reiz, der in der Online-Welt von Tierbildern ausgeht, ist wirklich interessant, weil wir in einer Zeit leben, in der Tiere eigentlich in beispielloser Geschwindigkeit verschwinden und wir nicht annäherungsweise absehen können, welchen Schaden diese Entwicklung anrichten wird. Gleichzeitig schauen wir uns als Menschen wie wild und versessen Tierbilder im Internet an. Es scheint so, als hätten wir das Bedürfnis, etwas von nichtmenschlicher Gestalt zu sehen, mit dem wir irgendwie interagieren können.

Allerdings waren Tiere lange Zeit auch eine ungefährliche Möglichkeit, über Machtbeziehungen zu reden. Manche Dinge sind für uns schwer auszusprechen, Gefühle von Enttäuschung, von Missbraucht- oder Beherrschtwerden etwa. Unsere Beziehung zu Autorität wird auf Tiere, auf Tierbilder übergeleitet. In Frankreich gibt es ein Kinderlied, *Le fermier dans son pré* (Der Bauer auf seiner Weide). Es geht so: Der Bauer nimmt seine Frau, die Frau nimmt ihr Kind, das Kind nimmt die Amme, die Amme nimmt die Katze, und die Katze nimmt den Käse. Am Ende läuft es darauf hinaus, dass der Käse geschlagen wird. Ich glaube, das Lied handelt eigentlich von häuslichem Missbrauch. Ich glaube, es handelt vom Bauern, der seine Frau schlägt, der Frau, die das Kind schlägt, dem Kind, das die Hilfe der Amme missbraucht und so weiter. Das Lied erweist sich als Verkettung häuslicher Gewalt innerhalb des gesellschaftlichen Systems, das die Familie ist. Die Katze steht hier in der Machtpyramide weit unten. Für mich sind Tiere und menschliche Mischwesen eine Möglichkeit, Probleme von Machtbeziehungen und Gewalt anzusprechen, weil sie Bilder oder Figuren sind, zu denen alle eine Beziehung finden.

Ich bin sehr interessiert am Potenzial von Bildern, neue Denkwege zu erschließen, Wege, die nicht allzu sehr von Erfahrung konditioniert sind. Es fällt uns sehr schwer, nicht unsere eigenen Gefühle auf die Gegenstände zu projizieren, die wir beobachten – nicht einmal Wissenschaftler*innen gelingt das. Wir vermenschlichen Tiere und sogar Pflanzen werden davon beeinflusst, wie wir sie ansehen. Dieses Gemälde handelt deshalb stark davon, wie die Weise uns zu sehen unsere Verhaltensweisen konditioniert, und wie vielleicht durch eine Art Störung eine Gelegenheit entsteht, eine neue Lesart zu erschließen.

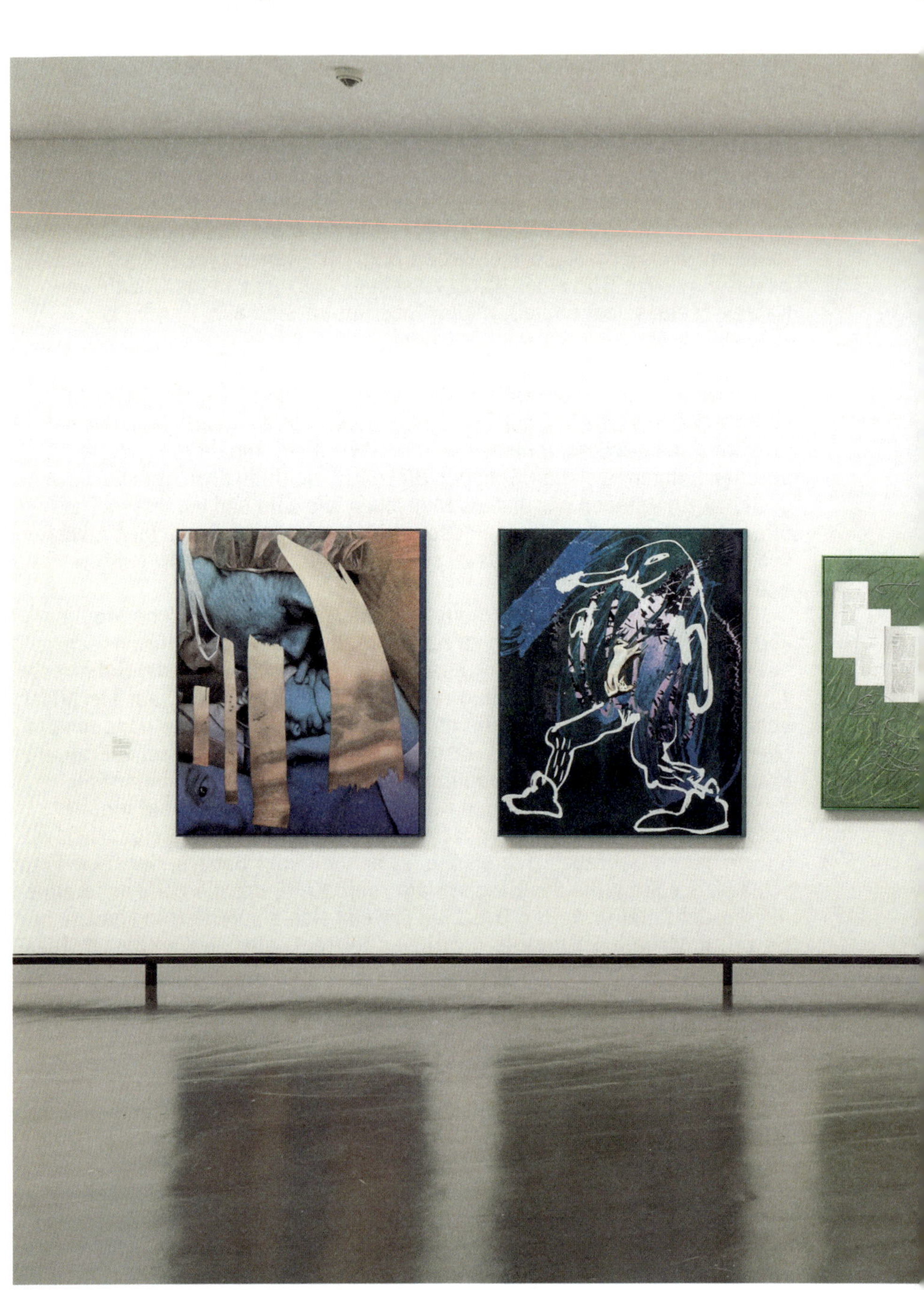

01

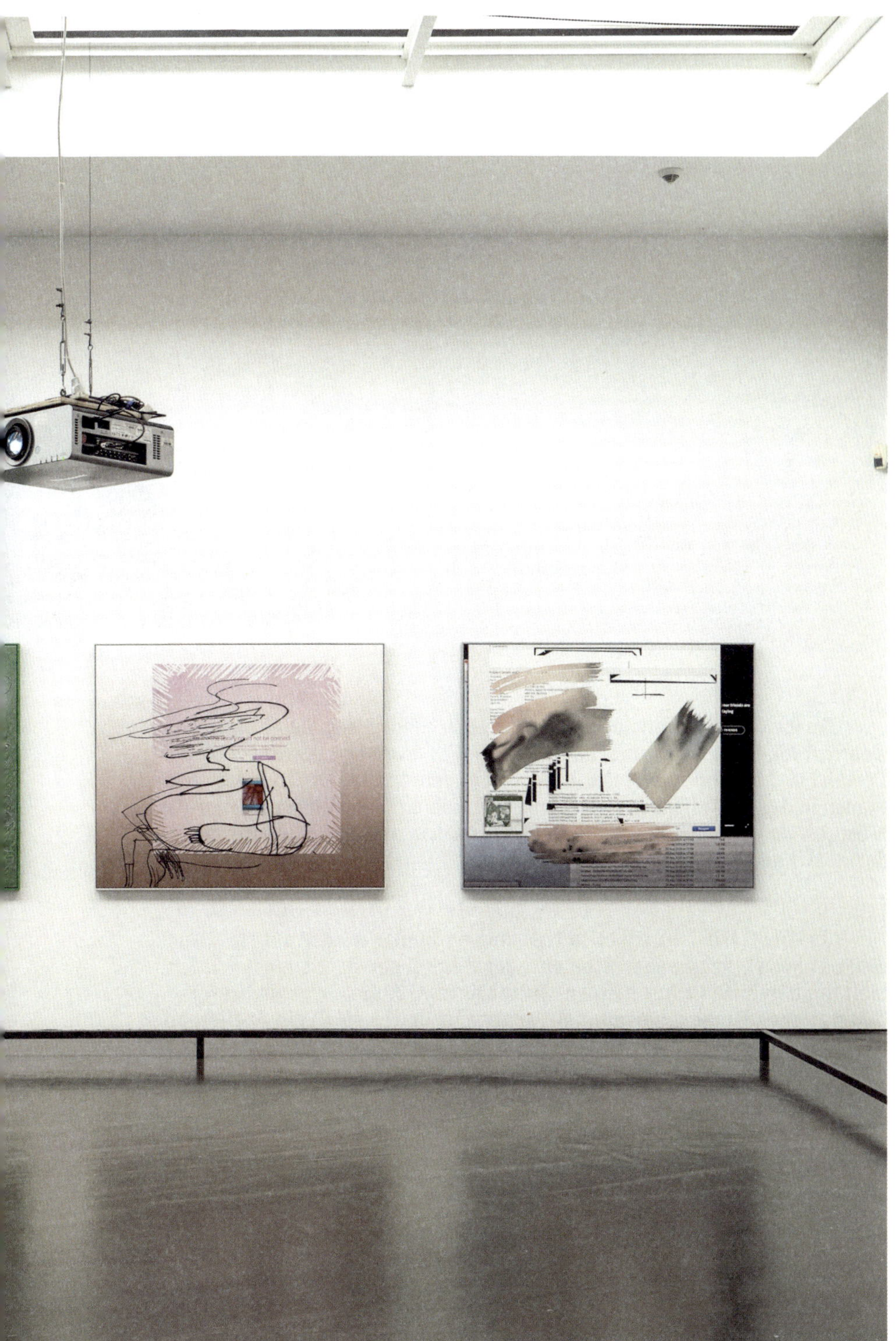

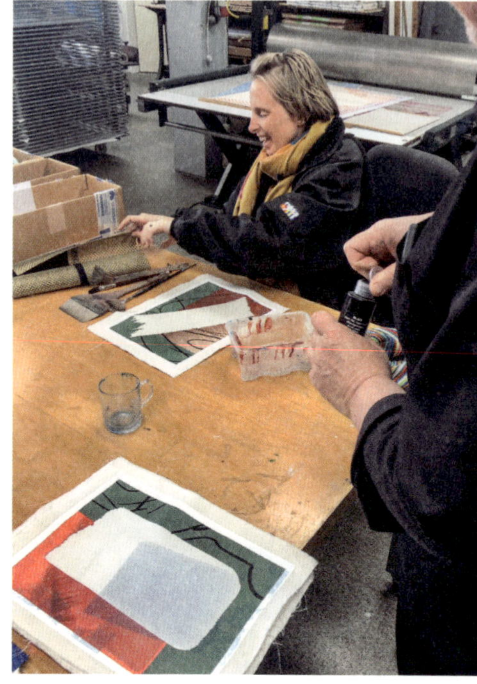

02

NG:

Du hast auch Seiten aus dem im 19. Jahrhundert erschienenen Buch *Don't: A Manual of Mistakes and Improprieties More or Less Prevalent in Conduct and Speech* verwendet, das sich mit dem Verhalten von Männern und Frauen in der Öffentlichkeit beziehungsweise bei besonderen Anlässen befasst. Möchtest du vielleicht über diese Quelle sprechen, die auch zum Titel der Serie, *Dos and Don'ts* geführt hat?

CH:

Ja. Die Geschichte geht so (ich komme immer wieder auf sie zurück, weil es ein so einzigartiger Moment, der Beginn der Pandemie war): Ich hielt mich im alten Haus meiner Mutter auf, wo Angehörige mehrerer Generationen Dinge angesammelt hatten. Ich hatte dort kein Atelier, aber ich hatte dieses Haus und begann die Bücherregale zu sortieren, wobei ich dieses und weitere Bücher über Etikette fand – eines davon hieß *Manners for Women.* Ich legte sie sofort auf den Stapel der Bücher, die aussortiert werden sollten. Dann wurde mir bewusst, dass ich sie so schnell loswerden wollte, weil sie mir so verhasst waren. Später dachte ich an die Arbeiten für meine Ausstellung, an Polke und sein Werk, an Überwachung und die Serie der *Wachtürme* und *Menschenmenge* [1969]. Mir wurde klar, dass dieses Buch von Kontrolle und auch von der Gesellschaft im Allgemeinen handelt. Höflichkeit dreht sich auf eine andere Art um Kontrolle. Sie ist eine Form von Kontrolle, die mehr oder weniger notwendig ist, weil wir unseren Zorn und unsere Gefühlsregungen kontrollieren müssen, um für andere Menschen akzeptabel zu sein.

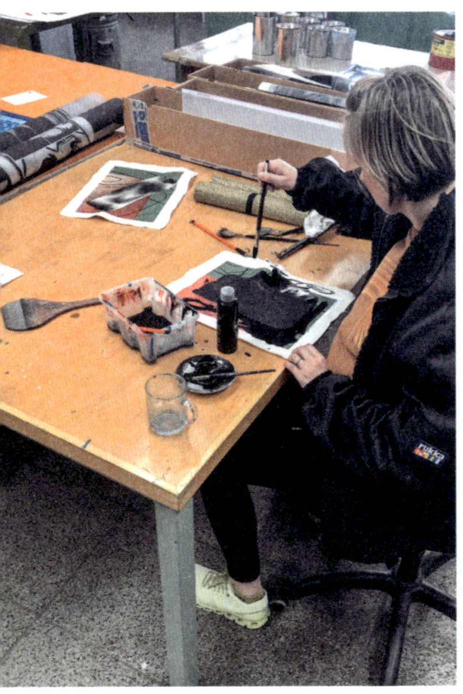

03

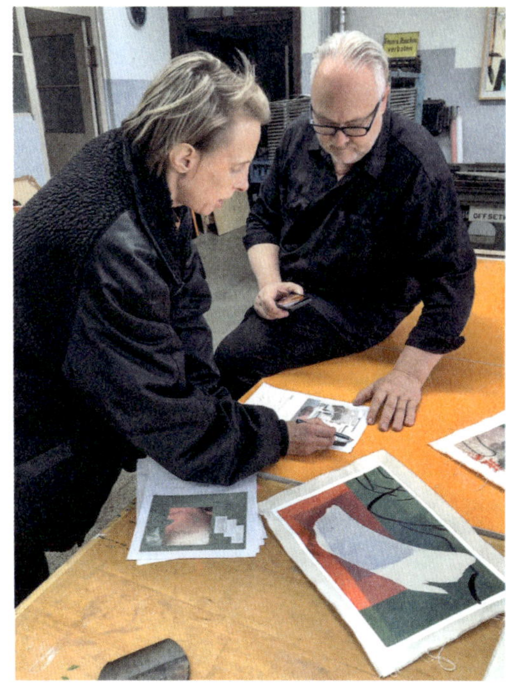

04

Diese Manieren tragen den Code der Herrschenden, die in diesem Fall Männer sind. Zugleich ist es der Code der Oberschicht. Dieses Buch und seine Art, Gendercodes und Klassencodes zu bestärken, hatten erst einmal etwas Unangenehmes. Aber dann kam mir der Gedanke, dass man es auch anders sehen kann: Vielleicht hilft es dabei, den Code zu knacken, weißt du, weil es ja ein Handbuch ist. Für welches Publikum ist dieses Buch gedacht? Weniger die Oberschicht, weil der das alles schon von ihren Ammen und durch Erziehung beigebracht wurde. Also ist es eigentlich ein Handbuch dazu, aus einer Gesellschaftsklasse in eine andere überzuwechseln. Man kann sogar sagen, es ist ein Handbuch, das einem zeigt, wie man vorgibt, jemand anderes zu sein. Es ist eine Finte, ein Trompe-l'œil. Es ist ein *Wachturm* und eine Finte in einem. Dieses Gefühl gleichzeitiger Abweisung und Bestätigung, das in Etikette-Büchern zu finden war, faszinierte mich.

NG:

Ich erinnere mich, dass du in einem unserer Gespräche etwas gesagt hast, das mir sehr im Kopf geblieben ist: „Wie Polke spüre ich, dass die Geschichte der Malerei gewichtig ist, und dass man sich ernsthaft mit ihr auseinandersetzen muss, aber mit ernsthaftem Nonkonformismus". Für mich ist diese Aussage mit dem Motiv des Pinselstrichs verbunden, von dem wir vorhin sprachen, denn in der Kunstgeschichte steht die Geste des Malenden im Zentrum vieler Debatten über Stil. Welche Rolle spielt für dich der Pinselstrich? Du verwendest ihn auf verschiedene Weise, reproduzierst ihn digital, malst aber auch von Hand.

CH:

Ich wurde in einer Zeit ohne Computer geboren. Ich komme aus der Zwischengeneration, die keine Mobiltelefone und Computer kannte. Allerdings hatten wir zu Hause ein Minitel. Das ist einer der Vorfahren des PCs. Es ist wie ein Minicomputer, aber ohne Bilder: Zu sehen gab es nur Code-Zeilen. Durch Wählen von Ziffern konnte man sich mit verschiedenen Dienstleistungen verbinden. Es wurde viel beispielsweise für Hotlines benutzt, um sich mit Frauen zu verbinden, die dann sexy Mitteilungen schickten. Mein Vater arbeitete während der Entwicklung des Minitel in der Telekommunikation, deshalb hatten wir mehrere Minitel-Generationen bei uns. Ich erinnere mich, dass ich damit spielte und Zeichnungen mit den Zeichen – Dollars, Sterne – machte. Mich hat immer interessiert, wie Fehler zu Poesie werden können. Ich fragte mich, ob der surrealistische Gedanke vom automatischen Schreiben sich auf digitale Codierungen anwenden ließ. Wir sprachen von Benimm–Codes wie Manieren, aber auch Computercodierungen haben mich interessiert. Für mich hängt also beides zusammen. Ich nutze digitale Techniken, aber wie ein Kind. Ich verwende sie mitunter falsch. Zum Beispiel kann ich Photoshop nicht mehr bedienen, weil das Programm sich so sehr weiterentwickelt hat. Das macht mich einigermaßen nervös. Am Computer bin ich ein bisschen wie eine Katze [*lacht*]. Ich mache etwas und warte ab. Ich weiß nicht, wie man das Werkzeug einsetzt, aber interessanterweise bringt es etwas hervor, das spannend werden kann. Ich beziehe bewusst so etwas wie Ahnungslosigkeit und mangelnde Beweglichkeit in den Prozess des Bildererzeugens ein. So wie auch mein gebrochener Arm in die Linie und die Art, wie sie gezeichnet ist, eingegangen ist. Gleichzeitig denke ich auf diese Weise daran, das Bildermachen so anzulegen, dass ich beiden Absichten gerecht werde: der Absicht, eine bestimmte Technik zu nutzen, aber auch der Absicht, für Elemente aus der Kunstgeschichte offen zu bleiben, denen ich mich nahe fühle, das können Surrealismus oder Expressionismus sein. Ich denke auch an Gutai. Für Gutai habe ich mich schon immer sehr interessiert. Ich mag das gestische Element der Malerei, will es aber nicht fetischisieren, und die Kombination aus Handgeste, Missgriff und digitaler Imitation mit ihren eigenen Fehlern scheint mir für mich ein Weg zu sein, mich der Tradition zu nähern, ohne allzu sehr von ihrer Macht verführt zu werden.

NG:

Ich finde, das fasst es ganz wunderbar zusammen, denn es verbindet die verschiedenen Bahnen, denen du folgst, ebenso wie die wechselnden Techniken und Motive, die du einsetzt, aber natürlich auch den Aspekt der Kontrolle und des Loslassens von Kontrolle: Alles Dinge, die deine Arbeiten, wie ich finde, mit Polkes Herangehen ans Malen verbindet. Vielen Dank für die harte Arbeit, die du in diese Werke gesteckt hast. Wir sind wirklich stolz, sie in der Ausstellung zu haben. Es ist eine richtige Freude.

CH:

Das geht mir auch so. Es war mir wirklich eine Freude, und es war der Start von etwas, das ich fortsetzen möchte. In dieser schwierigen Zeit hat es mir viel Inspiration und Stärkung gebracht, mich in die Geschichte und in die Vergangenheit zu denken.

Abb. 01 Camille Henrot, *Dos and Don'ts – Smoke without Fire*, Installationsansicht Kunsthalle Düsseldorf, 2021
Abb. 02–04 Camille Henrot und Mike Karstens in der Druckwerkstatt, 2021
Abb. 05 Camille Henrot, *Dos and Don'ts (After Being Doing)*, 2021, digitale Collage mit Wasserfarbe, Acryl und Öl auf bearbeiteter Leinwand, 130 × 160 cm
Abb. 06 Camille Henrot, *Dos and Don'ts (Manners for Women)*, 2021, digitale Collage mit Wasserfarbe, Acryl und Öl auf bearbeiteter Leinwand, 160 × 130 cm

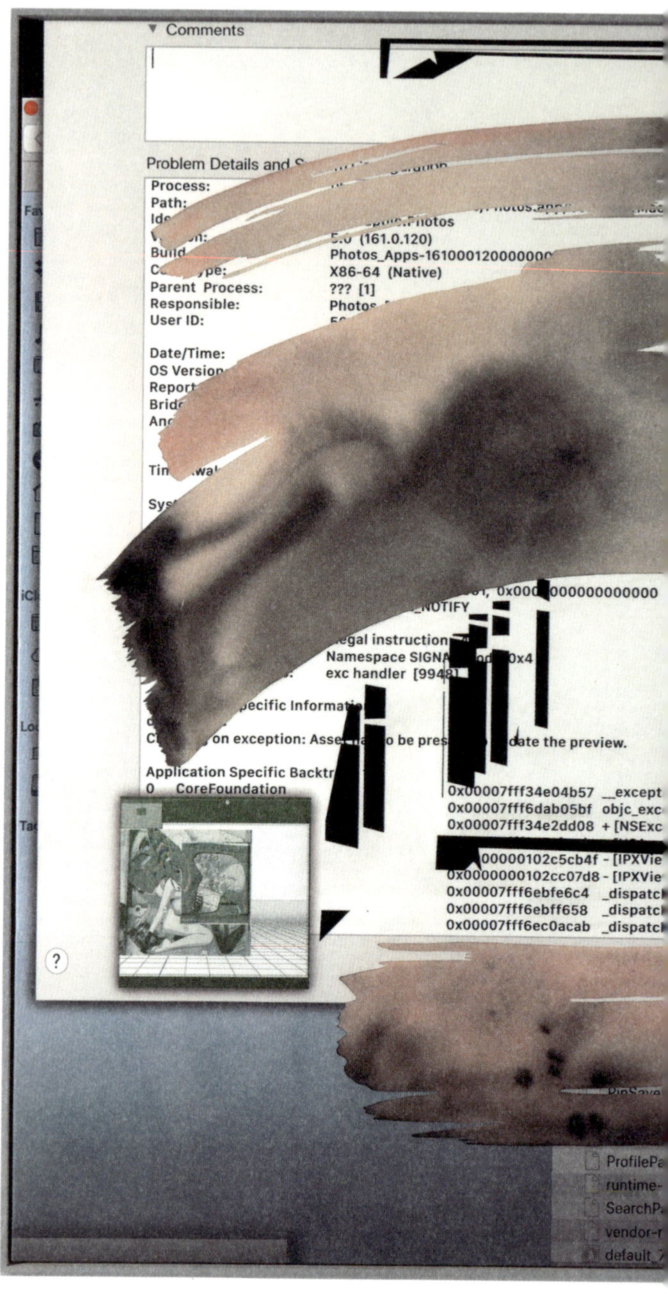
Comments
Process:
Path:
Parent Process:
Responsible:
User ID:
Date/Time:
5.0 (161.0.120)
X86-64 (Native)
??? [1]
Application Specific Backtr
0 CoreFoundation
0x00007fff34e04b57 __except
0x00007fff6dab05bf objc_exc
0x00007fff34e2dd08 + [NSExc
0x0000000102cc07d8 - [IPXVie
0x00007fff6ebfe6c4 _dispatc
0x00007fff6ebff658 _dispatc
0x00007fff6ec0acab _dispatc
ProfilePa
runtime-
SearchP
vendor-r

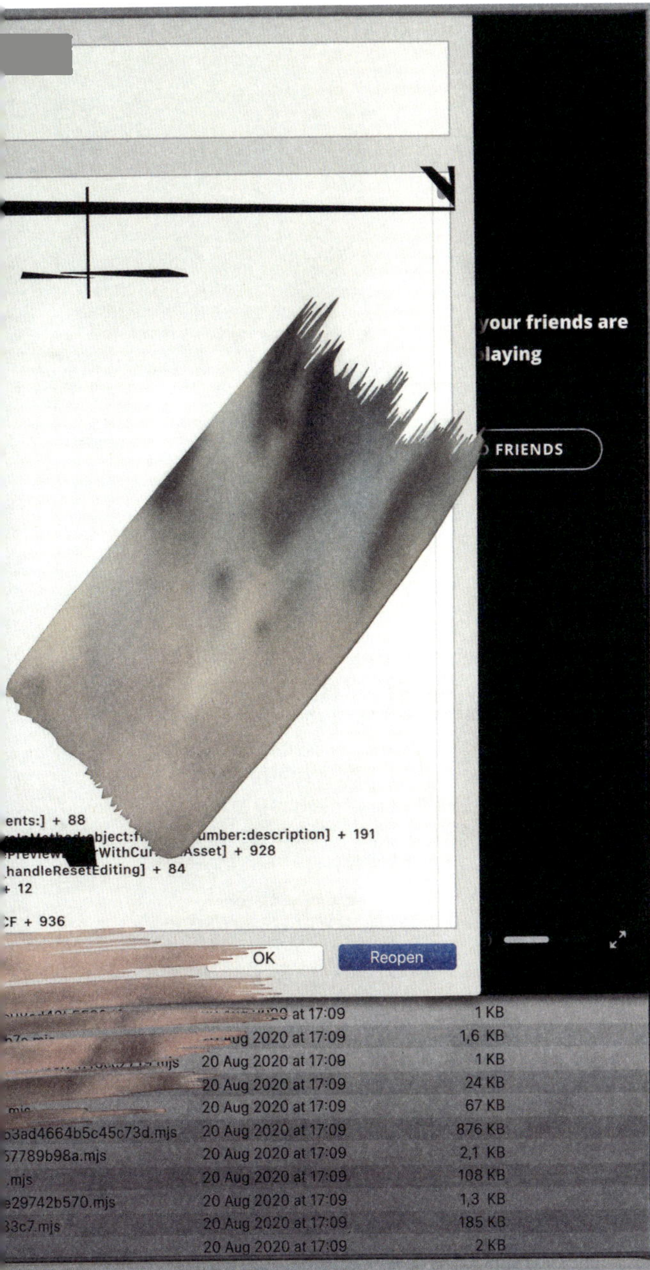
your friends are
laying
FRIENDS
ents:] + 88
umber:description] + 191
Asset] + 928
handleResetEditing] + 84
+ 12
CF + 936
OK
Reopen
20 Aug 2020 at 17:09 1 KB
20 Aug 2020 at 17:09 24 KB
20 Aug 2020 at 17:09 67 KB
3ad4664b5c45c73d.mjs 20 Aug 2020 at 17:09 876 KB
7789b98a.mjs 20 Aug 2020 at 17:09 2,1 KB
.mjs 20 Aug 2020 at 17:09 108 KB
e29742b570.mjs 20 Aug 2020 at 17:09 1,3 KB
3c7.mjs 20 Aug 2020 at 17:09 185 KB
20 Aug 2020 at 17:09 2 KB

CAMILLE HENROT IN CONVERSATION WITH NELLY GAWELLEK

NELLY GAWELLEK:
Hello, Camille. We invited you to be part of the exhibition *Productive Image Interference*, and in our first Skype call—I think it was in June 2020—you told me that Sigmar Polke has had a great influence on you. What was it in his works that fascinated you?

CAMILLE HENROT:
What was really encouraging for me was his relationship to style and images and especially his acceptance of inconsistency in terms of style. He uses images like an alphabet, a sort of code. Another thing that attracted me is his interest in tricks and imitation—he would imitate a technique that is easy to reproduce technically but a lot of work to "fake." It's a subtle shift of aesthetics that allows the image to be understood in a completely different way. I'm thinking of his *Rasterbilder* [pictures based on the halftone printing technique], where he imitates printed images, but the work is done by hand. For my own works I thought about how some printing techniques appear to imitate the hand and how much the hand is then, in return, trying to imitate the print. It is a rather perverse circle in terms of image-making, and that idea was interesting to me. This is why I proposed to create new works for the exhibition. Drawing is my main activity, but when we started talking, I had started painting only a year prior. I had been interested in the idea of creating paintings that don't look like they are painted or play with the possibilities that new printing machines or computer applications like Procreate or Photoshop offer. They have tools that imitate painterly techniques while having their very own aesthetic that has almost become a tradition in painting itself through the work of other artists such as Avery Singer.

"Image interference" means two different things to me: the interference of new technologies into image-making, but also the potential of images in regard to their role in our society. I have been asking myself how images are coded today and how existing images can be used like an alphabet. I like Roland Barthes's idea that language is fascist, but literature is freeing. I think it's similar in image technology. There is something fascist about the internet, with Google, for example. There is so much information, but it's directed and controlled. Yet in the process of reappropriating those images, there is a way to recreate a freedom and a space of challenging main discourses.

NG:

You mentioned that you were inspired by Polke's technical approach to painting, in his *Rasterbilder*, or in other works such as *Strahlen Sehen* (Seeing Rays, 2006–07), for which he distorted images on the photocopier and added an extra layer of acrylic gel to the canvas to create a holographic effect. So Polke used a mix of mechanical and manual techniques to create optical tricks. Can you tell us a little bit about your process in the creation of *Dos and Don'ts* (fig. 01), for which you deployed digital, technical, and manual techniques?

CH:

It's actually a long series of steps. In the beginning, I painted large brushstrokes with ink, which I then scanned and vectorized. It is the opposite of what Polke did with the dots. I didn't start with the printed image, but with the handmade. I had the vectorized brushstrokes produced as vinyl masks to cover the canvas, which was then prepared with a gesso and printed on. I actually worked with the printer and gallerist Mike Karstens, whom you introduced me to, and who was involved in some of Polke's most elaborate print editions. It was very inspiring, and I think he has a big part in this project (figs. 02–04). After printing on the canvases, I removed the vinyl masks, which reveal the raw canvas. I then painted over the surface of the print and the raw canvas—inside and outside the brushstroke form.

In *After Being Doing* (fig. 05) I painted a sonogram image with watercolors. When we talk about interference, there are not only technical aspects involved, but also societal and political aspects. I think about how digital media has impacted surveillance, for example—an issue that Polke was also interested in. I always considered our skin the final boundary that protected us—but this is no longer the case when we consider the pervasive use of health apps that mine our data. Sonography, a medical procedure using high-frequency sound waves to produce images of inside the body, both illuminates and interferes with that human boundary. There's a lot of writing about how ultrasound actually disturbs the baby in the belly and how they try to escape. They don't want to be seen, in a sense, like many of us who don't like to be photographed or filmed. So this is a reflection on what it means to be observed and on the tension between security and privacy. The same dynamics apply to research on the internet. We get help, but we are also seen.

I thought this series would be the right occasion to use my collection of screenshots of computer error messages. I think Sigmar Polke was also doing this—accumulating things—and one day he knew what to do with it, right? It was, of course, impossible to print the screenshots in high quality. So again it was a little bit like "Polke in reverse"—we completely recomposed and filled in every single line in order to print it larger with inkjet.

NG:

I think the artificiality of images is crucial in your work, as well as in Polke's: every image is something that is made, with a certain perspective, with a certain function, with a certain aim in mind. However,

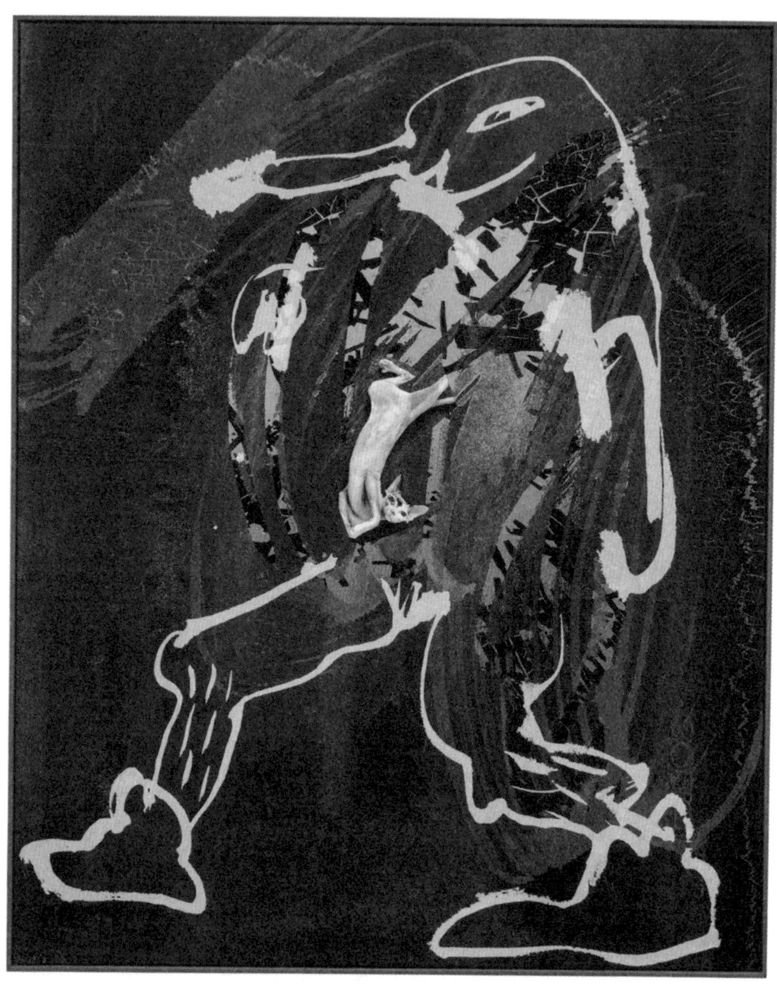

06

you look at images from a very different angle than Polke, working in times of digital media. Can we talk a little about how that is manifested in your work? In *Manners for Women* (fig. 06), there is a distorted image of a cat, which made me think of the huge number of cat memes circulating on the internet.

CH:

The attraction for animal pictures online is really interesting because we live in a time where animals are actually disappearing at an unprecedented rate, and we cannot even fathom the damage that this process is going to create. At the same time, we as humans are frenetically and obsessively looking at images of domestic animals online. It seems like we have this need to see something that is nonhuman in shape that we can somehow interact with.

However, animals have also been a sort of "safe" way to talk about relations of power for a long time. There are things that are difficult for us to express, feelings of frustration, of being abused, of domination. Our relationship with authority is being channeled onto animals, onto images of animals. In France there is a song for kids called "Le fermier dans son pré" (The Farmer in the Dell). It continues like that: the farmer takes a wife, the wife takes her kid, the kid takes her nanny, the nanny takes the cat, and then the cat takes the cheese. And in the end, the conclusion is that the cheese is being beaten. I think this song really is about domestic abuse. I think it is about the farmer hitting his wife, the wife hitting the kid, the kid abusing the help of the nanny, and so on. The song becomes a chain of domestic violence within the system of society that is family. Here the cat is at the bottom of the pyramid of power. So for me, animals and human hybrid figures are a way to address problems of power relationships and violence because they are images or figures that anyone can relate to.

I'm very interested in the potential of images to open up new ways of considering things, ways that are not too conditioned by experience. It's very difficult for us to not project our own feelings onto the objects we observe—not even scientists can do it. We anthropomorphize animals, and even plants are influenced by the way we look at them. So, this painting is very much about how the way we are seen is conditioning the way we behave and how through a sort of disruption, there may be an opportunity to open up a new reading.

NG:

You also used pages from *Don't: A Manual of Mistakes and Improprieties More or Less Prevalent in Conduct and Speech*, a nineteenth-century book that addresses behavior of men and women in public or on special occasions. Would you like to talk about that specific source, which also led to the title of the series *Dos and Don'ts*?

CH:

Yes. The story is—I always come back to it, because it was such a unique moment, the beginning of the pandemic—I was staying at my mother's old house, where there had been several generations of people who accumulated things. I didn't have my studio, but I had this house, and I started to sort the bookshelves, where I found this book and other books on etiquette—another one of which was called *Manners for Women*. I immediately put them on the stack of books to give away. And then I realized, I was so quick to want to get rid of it because I have so much hatred for it. Then I was thinking about my works for the exhibition; about Polke and his work, about surveillance, and the series of *Watchtowers* and *Menschenmenge* (Crowd, 1969). I realized that this book is about control and also about society at large. Politeness is about control in a different way. It's a form control that is sort of necessary because we do need to control our anger and emotions in order to be acceptable to other humans.

These manners carry the code of the dominant, which, in this case, are men. It's also the code of the upper class. At first there was something unpleasant about this book and the way it reinforces gender codes and class codes. But then I started thinking that there's another way to look at it: maybe it also helps crack the code, you know, because it's a manual. Who is the audience for this book? It's not so much the upper class, because they have already been taught all this by their nurses or through their education. So it really is a kind of manual for moving from one class to the other. Or you can even say it's a manual that shows you how to pretend to be somebody else. It's a trick, a trompe l'oeil. It's a *Watchtower* and a trick at the same time. This simultaneous sense of rejection and comfort that one could find in etiquette books fascinated me.

NG:

I remember in one of our conversations you said—and this is a quote that really stuck in my head: "Like Polke, I feel that the history of painting is heavy and one has to engage with it seriously, but with serious nonconformism." To me, this statement is related to the motif of the brushstroke that we talked about earlier, because in art history the painter's gesture is the focus of many debates on style. What role does the brushstroke play for you? You use it in different ways, digitally reproducing it, but also painting by hand.

CH:

I was born in a time without computers. I'm from the generation in between, without mobile phones and without computers. Actually, we had a Minitel at home. It's one of the ancestors of the computer. It's like a minicomputer, but without images; you could only see lines of code. You could connect to different services by dialing numbers. It was used a lot for hotlines, for example, to connect with women who would send sexy messages. My father worked in telecommunications during the development of the Minitel, so we had different generations of Minitel at home. I remember I was playing with it, making drawings with the signs—dollars, stars. I was always interested in the capacity of mistakes to become poetry. I was wondering if the Surrealist idea of automatic writing can be applied to digital coding. We were talking about codes of conduct, like manners, but I was also interested in computer coding. So for me these two things are related. I use digital techniques but like a child. I misuse them. For example, I don't know how to use Photoshop anymore because it has advanced so much. So I get kind of nervous. I'm a bit like a cat on the computer. [*Laughs.*] I do something, and then I wait. And then that's interesting, I don't know how to use the tool, but this is also how it creates something that can become interesting. I'm consciously integrating a sort of ignorance, a lack of agility into the process of producing images. The same way my broken arm got integrated into the line and the way the line was being drawn. This is for me a way to think about how to approach image-making in the way that I respect both intentions, like there is an intention into using this technique, but also staying open to elements of art history that I feel close to, which would be Surrealism or Expressionism. I'm thinking also of Gutai. I've always been really interested in Gutai. For me the gestural element of painting is something I like, but I don't want to fetishize it, and I think combining the hand gesture, the mistake, and the digital imitation with its own failure is a way for me to approach this tradition, without being too seduced by its power.

NG:

I think this sums it up quite wonderfully, reconnecting all the different paths that you follow, like the various techniques and motifs that you use, and, of course, the aspect of control but also letting go of control, which I think connects your works to Polke's way of approaching painting. Thank you very much for all the hard work that you put into these works. We are really proud to have them in the exhibition. It's a joy.

CH:

Same here. It was really a joy, and it was the start of something I want to continue. In this difficult moment, projecting to history and projecting to the past provided lots of inspiration and reassurance.

Fig. 01 Camille Henrot, *Dos and Don'ts—Smoke without Fire*, installation view, Kunsthalle Düsseldorf, 2021
Figs. 02–04 Camille Henrot in Mike Karstens's print shop, 2021
Fig. 05 Camille Henrot, *Dos and Don'ts (After Being Doing)*, 2021, digital collage with watercolor, acrylic, and oil on prepared canvas, 130 × 160 cm
Fig. 06 Camille Henrot, *Dos and Don'ts (Manners for Women)*, 2021, digital collage with watercolor, acrylic, and oil on prepared canvas, 160 × 130 cm

ZERSTRESSTE BILDER. INTERFERENZEN DES BILDLICHEN IN ARBEITEN VON FRIDA ORUPABO

SVETLANA CHERNYSHOVA

Wann können Bilder stressen? Wann sind Bilder selbst gestresst? Wodurch? Sind sie es – bildtheoretisch gesprochen – dann, wenn sie sich einer visuellen Eindeutigkeit und motivischen Zuordnung entziehen? Oder wenn sie sujethaft von Gewalt zeugen? Wenn sie im Dienst einer Macht- und Repräsentationsstruktur stehen? Kann es sich dabei – ästhetisch betrachtet – um bestimmte Rhythmen im Bild, um Gesten und Farbgebungen oder Materialüberschüsse handeln? Oder sind es bestimmte Momente des Bildlichen, kleine mediale Unstimmigkeiten, die optisch mit Fehlstellen hantieren und die beispielsweise im Gamingbereich mit dem Begriff Glitch bezeichnet werden? Zugleich liegt die Vermutung nahe, dass es sich hierbei nicht weniger um Zeige- beziehungsweise Schaubedingungen von Bildern handelt. Ob als Schnappschuss, Screenshot oder GIF: Das Zirkulieren und Präsent-Werden von Bildern zeugt von einer höchst ambivalenten Situation, die beispiellos für unser gegenwärtiges Hier und Jetzt des (Post-)Digitalen steht. Denn mit einem einerseits nicht nachverfolgbaren Vermehren, einer Entortung und somit auch einer Entzeitlichung geht andererseits eine Hyperlokalisierung einher, denn die Bilder verweilen – materiell gesprochen – auf konkret verortbaren Servern etc. Womöglich stressen Bilder deshalb dann, wenn sie sich in ihrer Pluritemporalität[1] und Plurioptik zeigen. Die Überlegungen können folglich korallenartig in sehr unterschiedliche Richtungen gehen. Wenn ich in diesem Beitrag jedoch von zerstressten Bildern spreche, dann will ich insbesondere all jene Momente ins Auge fassen, die mit Überlagerungen operieren und damit Aspekte der Fragmentierung, Zerstückelung und Verschiebung in den Fokus rücken. Der Begriff Stress, der etymologisch auf Enge, Nachdruck, Spannung, aber auch Schmerz und Erschöpfung zurückgeht[2], ermöglicht eine Beschreibung, die eben jenes unbestimmbare und Unbehagen erzeugende Moment an Bildern markiert. Der Begriff des Zerstressten rückt dabei folglich sowohl die Ebene der Rezeption als auch die der Produktion auf eine Weise in den Vordergrund, die danach fragt, was schließlich im und durch das Bild passiert.[3]

Im vorliegenden Beitrag werde ich fragmentarisch drei verschiedene Bildpraktiken, das Collagieren, das Versammeln sowie das Loopen in Arbeiten von Frida Orupabo als Dialogpartner*innen heranziehen, die jeweils auf eine ganz spezifische Weise mit Diskontinuitäten operieren und stets mit

Überlagerungsmomenten hantieren. Bildpraktiken Orupabos diskutierend werde ich mich nicht zuletzt dem „ästhetischen Eigenleben" des Bildlichen annähern, um schließlich spezifischer die Frage aufzuwerfen, was Überlagerungen und allgemeiner gesprochen Bildstörungen überhaupt vermögen.[4]

BILDPRAKTIKEN

COLLAGIEREN

Ein ausgeschnittenes Gesicht einer Person of Color, deren Gesichtsöffnungen allesamt mit anderen, dichotom formuliert weißen, dem Erscheinungsstil nach aus dem 19. Jahrhundert stammenden Personen, verdeckt sind. Statt des rechten Auges ist ein vornehm gekleidetes Mädchen zu sehen, das linke Auge wird von einer Dame verdeckt, die Nasenlöcher werden überlagert von einem nackten Baby, während eine um 180 Grad gedrehte, sich im Brückenstand räkelnde Frau den lächelnden Mund ersetzt. Frida Orupabos digitale Collage *Ohne Titel*[5] aus dem Jahr 2021 (Abb. 01) greift die Themen von Blackness, Klassenzugehörigkeit und Geschlechtlichkeit auf, indem eine visuelle Verhandlung direkt und buchstäblich *auf* dem Gesicht einer Person vollzogen wird – ihrem Antlitz.[6] Das auf diese Weise zusammengesetzte Gesicht wird so gesehen zu einer doppelten Maske, die kaum Spuren von Subjektivität zulässt und damit – in dieser Verobjektivierung – zu einem zerstressten Bild wird. Das Stressend-Unbehagliche stellt sich im Zuge dessen auf mehreren Ebenen ein. So ist es zunächst die auffällig ins Auge springende Palette an Differenzmomenten, der Maßstab der Figuren, die Art und Weise, wie sie jeweils ausgeschnitten sind, die unterschiedlichen Farbtöne, die zugleich eine dualistische Logik inszenieren: das Feine gegen das Grobe, das Helle gegen das Dunkle etc. Hinzu kommt die Ebene dessen, was sich als Figuration[7], also als dynamische (innerbildliche) Konstellation ergibt, denn die über das Gesicht gelegten Figuren übernehmen eine ikonische und zugleich symbolische Funktion: Die weißen Frauen und das Baby werden zu Augen, zur Nase und zum Mund der Schwarzen Person. Diese Formwerdung, die zwischen Groteskem und Unbestimmt-Unbehaglichem schwebt, zeigt sich dabei als dermaßen hereingepresst und radikal, dass diese ins Gewaltsame hinüberschwappt. So wird ein Gesicht zusammencollagiert, das einerseits eine Ganzheit und Geschlossenheit suggeriert, diese Ganzheit aber andererseits als eine völlig deplatzierte und verschrobene entpuppt.[8]

Jenes Moment der gewaltvollen Formwerdung durch die Überlagerung von Elementen macht sich auf radikale Weise etwa auch in der Arbeit *Ohne Titel* aus dem Jahr 2018 bemerkbar (Abb. 02): Hier fügen sich die Papierkörperteile – Beine, Füße und der Kopf im Zentrum – zu einer Swastika zusammen. Auffallend ist hierbei vor allem die Skarifikation des Gesichts, die durch die Abwesenheit eines subjektiv-kraftvollen Körpers in der Collage umso stärker eine Verobjektivierung produziert. Eine kulturelle Praktik der Vernarbung adressierend, wird der Körper durch diese collagenartige Zusammenstellung zu einem dem Publikum ausgelieferten Exotikum.[9]

Was diese Collage-Arbeiten zeigen, ist eine Art der Überlagerung, die sich sowohl auf der Ebene der Materialität und des Bildsujets als auch auf der Ebene der hergestellten Referenzen abspielt. So greifen die einzelnen Elemente verschiedene Kontexte auf, so wie etwa die Kleidung in der ersten Collage die Themen Klassenzugehörigkeit, Gender und Race adressiert und historische Bezüge herstellt, vor allem zur Kolonialzeit. Eine weitere Spannung spielt sich im Verhältnis der Einzelteile zum Ganzen ab. Diese Spannung wird durch das erzeugt, was wir mit Karen Barad als „Intraaktion"[10] bezeichnen können, das heißt: Die Elemente sind nicht unabhängig voneinander aktiv und interagieren dann miteinander, sondern konstituieren sich erst im Zusammenkommen als eigenständige Einheit. In der Collage ist die Relation zwischen den Teilen und dem Ganzen einer stetigen Dynamik, einer wechselseitigen Bedingtheit unterworfen, die stets das Bildliche neu verhandelt.

VERSAMMELN

Jene wechselseitige Bedingtheit macht sich ebenfalls in der zweiten Bildpraktik Orupabos bemerkbar – dem Versammeln von Bildern in ihrem Instagram-Feed (Abb. 03). Es sind Bilder unterschiedlichen medialen Ursprungs, die keinen eindeutigen Titel tragen: Menschen und Objekte in unterschiedlichsten Situationen, entstellte Körperpartien, Schriftzüge etc. Sind wir es derweilen gewohnt, Bilder in einem solchen Format zu konsumieren und mit einer Scrollbewegung über heterogene Zusammenwürfe zu gleiten – sei es in sozialen Medien oder in privaten Bildergalerien –, schleicht sich hier insofern eine Verschiebung ein, als die Bilder in ihrer Konstellation vor allem unbehaglich wirken. Stets scheinen sie auf etwas zu verweisen und von bestimmten dominierenden Themen wie Sexualität, Mutterschaft, Erotik und Blackness durchzogen zu sein. Doch bleiben die Verweise in einer kontextuellen Offenheit, die Assoziationen triggert und mit optisch ungerahmten, uneindeutigen Implikationen spielt.

Der Instagram-Feed von Orupabo, den sie unter dem Namen @nemiepeba bespielt, fungiert als Archiv: Eine Ansammlung hauptsächlich im Digitalen gefundener Fotografien und Videos, die allerdings keine explizite kontextuelle oder historische Zuordnung liefert und ohne chronologische Sortierung aufgebaut ist. Es sind Bilder, die – auch ganz im Sinne der von Sigmar Polke betriebenen *History of Everything*[11], also einem ambiguen Versammeln von Bezügen und unterschiedlichsten Quellen sowie Materialien – vor allen Dingen Fragezeichen produzieren und uns auf eine unaufdringliche Art unruhig werden lassen. Spärlich mit Hashtags versehen evozieren Orupabos Bilder neue Verknüpfungen, indem sie durch ihr Nebeneinander Erzählungen generieren, die jedoch jenseits eines historisierend-dokumentierenden und aufklärenden Gestus verweilen. Die Bilder bleiben nicht für sich stehen, sie agieren in einem Miteinander, das sich – in Aby Warburgs Manier der „guten Nachbarschaft"[12] – aufschichtet und daher weitere Bewegungen erzeugt. Gleichzeitig markiert jene Nachbarschaft unentwegt auch Brüche. Das Nebeneinander zeugt somit von einer Ambivalenz: Es lässt Narrationen entstehen, die jedoch weniger darauf aus sind, sich als gesichertes Wissen zu stabilisieren; stattdessen verweisen sie auf die Lückenhaftigkeit und Anfechtbarkeit bestehender Kanonbildungen und Wissensbestände.[13] Auf eine unscheinbar-beiläufige Weise des Versammelns adressieren die Feedbilder damit – in Anlehnung an Eve Kosofsky Sedgwick[14] – Momente des Reparativen, die über das Paranoide hinausgehen und somit Lesarten ermöglichen, die einer anderen Logik folgen als einem enthüllenden Aufdecken: einer Möglichkeit von Überraschungen.

LOOPEN

Die dritte Praktik der Überlagerung findet sich in Orupabos Videoarbeiten, wie etwa *Ohne Titel* aus dem Jahr 2019. Die als GIF angelegte Arbeit war im Kontext der Ausstellung *Dynamische Räume*[15] im Museum Ludwig

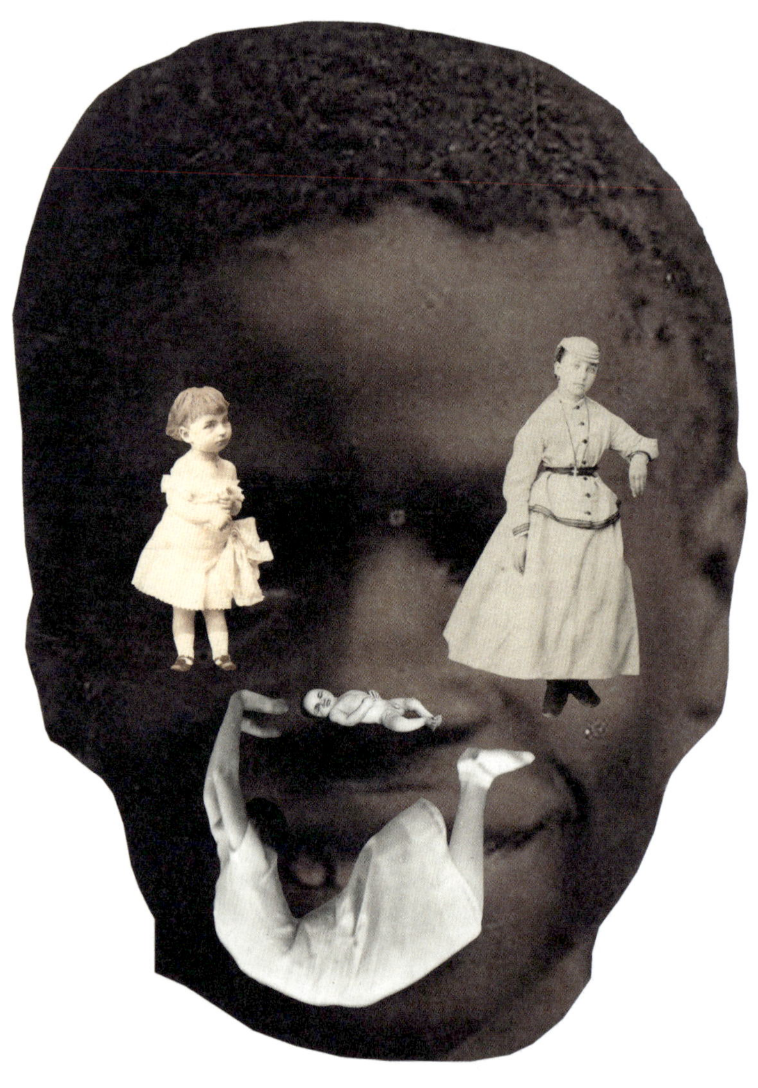

01

Köln (2020) auf einem auf dem Boden horizontal im Raum platzierten Bildschirm im Hochformat zu sehen und griff dadurch zusätzlich die Smartphone-Bildschirmästhetik auf. Sie zeigt eine Schwarze Frau, die in ein Wasserbecken heruntersteigt. Die Schwarz-weiß-Sequenz hat eine Länge von ca. drei Sekunden und wird geloopt.[16] Die Szene kann als eine Taufszene zur Zeit der Kolonialisierung gelesen werden. Durch die kontinuierliche Wiederholung der Bewegung driftet diese beinah ins Absurde ab und wird zu einem endlosen Abstieg ins Wasser, der kein Fortkommen erlaubt. Die Drei-Sekunden-Sequenz erzeugt eine rapide Taktung, die uns als Zuschauende gleich mit rhythmisiert.

Die Technik des GIF[17] ist ein Bilderkompressionsverfahren, bei dem Einzelbilder übereinandergelegt und als Animation ausgelesen werden. Orupabo erzeugt mit dieser Ästhetik eine weitere Form der Interferenz, bei der die entstehenden Bewegtbilder Rupturen produzieren und eine Narration unmöglich machen.[18] Hier erfolgt das Umbruchhafte zugleich verstärkt auf einer körperlich erfahrbaren Ebene. Wir werden leiblich angesprochen und in den Loop hineingezogen. Die Bildstörung wird damit zu unserer genuinen Körperstörung.

DIFFRAKTION

Bedienen sich alle drei Bildpraktiken unterschiedlicher medialer Techniken und Logiken, eint sie allem voran der Umstand, dass sie Widerstände erzeugen. Sie können als Verweigerungen gelesen werden, die sich dem Phantasma des Glatten, Ganzheitlichen und Unversehrten widersetzen. Gleichzeitig instrumentalisiert Orupabo nicht lediglich die medialen Formate für ihre Arbeit, sondern verhandelt diese zugleich selbst. Das überwiegend auf dem Smartphone zirkulierende GIF wird zu einer unbewegten Videoinstallation; die auf das Teilen und Verknüpfen ausgelegten Instagrambilder werden kaum mit Hashtags versehen und die Collagen in feste Formen gesetzt.[19] Auf diese Weise thematisieren Orupabos Arbeiten Produktionen und Bedingungen von Formen und Narrativen selbst: sowohl durch die direkten als auch indirekten Querverweise, die aber trotz der Referenzialität überwiegend ungreifbar bleiben. Demnach wird in diesen Arbeiten nicht zuletzt die Frage nach der Produktion von Wissen präsent. Die Bilder von Orupabo initiieren also eine Verschiebung, da sie die Logiken von Wissensproduktion selbst thematisieren und gewissermaßen ad absurdum führen: Die (re-)präsentierten Körper werden zu anderen, zu sich nicht fügenden, zu Körpern, die die Normierung ins zunächst Unscheinbare, aber zugleich Groteske kippen lassen. Die Bilder generieren Störungen, indem sie Kontexte überlagern und zugleich ins Leere laufen lassen. Sie lösen nicht auf, was diese suggerieren, und bringen keine Erlösung. Stets werden wir in eine Bewegung versetzt, die genauso zähflüssig verläuft wie die Übergänge der einzelnen Schnitte. Es sind harte Schnitte, aber dieser bedarf es hier auch.

Wenn wir also (und wer und in welcher Form mit diesem Wir eigentlich gemeint ist, ist ohnehin eine der stets präsenten Fragen) Frida Orupabos Arbeiten betrachten, dann wird deutlich, dass es nicht ausreichend wäre, davon zu sprechen, dass sie die Themen von Kolonialität, Blackness, Sexualität, Gewalt und Mutterschaft reflektieren. Statt einer Reflexion vollziehen die Bilder vielmehr eine Diffraktion (in der Physik meint das etwa die Beugung oder Ablenkung von Wellen durch ein Hindernis). So spricht Astrid Deuber-Mankowsky angelehnt an Donna Haraway davon, dass die Diffraktion stets mit einer Heterogenität von Geschichte einhergeht: mit einer „Geschichte von Interaktionen, Überlagerungen, Verstärkungen und Differenzen [...]. Diffraktion liefert keine Abbilder und folgt nicht dem Modell der Repräsentation. Diffraktion beruht nicht auf der Differenz von Original und Kopie, sondern handelt von Nachträglichkeit und der Verbindlichkeit von Ereignissen, die immer schon vorbei sind und anderswo stattgefunden haben."[20]

Dies führt uns zurück zur Überlegung, dass die Zerstresstheit nicht lediglich ein beiläufiges Merkmal oder ein Gestaltungsmittel in Orupabos Arbeiten darstellt. Sie muss als ein konstituierendes Moment begriffen werden, das Subjektivität erzeugt. Das heißt, das Bildliche, das sich intrarelational realisiert, geht mit einer Subjektproduktion einher, die wiederum von Rupturen und Diskontinuitäten zeugt.[21] Können wir also bei Orupabos Arbeiten, in Anlehnung an Polke und den *Kapitalistischen Realismus*, von einem *Dekolonialen Realismus* sprechen? Ob wir dieser Betitelung folgen oder auf eine Benennung verzichten – die Bilder stoßen etwas an, das die Diskurse der Postkolonialität selbstkritisch-spielerisch aufgreift und uns mit der Beugung konfrontiert. Demnach realisieren sie sich stets als Störung, als eine Überlagerung, die spürbar werden lässt, dass es der Spannung bedarf und dass sich die Fantasie einer homogenen, schnittlosen Ganzheit als eine trügerische entpuppen muss. Affektiv betrachtet erscheinen wir in unserer Wahrnehmung als zerstückelte, Homogenität verweigernde, dynamische Subjekte. Demnach müssen Bilder stressen, wenn es um Fragen nach Identität, Körperlichkeit und Sexualität geht, denn erst dann ist es möglich, eine dualistische Logik von passiv und aktiv zu umgehen. Daher lautet das Plädoyer von Donna Haraway, unruhig zu bleiben[22]. Mit Orupabos Arbeiten zu sprechen, bedeutet folglich auch, ihre diffraktive Kraft, ihren stressenden Impetus hervortreten zu lassen.

1 Siehe hierzu Achim Landwehr, *Die anwesende Abwesenheit der Vergangenheit. Essay zur Geschichtstheorie,* Frankfurt a. M. 2016.

2 Vgl. „Stress", in: Etymologisches Wörterbuch des Deutschen, digitalisierte und von Wolfgang Pfeifer überarbeitete Version im Digitalen Wörterbuch der deutschen Sprache, 1993, online: https://www.dwds.de/wb/Stress [zuletzt abgerufen am 17. Mai 2022].

3 Siehe hierzu Bredekamps Begriff des „Bildakts": Horst Bredekamp, *Der Bildakt,* Berlin 2015.

4 Die komplexen Themen wie (Post-)Kolonialität, die Ausbeutung des (weiblichen) Körpers sowie die Frage nach dem Blick (siehe hierzu etwa Tina Campt, *A Black Gaze: Artists Changing How We See,* Cambridge 2021) können im Kontext dieses Beitrags nicht explizit fokussiert werden, denn dazu bedarf es einer weiteren, viel umfassenderen Auseinandersetzung und mit Sicherheit auch einer erweiterten, diversen Sprecher*innenkonstellation, um nicht nur ein Sprechen-Über, sondern ein Sprechen-Mit zu initiieren. So wird zumindest in Ansätzen die Unabdingbarkeit der Beschäftigung mit dem Bildlichen konturiert.

5 In einer leicht modifizierten Form wurde die Collage 2022 im Rahmen der Ausstellung *How Fast Shall We Sing* in der Galerie Nordenhake in Stockholm unter dem Titel *In his mind* als ein Bodenobjekt aus Aluminium (43 × 59 × 3 cm) ausgestellt.

6 Der Begriff wird in Anlehnung an Lévinas verwendet: Emmanuel Lévinas, *Die Spur des Anderen. Untersuchungen zur Phänomenologie und Sozialphilosophie,* Freiburg i. Br./München 1999.

7 Vgl. Philippe Dubois, „Plastizität und Film. Die Frage des Figuralen als Störzeichen", in: Oliver Fahle (Hg.), *Störzeichen. Das Bild angesichts des Realen,* Weimar 2003, S. 113–136, hier S. 122.

8 Siehe hierzu auch Stefanie Hesslers Auseinandersetzung mit Orupabo: Stefanie Hessler, „The Wayward Archive of Frida Orupabo", in: dies. (Hg.), *Frida Orupabo,* London 2021, S. 21–26.

9 Gleichzeitig evoziert die Collage etwas Spinnenhaftes und triggert damit – etwa in Anlehnung an Louise Bourgeois – die Thematik der Mutterschaft und des Weiblichen.

10 Vgl. Karen Barad, *Agentieller Realismus. Über die Bedeutung materiell-diskursiver Praktiken,* Berlin 2012.

11 Siehe hierzu insbesondere Kathrin Barutzki, Nelly Gawellek, „Produktive Bildstörung. Sigmar Polke und aktuelle künstlerische Positionen", in: *Produktive Bildstörung. Sigmar Polke und aktuelle künstlerische Positionen,* Ausst.-Kat. Kunsthalle Düsseldorf, Berlin 2021, S. 39–52. Erwähnt sei außerdem Rainald Goetz' Roman *Abfall für alle. Roman eines Jahres* (Frankfurt a. M. 1999), der sich ebenfalls eines solchen fragmentarischen Sammelns bedient.

12 Vgl. Fritz Saxl, „Die Geschichte der Bibliothek Warburg", in: Ernst H. Gombrich, *Aby Warburg. Eine intellektuelle Biographie,* Frankfurt a. M. 1981, S. 433–449, hier S. 436.

13 Zur Thematik der Produktion von Wissen siehe insbesondere den Begriff der zirkulierenden Referenz bei Bruno Latour, *Die Hoffnung der Pandora,* Frankfurt a. M. 2002.

14 Siehe hierzu Eve Kosofsky Sedgwick, „Paranoid Reading and Reparative Reading, or, You're so Paranoid, You Probably Think This Essay Is About You", in: dies., *Touching Feeling. Affect, Pedagogy, Performativity,* Durham 2003, S. 123–152.

15 Die von Romina Dümler in Zusammenarbeit mit Julia Grosse und Yvette Mutumba kuratierte Ausstellung griff vor allem die Thematik von kritischer Wissens- und Kulturproduktion auf: Romina Dümler (Hg.), *HIER UND JETZT im Museum Ludwig. Dynamische Räume,* Ausst.-Kat. Museum Ludwig Köln 2020, Köln 2021.

16 Siehe hierzu etwa Mirjam Lewandowsky, „Loop", in: Michael Gamper, Helmut Hühn, Steffen Richter (Hg.), *Formen der Zeit. Ein Wörterbuch der ästhetischen Eigenzeiten. Ästhetische Eigenzeiten 16,* Hannover 2020, S. 226–233.

17 Siehe hierzu Tilman Baumgärtel, *GIFS. Evergreen aus Versehen,* Berlin 2020; Nicolas Oxen, *Instabile Bildlichkeit. Eine Prozess- und Medienphilosophie digitaler Bildkulturen,* Bielefeld 2021.

18 Darin erinnern diese etwa an Videoarbeiten von Martin Arnold.

19 Mit Aluminiumpins zusammengehalten erinnern diese etwa an sogenannte Hampelmänner.

20 Astrid Deuber-Mankowsky, „Diffraktion statt Reflexion. Zu Donna Haraways Konzept des situierten Wissens", in: *Zeitschrift für Medienwissenschaft,* Jg. 3, Heft 4, 1/2011: *Menschen und Andere,* S. 83–91, hier S. 91.

21 In diesem Kontext kann etwa auch die Bewegung des „Glitch Feminism" genannt werden: Legacy Russell, *Glitch Feminismus. Ein Manifest,* Berlin 2021.

22 Siehe hierzu Donna J. Haraway, *Unruhig bleiben: Die Verwandtschaft der Arten im Chthuluzän,* Frankfurt a. M. 2018.

Abb. 01 Frida Orupabo, *Ohne Titel*, 2021, digitale Collage
Abb. 02 Frida Orupabo, *Ohne Titel*, 2018, Papiercollage mit Pins auf Aluminium, 138,7 × 116,8 cm
Abb. 03 Auszug aus dem Instagram-Feed von @nemiepeba [abgerufen am 17. Mai 2022]

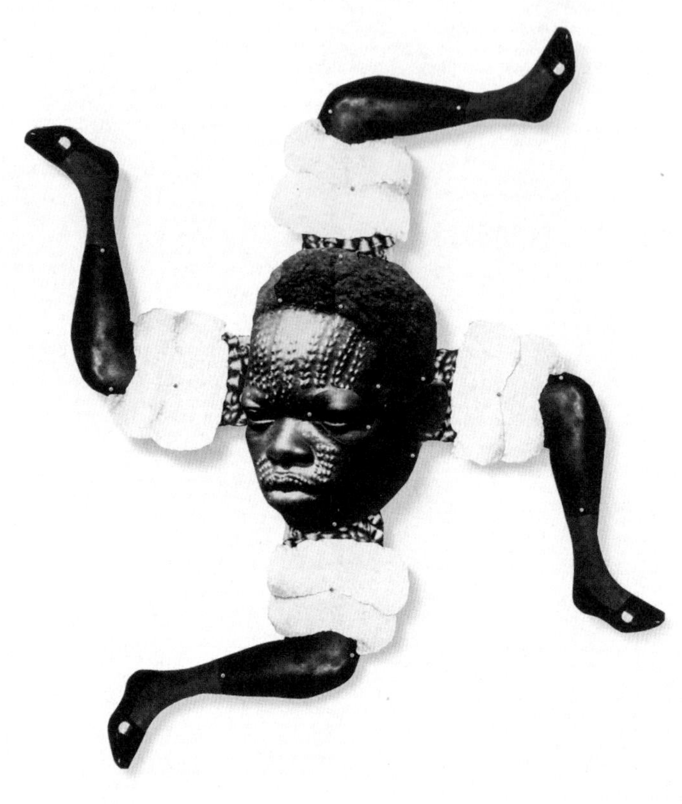

02

STRESSED IMAGES: INTERFERENCES OF THE PICTORIAL IN THE WORKS OF FRIDA ORUPABO

SVETLANA CHERNYSHOVA

When do images cause stress? When are images themselves under stress—and why? Does it happen when they evade—theoretically speaking—a state of visual unambiguity and assignation of motif? Or when they bear witness to violence in a subjective manner? When they further structures of power and representation? Can this be due to—to take another aesthetic approach—certain rhythms in the image, to gesture and coloricity or excesses of materials? Or are there certain pictorial moments that offer optical flaws, as in the term *glitch*, which refers to minor medial discrepancies within gaming circles? At the same time, the suspicion lingers that this is nothing less than the conditions under which images are displayed or shown. Whether snapshots, screenshots, or GIFs, the circulation and presence of images creates a highly ambivalent situation that is unprecedented in our current moment of the (post) digital. For an impossible-to-reconstruct increase, placelessness, and thus a timelessness, is set against a hyperlocalization in which images linger in—materially speaking—concretely locatable servers and the like. Possibly images cause stress when they are seen in their pluritemporality and pluriopticality.[1] Like coral branches, these considerations can take vastly different directions. However, by discussing stressed images in this piece, I aim to consider all the moments that work with superimpositions and thus with aspects of fragmentation, dismemberment, and shifts. The etymology of the term *stress* includes "tightness, pressure, and tension" but also "pain and exhaustion."[2] This enables a description that precisely marks the indeterminacy and discomfort that images generate. The concept of the stressed thus foregrounds both the level of reception and of production in a way that asks what ultimately happens *in* and *by means of* the image.[3]

In the following essay, I will consider in a fragmentary manner three distinct image practices in the work of Frida Orupabo—collaging, collecting, and looping—as dialogic partners, each of which operates with discontinuities in a very specific way and with superimposed moments. In discussing Orupabo's pictorial practices, I will not least approach the "aesthetic own life" of the pictorial, in order to ultimately raise the more specific question of what superimpositions and—more generally speaking—pictorial disturbances are capable of.[4]

IMAGE PRACTICES

COLLAGING

A cut-out face of a person of color whose facial openings are all covered by other people: white people, to formulate it in dichotomous terms, who appear to be from the nineteenth century. In place of the right eye, a respectably dressed girl; the left eye is concealed by a woman; the nostrils by a naked baby; while the smiling mouth is concealed by an upside-down woman arching her back. Orupabo's digital collage *Untitled* (2021; fig. 01) explores the themes of Blackness, class allegiance, and gender, by literally and directly placing a visual intervention on the face of an individual—on their countenance.[5] The face thus assembled can be seen as a double mask that barely admits traces of subjectivity and—in its objectification—becomes a stressed image. The stressful and uncomfortable can be felt on many levels as a result. Initially, the palette of moments of differentiation strikes the eye: the scale of the figures, the manner in which they have been cut out, the different color tones that themselves stage a dualistic logic, the delicate against the coarse, the light against the dark, and so on. Moreover, there is the level of figuration, or the dynamic (intra-imagistic) constellation, for the figures placed upon the face take on an iconic and also symbolic function: the white woman and baby become the eyes, nose, and mouth of the Black individual.[6] This development of form, which hovers between the grotesque and the indeterminately uncomfortable, shows itself to be so forced and radical that it spills over into the violent. Thus a face is collaged together that on the one hand suggests wholeness and unity, but on the other hand reveals this wholeness to be one that is wholly misplaced and twisted.[7]

All aspects of the violent form-making achieved through superimposed elements is radically present in works such as *Untitled* (2018; fig. 02). Here, paper body parts—legs, feet, with the head in the center—form a swastika. What is most notable here is the scarring of the face, which yields an objectification thanks to the absence of a subjective, strong body in the collage. Addressing a cultural practice, these become something "exotic" at the mercy of the audience in the collage-like composition.[8]

These collage pieces show a type of superimposition that works both at the levels of materiality and the image subject as well as at the level of the created references. The individual elements reference different contexts, as in the garments in the first collage, which addresses the themes of class, gender, and race, not least establishing historical references especially to the colonial era. A further tension is felt in the relationship between the individual parts and the whole. This tension is produced here through what Karen Barad termed "intra-action," that is: the elements themselves are not merely given elements that interact with one another, but only yield an independent unity when they are juxtaposed.[9] In the collage, the relationship between the parts and the whole is subject to a constant dynamism, a reciprocal conditionality that constantly renegotiates the pictorial.

COLLECTING

This reciprocal conditionality is also evident in Orupabo's second visual practice: the collecting of images in her Instagram feed (fig. 03). The images are taken from various media and have no clear titles: there are people and objects in the most disparate of situations, isolated body parts, typefaces, and so on. We may have become accustomed to consuming images in this format and

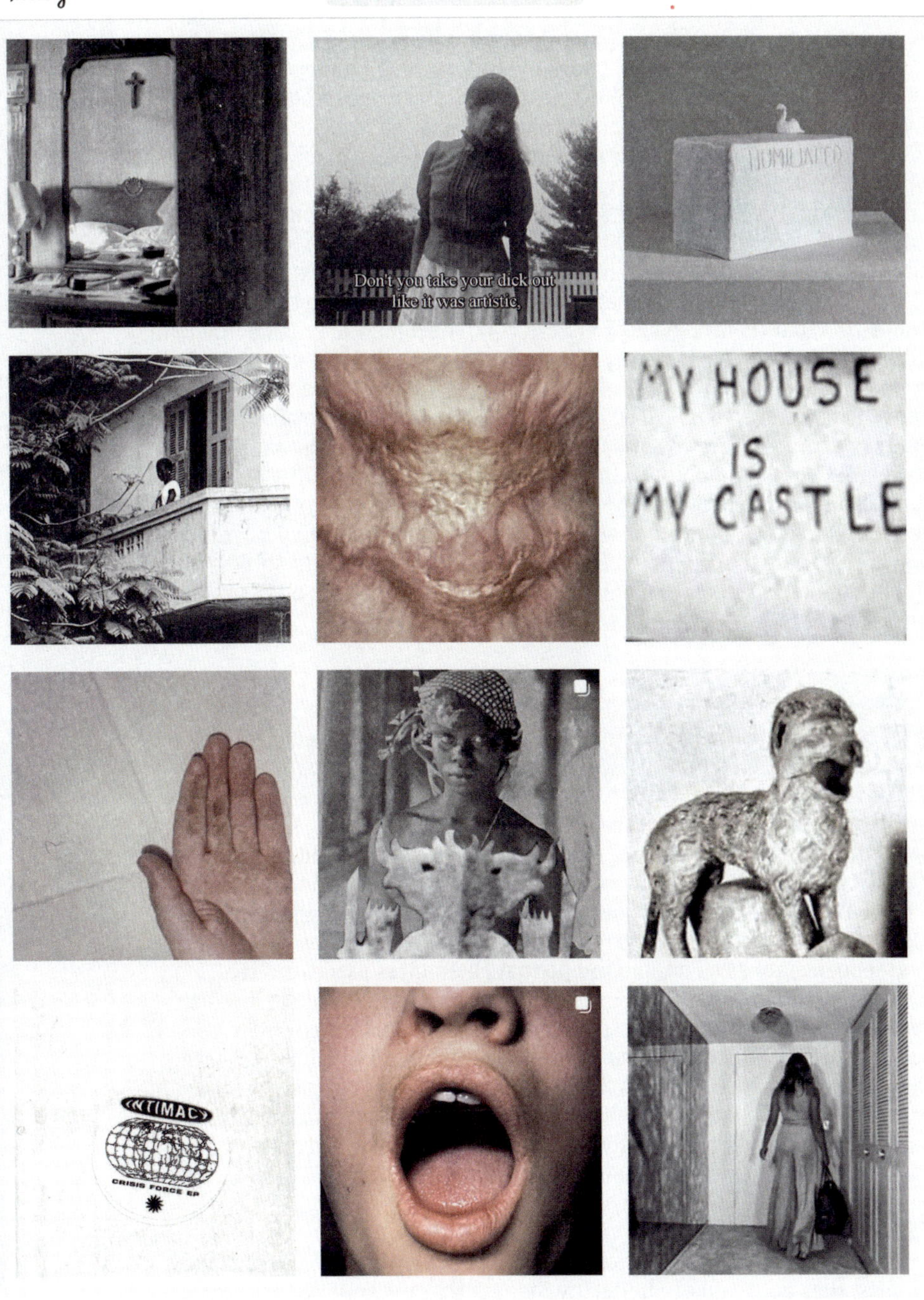

03

scrolling through heterogeneous items that have been thrown together in social media or in personal image galleries, but here a shift is achieved because the constellated images primarily produce a sense of unease. They consistently seem to reference something else and seem to be dominated by such themes as sexuality, motherhood, eroticism, and Blackness. Yet the references remain in a contextual openness that chiefly sparks associations and plays with visually unframed, ambiguous implications.

Orupabo's Instagram feed, under the username @nemiepeba, acts as a kind of atemporal archive collecting mostly digitally discovered photographs and videos that fail to deliver explicit contextualization or historicization and is not chronologically sorted. They are images that—very much in the tradition of Sigmar Polke's *History of Everything*, that is, an ambiguous collection of references from the most diverse sources and materials—ultimately produce questions and unnerve us in a subtle manner.[10] Scantily hashtagged, Orupabo's images only allow themselves to be categorized to a limited extent and, more than anything, suggest new connections by generating narratives through their juxtaposition that go far beyond a historicizing, documentary, and enlightening gesture. The images do not merely stand alone, but, taken together, provoke a mingling that—in Aby Warburg's idea of "good neighbors"—accumulates and creates further movements.[11] The juxtaposition thus testifies to an ambivalence: it creates narratives that do not have the aim of self-stabilizing as confident knowledge, but instead point to the patchiness and contestability of existing canons and bodies of knowledge.[12] In this inconspicuous, casual manner of collection, the feed images thus address—in the tradition of Eve Kosofsky Sedgwick—reparative moments that transcend paranoia and enable a form of reading that follows a logic different to the big reveal: a possibility of surprising.[13]

LOOPS

The third practice of superimposition is found in Orupabo's video works such as *Untitled* (2019). The GIF artwork was shown on a screen placed on the ground in landscape format at the exhibition *Dynamische Räume / Dynamic Spaces* at the Museum Ludwig in Cologne (2020), thus calling up a further smartphone screen aesthetic.[14] The piece shows a Black woman stepping into a tub of water. The black-and-white sequence is approximately three seconds long and shown in a loop.[15] The scene may be read as a baptism during the colonialist era. By constantly repeating the gesture, it begins to drift into the absurd and becomes an endless stepping into water that permits no progress. The three-second sequence takes on a rapid tempo that rhythmizes us viewers too.

The technique of the GIF is an image compression technique in which individual images are superimposed and appear to be animated when read.[16] Orupabo achieves a special tension with this aesthetic in which the resulting moving images produce ruptures and make narration impossible.[17] At the same time, the fractured quality is intensified on a level that is physically experienceable. We are addressed bodily and drawn into the loop. The disturbance of the image thus becomes our genuine physical disturbance.

DIFFRACTION

Though all three image practices advance different medial techniques and logics, they above all are united by the fact that they create resistances. They can be read as refusals working against phantasms of smoothness, wholeness, and the unscathed. Orupabo does not merely instrumentalize these media formats for her work, but negotiates them at the same time. The GIF, mostly circulated via smartphone, becomes a static video installation; the Instagram images, intended to be shared and linked, hardly include any hashtags, and the collages are offered in a fixed form.[18] In this way, Orupabo's work itself thematizes productions and conditions of forms and narratives, both through direct and indirect cross-references that, despite their referentiality, remain elusive. Accordingly, the question of the production of knowledge is palpable in these works. Orupabo's images thus initiate a shift, since they themselves thematize the logics of knowledge production itself and, to a certain extent, execute them ad absurdum. The (re)presented bodies become other, nonconforming bodies that push standardization into the initially inconspicuous but also grotesque. The images generate disturbances by overlaying contexts while running into the sand. They fail to resolve what the contexts suggest. We are constantly sent in a direction that moves as sluggishly as the transitions between the individual cuts. They are hard cuts, but also necessary here.

So if we—the question of to whom and how this "we" applies is always one of the key questions—examine Frida Orupabo's works, it becomes clear that it is insufficient to say they reflect the themes of colonialism, Blackness, sexuality, violence, and motherhood. Rather than reflecting, the images diffract (a term that, in physics, means the bending or deflecting of waves by means of an obstacle). Drawing on Donna Haraway, Astrid Deuber-Mankowsky has spoken of how a heterogeneity of history is always at the root of a diffraction, "with a history of interactions, superimpositions, amplifications, and differences . . . . Diffractions do not offer illustrations and eschew the model of representation. Diffraction does not rest on the difference between an original and its copy, but considers resuscitability and the binding nature of events that are always already over and have taken place elsewhere."[19]

We return to the thought that the state of stress is not merely a passing aspect or artistic tool in Orupabo's work. Rather, it must be understood constitutively as a moment that creates subjectivity. That is, the intra-relationally realized pictorial goes hand in hand with a subject production that in turn provokes ruptures and discontinuities.[20] In the case of Orupabo's works, may we thus speak of a "Decolonial Realism" after Polke's "Capitalist Realism"? Whether or not we implement this term, the images initiate something that takes up the discourses of postcoloniality in a self-critical and playful way and confronts us with their pliability. Accordingly, they manifest as a disturbance, as an overlay that becomes palpable because it requires tension and exposes the homogeneous, uncut totality as a deceptive fantasy. Seen with regard to affect, our perception appears to consist of fragmented, homogeneity-denying dynamic subjects. Accordingly, images must cause stress when it comes to questions of identity, corporeality, and sexuality, because only then is it possible to bypass a dualistic logic of the passive and the active. Hence Donna Haraway's exhortation to remain restless, with trouble.[21]
As such, being in conversation with Orupabo's work means letting their diffractive power, their stressful impetus, emerge.

1 See Achim Landwehr, *The Present Absence of the Past: An Essay in the Theory of History* (Frankfurt am Main: S. Fischer Verlag, 2016).

2 *Etymologisches Wörterbuch des Deutschen,* Wolfgang Pfeifer's revised digital version in *Digitales Wörterbuch der deutschen Sprache* (1993), s.v. "Stress," https://www.dwds.de/wb/Stress (accessed on May 17, 2022).

3 See Horst Bredekamp's term *Bildakt* (image act), in Bredekamp, *Der Bildakt* (Berlin: Verlag Klaus Wagenbach, 2015); published in English as *Image Acts: A Systematic Approach to Visual Agency,* trans. Elizabeth Clegg (Berlin: De Gruyter, 2018).

4 Complex themes such as (post-) colonialism, the exploitation of the (female) body, as well as the question of gaze (on which see Tina Campt, *A Black Gaze: Artists Changing How We See* [Cambridge, MA: MIT Press, 2021]) cannot in the context of this article be explicitly focused on as this would require a further, much more comprehensive examination and, certainly, a broader group of contributors. The indispensability of dealing with the image is therefore outlined, at least to some extent.

5 This collage was exhibited in a slightly modified form in the 2022 exhibition *How Fast Shall We Sing* at Galerie Nordenhake in Stockholm as a floor object made of aluminum (43 × 59 × 3 cm) entitled *In His* Mind. The term *Antlitz* (countenance) is used in the tradition of Emmanuel Lévinas, *Die Spur des Anderen: Untersuchungen zur Phänomenologie und Sozialphilosophie* (Freiburg im Breisgau and Munich: Alber, 1999).

6 Cf. Philippe Dubois, "Plastizität und Film: Die Frage des Figuralen als Störzeichen," in *Störzeichen: Das Bild angesichts des Realen,* ed. Oliver Fahle (Weimar: Verlag und Datenbank für Geisteswissenschaften, 2003), 113–36, here 122.

7 See also Stefanie Hessler's discussion with Orupabo, "The Wayward Archive of Frida Orupabo," in *Frida Orupabo,* ed. Stefanie Hessler (London: Sternberg Press, 2021), 21–26.

8 The collage simultaneously evokes something spidery, suggesting the themes of motherhood and femininity, similar to the work of Louise Bourgeois, for example.

9 See Karen Barad, *Agentieller Realismus: Über die Bedeutung materiell-diskursiver Praktiken* (Berlin: Suhrkamp Verlag, 2012).

10 See Kathrin Barutzki and Nelly Gawellek, "Productive Image Interference: Sigmar Polke and Artistic Perspectives Today," in *Productive Image Interference: Sigmar Polke and Artistic Perspectives Today* (Düsseldorf: Kunsthalle Düsseldorf; Berlin: Distanz, 2021), 39–52. Rainald Goetz's novel *Abfall für alle: Roman eines Jahres* (Frankfurt am Main: Suhrkamp Verlag, 1999), which makes use of a very fragmentary method of collecting, is also noteworthy.

11 See Fritz Saxl, "The History of Warburg's Library," in Ernst H. Gombrich, *Aby Warburg: An Intellectual Biography* (Oxford: Phaidon Press, 1986).

12 On the theme of the production of knowledge, see Bruno Latour's term *circulating reference,* in *Pandora's Hope: Essays on the Reality of Science Studies* (Cambridge: Harvard University Press, 1999).

13 See Eve Kosofsky Sedgwick, "Paranoid Reading and Reparative Reading, or, You're So Paranoid, You Probably Think This Essay Is about You," in *Touching Feeling: Affect, Pedagogy, Performativity* (Durham: Duke University Press, 2003), 123–52.

14 Curated by Romina Dümler in collaboration with Julia Grosse and Yvette Mutumba, the exhibition dealt with the theme of critical knowledge and cultural production. See *HERE AND NOW at Museum Ludwig: Dynamic Spaces,* ed. Romina Dümler (Cologne: Museum Ludwig; Cologne: Verlag der Buchhandlung Walther König, 2020).

15 See, for example, Mirjam Lewandowsky, "Loop," in *Formen der Zeit: Ein Wörterbuch der ästhetischen Eigenzeiten, Ästhetische Eigenzeiten 16,* ed. Michael Gamper, Helmut Hühn, and Steffen Richter (Hanover: Wehrhahn Verlag, 2020), 226–33.

16 See Tilman Baumgärtel, *GIFS: Evergreen aus Versehen* (Berlin: Verlag Klaus Wagenbach, 2020); Nicolas Oxen, *Instabile Bildlichkeit: Eine Prozess- und Medienphilosophie digitaler Bildkulturen* (Bielefeld: transcript Verlag, 2021).

17 These have resemblances to Martin Arnold's video works.

18 Held together by aluminum pins, these bear resemblance to toy jumping jacks.

19 Astrid Deuber-Mankowsky, "Diffraktion statt Reflexion: Zu Donna Haraways Konzept des situierten Wissens," in "Menschen und Andere," *Zeitschrift für Medienwissenschaft* 3, no. 4 (May 2011): 83–91, here 91. Translated here by Sylee Gore.

20 In this context, the "glitch feminism" movement can also be mentioned: Legacy Russell, *Glitch Feminism: A Manifesto* (New York: Verso, 2021).

21 See Donna J. Haraway, *Staying withthe Trouble: Making Kin in the Chthulucene* (Durham: Duke University Press, 2016).

Fig. 01 Frida Orupabo, *Untitled,* 2021, digital collage
Fig. 02 Frida Orupabo, *Untitled,* 2018, paper collage with aluminum pins, 138.7 × 116.8 cm
Fig. 03 From @nemiepeba Instagram feed (accessed on May 17, 2022)

DESASTRES UND ANDERE BARE WUNDER

KATHRIN BARUTZKI UND NELLY GAWELLEK

„Es sind die Prozesse an und für sich, die mich interessieren. Das Bild ist nicht wirklich notwendig! [...] Es ist das Unvorhersehbare, was sich als interessant herausstellt."

Sigmar Polke, engl. Orig. in: „What Interests Me Is the Unforeseeable: Sigmar Polke Talks about His Work", in: *Flash Art*, Nr. 140, Mai–Juni 1988, S. 68–70, hier S. 70.

Das titelgebende fotografische Projekt *Desastres und andere bare Wunder* ist eines der Beispiele für Polkes unermessliche Experimentierfreude: Ein Negativfilm mit Motiven aus dem Grafikyzklus *Desastres de la Guerra* von Francisco de Goya, abfotografiert von Polke aus einem Katalog über den Künstler, bildete dabei die Vorlage. Im Verlauf der Dunkelkammer-experimente, bei denen Polke den Film mit verschiedenen Entwickler-flüssigkeiten, Schnaps und Kaffee behandelte, verschwinden die Motive hinter wundersamen silberfarben, rosa oder gelblich schimmernden Schlieren, erzeugt durch die Reaktionen der Flüssigkeiten untereinander und auf dem Fotopapier. Statt der Motive machte Polke die von den Fotomaterialien selbst ausgelöste Metamorphose sichtbar. Goyas *Desastres* treten hinter abstrakten, hochästhetischen Bildformationen zurück und bleiben vor allem als Spur im Werktitel sichtbar. Viele von Polkes Werken, allen voran seine Gemälde der 1980er-Jahre, entstanden in einem solchen Spannungsfeld zwischen Vorsatz und Zufall, in dem die eingesetzten Materialien wie besondere Pigmente, Lacke oder Silberverbindungen selbst als produktive Kräfte im Werkprozess hervortreten und das jeweilige Bild teils noch nach Jahrzehnten verändern. Auch für Polke war das Ergebnis vorher oft nicht absehbar. Die Bildstörung vollzieht sich auf diese Weise innerhalb der Kunstwerke selbst, indem sie Materialprozesse und gewohnte Gattungsgrenzen sowie die Wahrnehmung der Betrachtenden herausfordern. Gleichzeitig stellen sich unter anderem Fragen nach künstlerischer Autorschaft und Subjektivität.

Als Herausgeberin des Kunstmagazins *Parkett*, für das die erwähnte Edition entstand, nahm Bice Curiger an der Entwicklung und Produktion von *Desastres und andere bare Wunder* teil und wurde dabei zur Augenzeugin von Polkes raffinierten Materialversuchen. Den mehrstufigen Prozess der Verwandlung von Bildern, Kontexten und Materialien, der mit einer unscheinbaren Filmrolle begann und in einem hauchdünnen Leporello aus Spinnennetzpapier sowie manipulierten Silbergelatineabzügen als Foto-Unikaten endete, beschreibt sie in ihrem Bericht „Zur Entstehung von *Desastres und andere bare Wunder*".

Franziska Kunze nimmt anhand der Betrachtung von Polkes Biennale-Fotografien, die wie die *Desastres*-Edition Mitte der 1980er-Jahre entstanden sind, eine historische Einordnung dieser für die Fotografie bis dahin äußerst unkonventionellen Bildästhetik vor. Als Teil einer Generation von Nachkriegs-künstler*innen wirkte Polke seit den späten 1960er-Jahren mit an einer Neubestimmung des Mediums Fotografie, das durch die nationalsozialistische Propaganda kontaminiert war. Aus dieser Perspektive erscheinen Polkes manipulierte Silbergelatineabzüge von Aufnahmen des Deutschen Pavillons in Venedig nicht nur als kritischer Blick auf die faschistische Architektur des Ausstellungsorts, sondern wie ein „Exorzismus" in der Dunkelkammer. Polkes ungewöhnliche Arbeitsweise, die bisherige Regeln der Fotografie missachtete, führte, so Kunze, zu einer aktiven, vielleicht sogar aktivistischen Art der Fotografie, die auch das nicht unmittelbar Erfassbare bewusst mit ins Bild holte und auf diese Weise eine kritische Reflexion des Abgebildeten anstieß.

In seinem Essay „Des Teufels Werk" betrachtet Adam Jasper die Werke *Der Teufel von Berlin* und *Urangestein (rosa)* von Sigmar Polke sowie *Lycopodium* von Raphael Hefti, wobei ihn neben deren Inhalt und ästhetischer Wirkung besonders die Form interessiert. Bei Polke entsteht diese durch die wiederholte Bewegung einer Bildvorlage über den Fotokopierer beziehungs-weise das Einlegen eines Uranblocks in eine Fotokassette, bei Hefti durch das Ausstreuen und Leiten brennender Moossporen über lichtempfindlichem Fotopapier. Beide Künstler setzen bildgebende Prozesse durch eine initiale

Handlung in Gang, auf deren weiteren Verlauf sie keinen Einfluss nehmen. Zufälle und andere unbekannte wie unsichtbare Kräfte wirken in die Entstehung der Arbeiten und in die Kommunikation zwischen Künstler und Betrachtenden ein. Die resultierenden Werke erscheinen als Metaphern für nicht unmittelbar fassbare Bewegungen oder kosmische Konstellationen, deren Ursprung und Ausgang verborgen bleiben.

Das Eigenleben und Zusammenwirken von Materialien, Werken und Umwelt untersucht Charlotte Lang am Beispiel von Polkes Installation *Athanor* (Biennale di Venezia, 1986). Polke nutzte hier nicht nur besondere Materialien, deren jeweilige Eigenschaften in den Werken wirksam werden, sondern arrangierte diese mit Naturobjekten zu einer komplexen Installation, die überdies die Wetterverhältnisse in der Lagunenstadt und die Anwesenheit der Besucher*innen mit einbezog. Die Installation entpuppt sich als „vernetzte Gemengelage", die sich mit den Theorien um Neue Materialismen auch als Hinterfragung eines anthropozentrischen Denkens interpretieren lässt und die dualistischen Vorstellungen von Subjekt (Künstler, Betrachtende) und Objekt (Kunstwerk) durchkreuzt.

Die Beiträge und ausgewählten Beispiele machen das besondere Potenzial deutlich, das sich im künstlerischen Prozess entfaltet, wenn die Eigenschaften der Materialien ebenso wie Überraschungsmomente, Unkalkulierbares und sogar vermeintliche Fehler produktiv zum Einsatz gebracht werden.

DESASTRES AND OTHER SHEER MIRACLES

KATHRIN BARUTZKI AND NELLY GAWELLEK

"It's the procedures in and for themselves that interest me. The picture isn't really necessary! . . . The unforeseeable is what turns out to be interesting."

Sigmar Polke quoted in
"What Interests Me Is the Unforeseeable:
Sigmar Polke Talks about His Work,"
interview by Paul Groot, *Flash Art* 140 (May–June 1988): 68–70, here 70.

Polke's photographic project *Desastres und andere bare Wunder* (Desastres and Other Sheer Miracles) is one example of his indefatigable desire for experimentation: the basis was a sheet of negatives showing motifs from Francisco Goya's series of prints *Desastres de la Guerra* (Disasters of War), which Polke photographed from a catalogue on the artist. During experiments in the darkroom, he treated the film with various developer fluids, schnapps, and coffee. As a result, motifs disappear behind wonderous shimmering veils of silver, pink, and yellow, created by the reactions of the fluids to each other and to the photo paper. Instead of emphasizing the motifs, Polke highlighted the metamorphoses he caused in the photographic materials themselves. Goya's *Desastres* are backgrounded, becoming secondary to an abstract, highly aestheticized formation of images, and primarily only remaining as a trace in the work's title. Many of Polke's works, particularly his paintings in the 1980s, arose from such a tension between intention and inadvertence, in which the materials he used, including pigments, lacquers, and silver compounds, themselves exercised an active force on the work processes, resulting in the fact that the paintings sometimes continued to change even decades later. For Polke, too, the results were often unpredictable. In this manner, the pictorial disruption occurs within the artworks themselves, challenging material processes and familiar genre boundaries, as well as the perception of the viewer. Among others, questions about artistic authorship and subjectivity simultaneously arise.

Bice Curiger, editor of said issue of art magazine *Parkett*, was directly involved in developing and producing *Desastres und andere bare Wunder* and witnessed Polke's inventive experiments with materials first-hand. In her essay "On the Making of Desastres and Other Sheer Miracles," she describes the multistep transformative process: images, contexts, and materials began as an unremarkable roll of film and became a delicate leporello made from glassine paper with a spiderweb relief pattern and unique photographs consisting of altered silver gelatin prints.

Franziska Kunze examines Polke's Venice Biennale photographs—which like *Desastres* were also made in the mid-1980s—and attempts a historical classification of his pictorial aesthetic, at the time highly unconventional for photography. Polke was one of the postwar artists who, starting in the late 1960s, helped reshape the medium of photography, which had been contaminated by Nazi propaganda. Seen from this perspective, Polke's altered silver gelatin prints of photographs of the German Pavilion in Venice can be viewed not only as a critical gaze on the fascist architecture of the exhibition space, but also as an act of darkroom "exorcism." According to Kunze, Polke's unusual way of working, which disregarded prevalent rules of photography, resulted in an active, perhaps even activist style of photography that consciously brought an intangible element into the picture, sparking critical reflection on the subject depicted.

In his essay "The Devil's Work," Adam Jasper examines Polke's *Der Teufel von Berlin* (The Devil of Berlin) and *Urangestein (rosa)* (Uranium [Pink]) against *Lycopodium* by Raphael Hefti; as well as the content and aesthetic effect of these works, he is particularly interested in their form. In Polke's work, these are the repeated movement of an image across a photocopier and the placement of a uranium block in a camera; in Hefti's work, this is the scattering and placing of burning moss spores on light-sensitive photopaper. The initial actions of both artists set pictorial processes in motion, over whose further course they had no influence. Coincidences and other unknown and invisible forces influenced the creation of the works and the communication between artist and viewer. The resulting works are like metaphors for impenetrable movements and cosmic constellations whose origins and fate remain obscure.

Charlotte Lang examines the separate lives and interactions between materials, works, and the environment in Polke's installation *Athanor* at the Venice Biennale in 1986. Here, Polke not only used special materials whose particular characteristics are felt in the works. He also combined them with natural objects to yield a complex installation that further interacted with both the weather conditions in Venice and the visitors present. The installation revealed itself to be a "complex conglomerate." Drawing on theories of new materialism, it can be interpreted as a questioning of anthropocentric thinking that melds dualistic notions of the subject (artist, viewer) and object (artwork).

These essays and the examples chosen show the unique potential revealed by artistic processes when the materials' unique qualities are productively used to create moments of surprise; the unforeseeable—and even apparent errors.

ZUR ENTSTEHUNG VON DESASTRES UND ANDERE BARE WUNDER

BICE CURIGER

Sigmar Polkes 80. Geburtstag und das Jubiläumsprogramm zum Thema der Produktiven Bildstörung nehme ich zum Anlass, Näheres über seinen Werkkomplex *Desastres und andere bare Wunder* zu erläutern. Ja, ich werde berichten, *wie* diese spektakuläre und in vielerlei Hinsicht rahmensprengende Arbeit zustande gekommen ist.

Es handelt sich um ein sehr komplexes und ausuferndes Projekt Polkes, das 1984 für die damals noch junge Kunstzeitschrift *Parkett* entstand. Also rund zwei Jahre, nachdem er von seiner einjährigen Reise nach Südostasien zurückgekehrt war.

Entstanden ist ein fotografisches Projekt, dessen Ausgangspunkt ein Kleinbild-Filmnegativstreifen für 36 Aufnahmen bildet. Unter dem Titel *Desastres und andere bare Wunder* vertiefte und erweiterte er die Experimente, mit denen er Anfang der 1970er-Jahre in der Dunkelkammer begonnen hatte – etwa die *Bowery*-Serie –, um in neue Bereiche vorzustoßen, was später wiederum seine malerische Praxis beeinflussen sollte. Von der Chemie des Fotolabors zu den metaphorisch alchemistischen Konnotationen, die Polke beim Malen in der Folge so nachhaltig aufgegriffen und verfolgt hat.

Mit Polke war ich ab Mitte der 1970er-Jahre befreundet, einer Zeit, als er sich oft in Zürich aufhielt. Ich schrieb ihm also Anfang 1984, dass wir eine Kunstzeitschrift in Buchform gegründet hatten und er der Traumkandidat für eine sogenannte Kollaboration war. Jede Ausgabe fokussierte sich nämlich zuerst jeweils auf eine Künstlerin oder einen Künstler, über die oder den dann mehrere Texte erschienen. Gleichzeitig schuf diese*r Künstler*in ein Werk in limitierter Edition, dessen Verkauf es uns ermöglichen sollte, nicht einzig von Abonnent*innen und Anzeigen abhängig zu sein.

Für die erste Ausgabe hatte Enzo Cucchi eine Radierung geschaffen, die im Buch eingebunden war, während übrigens dann für die vierte Meret Oppenheim bereits ein Objekt schuf und ein Paar hellblaue Handschuhe mit darauf gedruckten roten Adern dem Buch beilegte.

Sigmar meldete sich mit etwas Verspätung, dass er gerne bereit sei mitzumachen – es reichte also nicht mehr für die Nummer eins von *Parkett*, aber ich brach sofort auf nach Köln! Es vergingen einige Tage, an denen ich den Künstler immer wieder an seine Mission erinnern musste – und er darauf stets wiederholt erklärte, er habe einfach noch keine zündende Idee für eine Edition.

Als dann unser gemeinsamer Freund Hagen Lieberknecht vorbeischaute und dieser in das Projekt eingeweiht wurde, regte er an: „Mach doch ein Leporello!" Das gefiel Polke, er sagte: „Ja, dann muss ich in die Dunkelkammer!" Diese befand sich im Erdgeschoss der Wohnung von Lieberknecht in Köln.

Dorthin gingen wir also – es war nachmittags –, und wir blieben lange, die ganze Nacht über – alle drei eingetaucht und eingespannt in die Herstellung des Leporellos. Es wurde fünfeinhalb Meter lang und war zusammengesetzt aus vielen fotografischen Abzügen in Einzelstücken – aber der Reihe nach:

Als wir ankamen, sah ich im Eingang der Dunkelkammer eine große Pappschachtel, und darin befand sich eine lose Rolle eines solchen Negativs. Dieses fiel mir sofort auf, weil es sehr mitgenommen, ja geschunden aussah! Negative wollten ja besonders sorgfältig behandelt werden, da jeder Kratzer unwiderruflich ein Bild zerstören kann. Da lag also dieses angegraute, wolkige Exemplar. Ich sagte lachend zu Sigmar: „Aber nimm mir nicht dieses hier!" Und er sagte gleich: „Ah, ja, zeig mal, das ist gut! Damit mach ich was."

Tatsächlich handelte es sich dabei um ein Negativ, das Polke zwei Jahre zuvor, sagen wir mal „experimentell" entwickelt hatte, und zwar mit Entwickler, aber auch mit Pril, Himbeergeist und Kaffee. All das geschah in der Absicht, dass sich bei dieser Prozedur die Beschichtung des Negativs in Schlieren auflösen sollten, damit die Kristalle des Korns – sozusagen die Rasterung – sichtbar wurden.

Zuvor hatte Polke es mit Aufnahmen aus einem offenen Buch über Goya belichtet, aber auch mit Aufnahmen von einer gemusterten Hausfassade.

Dieses unscheinbare Negativröllchen, das so wertlos und mitgenommen aussah, schien schon länger darauf gewartet zu haben, endlich zu einem würdigen Einsatz zu kommen.

Polke verwies Hagen und mich in die Küche und verschwand in der Dunkelkammer. Sein Plan war, für die normale Ausgabe von *Parkett* eine Leporelloeinlage als fotografischen Abzug herzustellen, die gleichzeitig eine fünffache Vergrößerung dieses Negativs darstellen sollte. Dafür mussten viele Fotos im Format 30 × 40 Zentimeter als Teilabzüge hergestellt und aneinandergeklebt werden. Im Ganzen waren es 17 solcher Teile, die Sigmar immer wieder in kleinen Portionen aus der Dunkelkammer hervorbrachte. Hagen und ich schnitten sie dann mit Nagelscherchen links und rechts an den Motivlinien entlang zurecht, um die Anschlüsse und Klebestellen zu kaschieren.

Irgendwie musste zuerst auf jedem einzelnen 30 × 40 Zentimeter großen Foto ein Streifen oben und unten abgeschnitten werden, denn die entstandene lange „Wurst" des Leporellos hatte in der Höhe bloß 17 Zentimeter zu messen. Weil das komplett ausgefaltete Leporello mit rund fünfeinhalb Metern eine absolut rekordverdächtige Länge erreichen würde. Ich erinnere daran, dass es sich um die fünffache Vergrößerung des Negativröllchens handelte.

Ja, und die oben und unten abgeschnitten Streifen also, die halt so rumlagen, fielen Sigmar bei einer seiner Dunkelkammer-Arbeitspausen plötzlich auf. Er fügte lachend und zufrieden die Streifen zu einem Muster

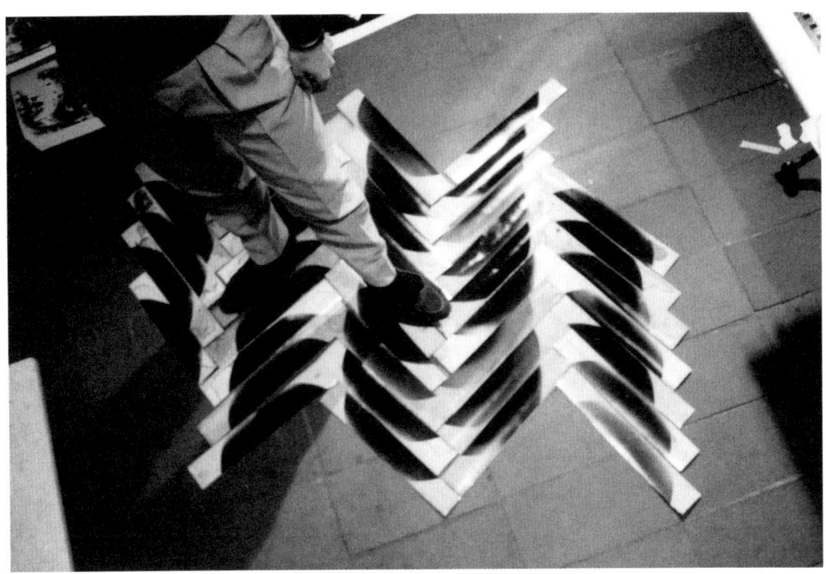

01

zusammen, das an einen Parkettboden erinnerte (Abb. 01–02). Dieses wurde dann für den Umschlag des Buchs außen und innen verwendet. Soweit also die Herstellung der Vorlage für das gedruckte Leporello im Buch.

Nun war eine über fünf Meter lange, dicke Fotorolle entstanden, zusammengefügt und -geklebt aus 17 Fototeilen. Sigmar schickte uns – Hagen und mich – am Morgen dann zum Bahnhof in Köln, wo ein Fotokopierer stand. Wir besorgten uns viele 20-Pfennig-Stücke, um die Rolle als Ganzes zu kopieren. Denn Sigmar wollte ein Falzmuster machen, um zu sehen, wie sich das im Inneren eines Buchs ausnehmen würde.

Ihm schwebte dann vor, dass das Ding den Titel *Desastres und andere bare Wunder* bekommen sollte. Und es sollte auch auf einer schwarzen Seite zu liegen kommen, die mit einer schwarzen Sonne bedruckt sei. Schließlich wünschte er sich, dass dieses Leporello nicht auf normalem Papier gedruckt wurde, sondern auf einem halbtransparenten Pergaminpapier mit reliefartigem Spinnennetzmuster. Alte Fotoalben enthalten oft solche Trennblätter zwischen den Seiten.

Es sei so viel verraten, was jede*r Offsetdrucker*in weiß: Ein solch dünnes Pergaminpapier lässt sich nicht bedrucken, das ist ein Ding der Unmöglichkeit! Es würde sich wegen der Feinheit sofort in der Maschine verheddern.

Nun ließ aber mein Kollege vom *Parkett*-Verlag in Zürich, Walter Keller, nicht locker – und er fand eine Druckerei, es war Orell Füssli, die ihm sagte: „Wir haben eine Maschine, auf der früher Banknoten gedruckt wurden. Mit der könnten wir es schaffen!" Und sie schafften es (Abb. 03).

Außerdem gab es eine weitere Schwierigkeit, nämlich die enorme Länge des Leporellos. Es war von vornherein klar, dass hier viel Handarbeit nötig war, um die bedruckten Papierstücke aneinanderzufügen. Denn besonders diese Pergaminbögen besaßen ein eher kleines Format. Auch hier waren wir natürlich gefordert. Es fanden sich dann aber Heimarbeiter*innen, welche diese Arbeit des Klebens und Falzens übernehmen konnten.

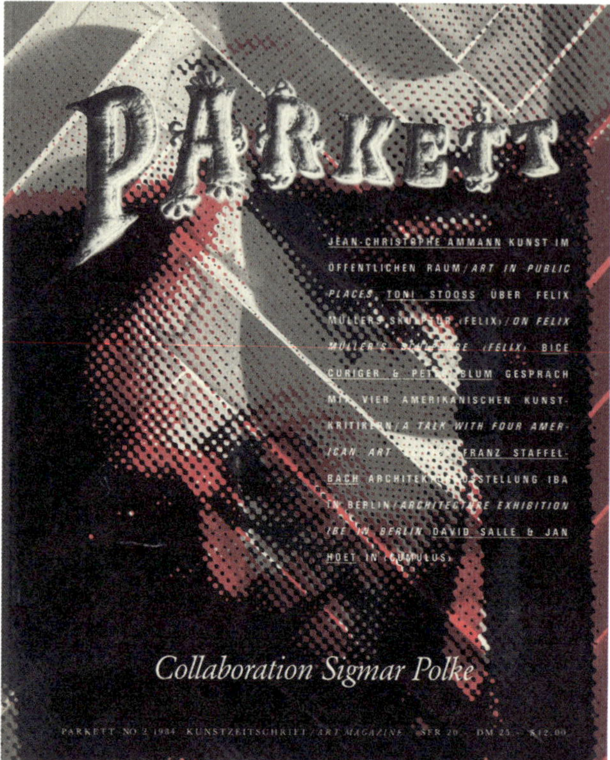

02

Soweit also das bedruckte Leporello, das in der Normalausgabe von *Parkett* eingebunden war, die wir in einer Auflage von vermutlich 1000 oder 1500 Exemplaren verkauft haben, und zwar zum damaligen Preis von 20 Schweizer Franken, 25 D-Mark sowie für 12 US-Dollar.

Das Spinnennetzpapier von Polke und *Parkett* ging bereits 1984 zitierwürdig in die Kunstgeschichte ein. So hat Martin Kippenberger Polkes Leporello in Grün auf Seiten seiner Publikation *Sind die Discos so doof wie ich glaube, oder bin ich der Doofe* (1984) gedruckt.

Und in der Publikation zu der wichtigen Polke-Retrospektive im Museum of Modern Art in New York 2014 erschien das Spinnennetzleporello auf mehreren Seiten abgebildet.

Gehen wir zurück zu der Nacht der Herstellung von *Desastres und andere bare Wunder* zwischen dem 11. und dem 12. Mai 1984. Als Sigmar alle 17 Abzüge für das Leporello hergestellt hatte, begann er mit den Abzügen für die limitierte Fotoedition von *Parkett*. Sie stellt ein wahres Feuerwerk dar – und macht das Projekt von *Desastres* zusätzlich so außergewöhnlich und speziell.

Immer noch mit demselben Negativ entstanden nun also 60 Fotounikate (und einige Artist Proofs) – wieder im Format 30 × 40 Zentimeter. Hier nahm sich Polke nun die Freiheit, nur winzige Details aus dem Negativ zu vergrößern und dabei wiederum mit seinen Chemikalien zu panschen, sodass ganz zauberhafte Oxydationseffekte diese Fotos in beigen, lila- und rosafarbenen sowie in gelblichen Tönen erscheinen ließen.

Bei vielen dieser Abzüge lässt sich im Vergleich mit dem Leporello genau die Stelle auf dem Negativ eruieren, die vergrößert wurde. Das hier gezeigte Fotounikat ist eins von denjenigen, bei denen auch die Perforation des Negativs als formales Element eingebaut wurde (Abb. 04).

Ich kann hier erwähnen, dass in der besagten Nacht die ersten 14 Exemplare der Edition entstanden sind. Wenige Wochen später konnte ich in Köln dann die restlichen Fotounikate abholen, die als Gesamtes in der Villa Stuck in München auf Einladung von Jochen Poetter gezeigt wurden und wenig später auch in Köln in der Galerie Tanja Grunert, bevor sie einzeln verkauft wurden. Der Preis, so steht es in dem Heft, betrug 550 Schweizer Franken beziehungsweise 270 US-Dollar (inklusive Versand).

Nun schließe ich meine Erläuterungen zur Entstehung des Projekts von *Desastres und andere bare Wunder* mit dem Hinweis auf eine weitere Blüte jener denkwürdigen Nacht im Jahre 1984. Sie ziert den Einstieg in *Parkett* und zeigt, wie es für einen kurzen Moment zu einer Heiligsprechung meiner Person als Chefredakteurin dieser Publikation kam. Man sieht mich hier als „Heilige Parkettia" – der Heiligenschein ist eine Grafik von Lothar Baumgarten von 1971, gehalten von Hagen Lieberknecht (Abb. 05).

Ja, wir hatten es auch lustig in dieser Nacht.

Abb. 01 Stimmungsbild während der Produktion der *Parkett*-Edition von Sigmar Polke, *Desastres und andere bare Wunder*, und dem Beiprodukt *Parkettboden*, 1984, bestehend aus 36 Fotoabschnitten, 155 × 100 cm, Luma Foundation/ Parkett Archiv

Abb. 02 Cover von *Parkett*, Nr. 2, Zürich 1984

Abb. 03 Sigmar Polke, *Desastres und andere bare Wunder I*, 1984, Künstlerbeitrag in *Parkett*, Nr. 2, Zürich 1984, Leporello mit 27 Seiten, Offsetdruck in Schwarz auf transparentem Spinnennetzpapier, 17,5 × 510 cm

Abb. 04 Sigmar Polke, *Desastres und andere bare Wunder II*, 1982/1984, manipulierter Silbergelatineabzug auf Papier, 1 von 60 Unikaten, Edition für *Parkett*, Nr. 2, Zürich 1984, 30 × 40 cm, Sies + Höke, Düsseldorf

Abb. 05 Sigmar Polke, *Heilige Parkettia*, 1984, Fotografie, reproduziert in *Parkett*, Nr. 2, Zürich 1984

«DESASTRES

UND ANDERE BARE WUNDER »

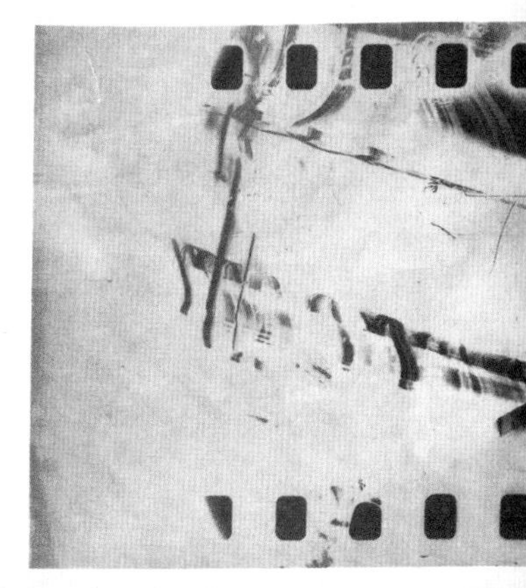

SIGMAR POLKE 1982/84 FÜR PARKETT

32

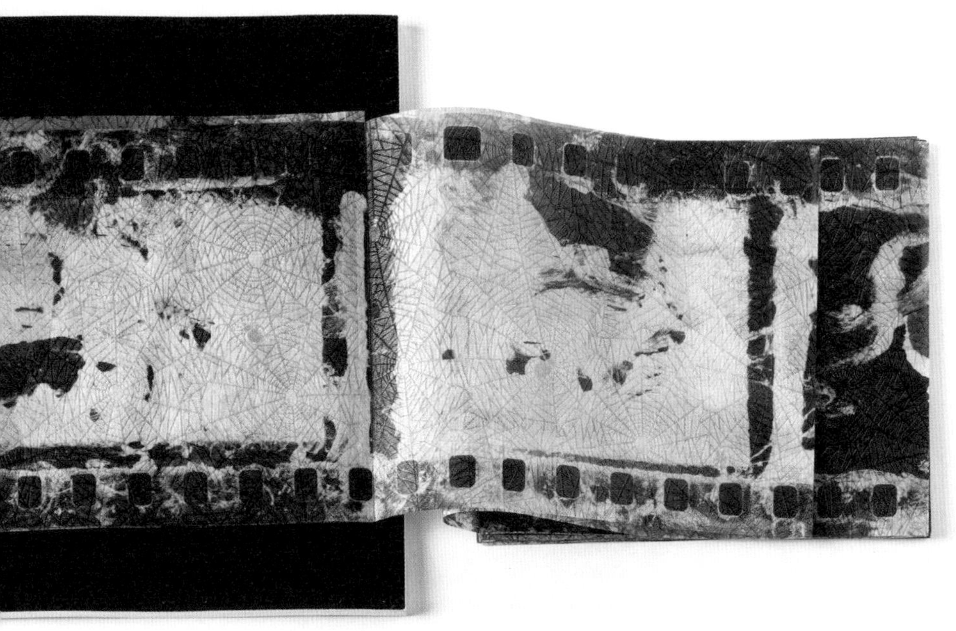

03

ON THE MAKING OF DESASTRES AND OTHER SHEER MIRACLES

BICE CURIGER

Sigmar Polke's eightieth birthday and the anniversary program on the topic of productive image interference is an appropriate occasion for me to explain some details of his series *Desastres und andere bare Wunder* (Desastres and Other Sheer Miracles) and to describe just how this spectacular and groundbreaking work was made.

This highly complex, extensive project was created by Polke in 1984 for the then still-new art periodical *Parkett*. It was about two years after he had returned from his year-long journey to Southeast Asia. The result was a photography project that began with a strip of 35mm negatives for thirty-six images. He extended and expanded these experiments under the title *Desastres und andere bare Wunder*, which he had begun in the darkroom in the early 1970s with works such as the *Bowery* series. He did this to advance into new areas that would later influence his painting practice: from the chemistry of the darkroom to metaphoric connotations of alchemy, which Polke persistently picked up on and followed in his painting.

I had been friends with Polke since the mid-1970s when he often spent time in Zurich. I wrote to him in early 1984 explaining that we had established an art journal in book form and that he would be our dream candidate for a collaboration. Each issue focused on a single artist and included several articles on his or her work. The artist would also provide us with a limited-edition work that would generate income and prevent us from being completely dependent on subscriptions and advertisements. For the first issue, Enzo Cucchi did a print that was bound into the book, and for the fourth issue, Meret Oppenheim created an object that consisted of a pair of pale blue gloves printed with red veins to be placed inside the book.

Somewhat later, Sigmar got in touch to say he would be happy to participate—and although it was too late for the first issue of *Parkett*, I headed off to Cologne immediately. A number of days passed during which I had to keep reminding the artist of his mission—and he kept reassuring me that he had simply not yet had a bolt of inspiration for an edition.

Then our mutual friend Hagen Lieberknecht stopped by, and when we told him about the project, he suggested, "Why not make a leporello!" Polke liked that idea and said, "Well, I need to go to the darkroom!" The

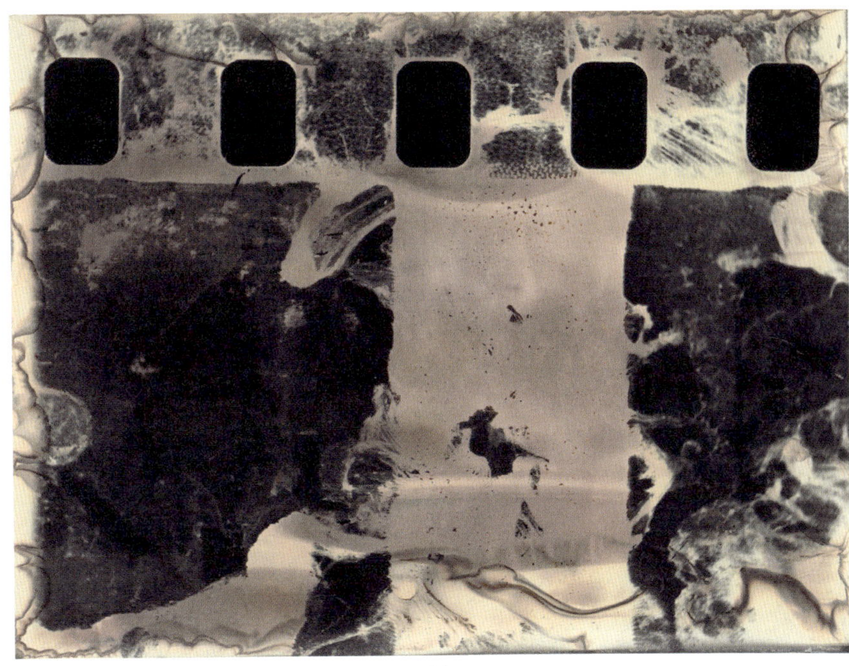

04

darkroom was located on the ground floor of Lieberknecht's apartment in Cologne. So that's where we went. It was afternoon, and we stayed for a long time—the whole night, all of us immersed and involved in making the leporello. It turned out to be five and a half meters long and made up of many individual photographic prints—but let's not jump ahead.

When we arrived, I saw a large cardboard box containing an unspooled roll of negatives at the entrance to the darkroom. I noticed it right away because it looked quite old and battered. Negatives are meant to be handled with care because any scratches will irreversibly damage the image, and this specimen was gray and cloudy. I said to Sigmar with a laugh, "Well, let's certainly not use this one!" And he replied right away, "Oh, look at that, it's perfect! I'll use that to make something."

In fact, it was a negative that Polke had developed, shall we say, in an "experimental" manner: using developer along with dishwashing liquid, raspberry schnapps, and coffee. His aim with this procedure was to dissolve the negative's layers into streaks in order to reveal the crystalline quality of the grain—that is, the grid. Polke had previously exposed it with shots from an open book about Goya and images of a patterned façade.

This unassuming little roll of negatives that appeared so worthless and haphazard seemed to have waited some time for a worthy mission.

Polke sent Hagen and me into the kitchen and disappeared into the darkroom. His plan was to create a leporello in the form of a photographic print for the standard *Parkett* issue, enlarging the negative to five times its actual size. To this end, a number of thirty-by-forty-centimeter partial prints had to be made and glued together. In all, there were seventeen such parts that Sigmar brought out in small batches from the darkroom. Hagen and I used nail scissors to trim the sides along the motif lines in order to hide the joins and glued-on sections.

Somehow we had to cut off a strip at the top and bottom of each individual thirty-by-forty-centimeter photograph because the entire leporello, which rather resembled a sausage, was supposed to measure only seventeen centimeters in height, while the whole unfolded leporello was to have a record-breaking length of about five and a half meters. I should reiterate that it was a five-fold enlargement of the actual size of the negative roll.

So these cut-off strips from the top and bottom were lying around everywhere, and Sigmar suddenly noticed them on one of his breaks from working in the darkroom. With a satisfied smile, he put the strips together to form a pattern reminiscent of a parquet floor (figs. 01–02). This was later used for the inside and outside of the cover. So that is the story of making the images for the printed leporello in the book.

At this point we had a thick roll over five meters long, assembled and pasted together from seventeen photographic parts. That morning, Sigmar sent us—Hagen and me—to the train station in Cologne, where there was a photocopier. We got enough twenty-pfennig coins to photocopy the whole roll, as Sigmar wanted to do a trial fold to see how it would work within the book.

He had the idea that the thing should be titled *Desastres und andere bare Wunder* and that it should be placed against a black page that was printed with a black sun. In the end, he requested that the leporello not be printed on normal paper, but rather on semitransparent glassine paper with a spiderweb relief pattern—the kind of dividing sheets that are often found in old photo albums.

As every offset printer knows, it is essentially impossible to print on such thin glassine paper. It is so delicate that it gets instantly shredded in the printing machine. However, Walter Keller, my colleague at Parkett Verlag in Zurich, wasn't going to give up so easily—and he found a printer, Orell Füssli, who told him, "We've got a machine that used to print banknotes. We can do it with that!" And they did it (fig. 03).

Another challenge was the extreme length of the leporello. From the start it was clear that a great deal of custom work would be needed to connect the printed sheets of paper, as the glassine sheets in particular were a smaller size. This too was a challenge, but we were able to find homeworkers who took on this work of gluing and folding.

So that's the printed leporello that was bound into the normal *Parkett* issue, sold in a print run of about 1,000 or 1,500 copies, for a price of, at the time, twenty Swiss francs, twenty-five deutschmarks, or twelve US dollars.

Already in 1984, Polke's spiderweb paper in *Parkett* went down in art history. Martin Kippenberger had Polke's leporello printed in green on pages of his publication *Sind die Discos so doof wie ich glaube, oder bin ich der Doofe* (Are Discos As Idiotic As I Think They Are, or Am I Just an Idiot; 1984). The spiderweb leporello was also reproduced across several pages in the publication accompanying the major Polke retrospective at the Museum of Modern Art in New York in 2014.

But let's go back to the night of May 11 to 12, 1984, when *Desastres und andere bare Wunder* was produced. Once Sigmar had finished all seventeen prints for the leporello, he began making the prints for the *Parkett* limited-edition photographs. They are actually the true firework display that make the *Desastres* project even more unusual and special.

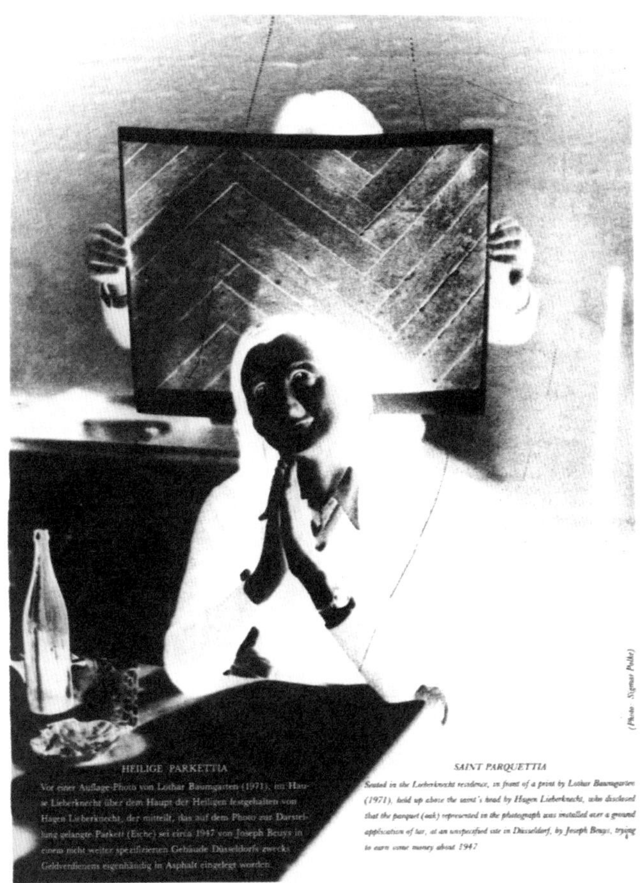
HEILIGE PARKETTIA
Vor einer Auflage-Photo von Lothar Baumgarten (1971), im Hau-
se Lieberknecht über dem Haupt der Heiligen festgehalten von
Hagen Lieberknecht, der mitteilt, das auf dem Photo zur Darstellung gelangte Parkett (Eiche) sei circa 1947 von Joseph Beuys in
einem nicht weiter spezifizierten Gebäude Düsseldorfs zwecks
Geldverdienens eigenhändig in Asphalt eingelegt worden.
SAINT PARQUETTIA
Seated in the Lieberknecht residence, in front of a print by Lothar Baumgarten
(1971), held up above the saint's head by Hagen Lieberknecht, who disclosed
that the parquet (oak) represented in the photograph was installed over a ground
application of tar, at an unspecified site in Düsseldorf, by Joseph Beuys, trying
to earn some money about 1947
(Photo: Sigmar Polke)

Still using the same negative, he created sixty one-of-a-kind photographs (and a number of artist proofs), once again measuring thirty by forty centimeters. For these, Polke took the liberty of only enlarging tiny details from the negative and splashing them with his chemical solutions, causing magical oxidation effects in tones of beige, lilac, rose, and yellow to appear on these photographs. In comparison with the leporello, you can precisely determine which parts of the negative were enlarged to make these photographs. The one-of-a-kind photograph shown here incorporates the negative's perforation as a formal element (fig. 04).

I should mention that on this night, the first fourteen copies of the edition were made. Some weeks later I was able to collect the remaining one-of-a-kind photographs in Cologne. The entire series was shown at Villa Stuck in Munich, at Jochen Poetter's invitation, and shortly thereafter at Galerie Tanja Grunert in Cologne, before being sold individually. As indicated in the book, the price was 550 Swiss francs or 270 US dollars (including shipping).

I'll wrap up my remarks on the making of *Desastres und andere bare Wunder* with a reference to another outcome of that memorable night in 1984. It adorns the opening pages of *Parkett* and demonstrates how I was canonized in my role as editor-in-chief of this publication for a brief moment. You can see me as "Saint Parkettia": the halo is a 1971 silkscreen print by Lothar Baumgarten, held by Hagen Lieberknecht (fig. 05).

We also had a lot of fun that night!

Fig. 01 Atmospheric shot taken during the production of Sigmar Polke's *Parkett* edition *Desastres und andere bare Wunder* (Desastres and Other Sheer Miracles) and the by-product *Parkettboden* (Parquet Floor), 1984, consisting of thirty-six photograph sections, 155 × 100 cm, Luma Foundation / Parkett Archive

Fig. 02 Cover of *Parkett* 2 (1984)

Fig. 03 Sigmar Polke, *Desastres und andere bare Wunder I* (Desastres and Other Sheer Miracles I), 1984, artist contribution in *Parkett* 2 (1984), leporello with twenty-seven pages, offset print in black on transparent spiderweb paper, 17.5 × 510 cm

Fig. 04 Sigmar Polke, *Desastres und andere bare Wunder II* (Desastres and Other Sheer Miracles II), 1982/1984, manipulated silver gelatin print on paper, one of sixty one-of-a-kind photographs, edition for *Parkett* 2 (1984), 30 × 40 cm, Sies + Höke, Düsseldorf

Fig. 05 Sigmar Polke, *Heilige Parkettia* (Saint Parkettia), 1984, silkscreen print, reproduced in *Parkett* 2 (1984)

SIGMAR POLKES MATERIALISIERUNGSSTRATEGIEN VON VERGANGENHEITSPHANTASMEN

FRANZISKA KUNZE

Viele Künstler*innen haben sich an ihm abgearbeitet – dem Deutschen Pavillon auf der Venedig Biennale. Immer wieder stand der Bau selbst im Mittelpunkt der künstlerischen Auseinandersetzungen. Erst kürzlich wurden zugemauerte Gebäudeteile freigelegt und Wandschichten abgetragen, um die Geschichte des Pavillons und damit auch die Geschichte politischer Machtgefüge sichtbar zu machen: 1909 nach Skizzen von Hugo von Habermann erbaut, wurde der „Padiglione Bavarese" 1912 in „Padiglione della Germania" umbenannt und 1938 durch den Münchner Architekten Ernst Haiger „im NS-Stil umgebaut, das heißt teilzerstört, erweitert, überformt etc."[1], konstatierte die Künstlerin Maria Eichhorn (*1962) im Zusammenhang mit ihrem eigenen Beitrag für den Deutschen Pavillon 2022. Seit 1938 hat sich die Architektur nicht mehr verändert. Der Bau konserviert den Status quo einer Zeit, die viele vergessen wollen – und doch wieder nicht. Denn nur durch die Erinnerung, die stete Auseinandersetzung, die permanente Selbstbefragung kann eine Wiederholung verhindert werden. Gefragt, ob der Deutsche Pavillon nicht besser abgerissen gehöre, hatte der Künstler Hans Haacke (*1936) betont: „[...] nein, auf diese Weise geht man nicht mit der Geschichte um [...]"[2] und stattdessen 1993 für seinen Beitrag den Boden aufreißen lassen. Diese kritische Verhandlung des Pavillons und dessen, wofür er einmal stand, lässt eine Traditionslinie zurückverfolgen, die eine weitere Zäsur im Jahr 1986 zu verzeichnen hat, als Sigmar Polke zu einem Beitrag gebeten wurde. Dieser hatte einen Ansatz gewählt, den man subtil, vielleicht auch trügerisch, gar verschleiert nennen könnte; der sich mit der Prozessualität schlechthin beschäftigt, auch jener von Geschichte. Er legte die Bedeutungsschichten aber nicht am Gemäuer selbst frei, sondern kreierte eine Art Zeitportal, dem Umstand Rechnung tragend, dass die Gegenwart kaum greifbar ist, da in ihrem Nadelöhr Zukünftiges sofort zu Vergangenem gerinnt und Ereignisse wie Menschen Spuren auf diesem Zeitstrahl hinterlassen.

Polkes künstlerische Beschäftigung mit den Kriegs- und Nachkriegsgeschehnissen nach 1945 war sicher biografisch motiviert, entsprang aber auch einem gewissen Zeitgeist.[3] Künstler*innen sahen sich bei der kritischen Befragung der eigenen Bildmittel mit der Tatsache konfrontiert, dass Malerei und Fotografie im Nationalsozialismus beinahe ausschließlich zu propagandistischen Zwecken missbraucht worden waren: einer nationalsozialistischen Bildsprache unterzogen, gleichgeschaltet. Abweichungen wurden als „entartet" verfemt und der Öffentlichkeit entzogen oder gar zerstört. Es blieb kein Raum für Abstraktion oder Experiment, insbesondere die Fotografie diente als Wahrheit vorgaukelndes Medium der Propaganda. Die Fotograf*innen, die es ohnehin lange Zeit schwer hatten, ihr Medium als künstlerisches Ausdrucksmittel zu etablieren, mussten sich nach dem Zweiten Weltkrieg von dessen Vereinnahmung für ideologische Zwecke grundlegend emanzipieren, ein neues Kapitel aufschlagen – teilweise durch Verarbeitung dieser traumatischen Zeit auf motivischer Ebene, teilweise durch die totale Dekonstruktion dessen, was Fotografie hinlänglich tun sollte, nämlich realistisch anmutende Bilder erzeugen. Polke entstammt der zweiten Generation von Künstler*innen, die seit Kriegsende nach Bildfindungen jenseits des Mimetischen suchten und sich dabei kritisch mit den Vor-*Bildern* auseinandersetzten, die sie den Massenmedien entnahmen, um sie anschließend zu transformieren. Ist es Zufall, dass Polke von 1961 bis 1967 und Gerhard Richter (*1932) von 1961 bis 1964 unter anderem bei K.O. Götz (1914–2017) – Hauptvertreter der abstrakten Kunst und des Informel in Deutschland – an der Kunstakademie Düsseldorf studierten, wo sie sich beide den Bildern der Massenmedien zuwendeten, wobei Richter zu seinem verschwommenen Fotorealismus fand und Polke die Motive wiederum in seinen Rasterbildern aufgehen ließ? Ebenso wie andere Künstler*innen ihrer Generation stellten sie die scheinbaren Wahrheitsgaranten aus Pressemeldungen bloß und entlarvten die Konstruiertheit des fotografischen Bildes mit malerischen Mitteln. K.O. Götz war 1958 in einer Gruppenausstellung mit anderen zeitgenössischen deutschen Künstler*innen im Deutschen Pavillon vertreten, 1972 folgte Gerhard Richter mit einer Einzelpräsentation. 1986 war es dann Sigmar Polke, der für seinen Beitrag den Goldenen Löwen erhielt.

Polke verwandelte die Architektur in einen alchimistischen Ofen, *Athanor*, mit dessen Hilfe im Mittelalter der letzte – und wichtigste Schritt – zur Erzeugung des Lapis philosophorum (Stein der Weisen) vollzogen werden sollte. Ein Philosophischer Ofen, wie er auch genannt wurde.[4] Die Besonderheit des Biennale-Beitrags bestand darin, dass die ausgestellten Bildwerke sich permanent veränderten, da die chemischen Materialverbindungen auf die Luftfeuchtigkeit und Temperatur im Ausstellungsraum reagierten.[5] Für seine Recherchen hatte sich Polke Monate zuvor an diesen Ort begeben, ihn auf sich wirken lassen und fotografiert.[6] Das Diktum der Metamorphose, unter dem sein Beitrag stand, kam bereits hier zum Tragen. Polke hob im analogen Entwicklungsprozess nicht nur das latente Bild aus der Unsichtbarkeit, sondern beschwor auch die Geister der Vergangenheit. Immer wieder hatte er sich in seiner Kunst mit dem Okkulten auseinandergesetzt und auf es Bezug genommen. Nicht nur die Bilder selbst, sondern auch deren Titel wie *Höhere Wesen befahlen: rechte obere Ecke schwarz malen!* (1969) oder *Tischerücken* (1981) stehen für diesen Hang zum Transzendenten. Dienten ihm in der Malerei Pinsel und Farben als Zauberstab, waren es in der Fotografie Kamera und Entwicklerflüssigkeiten. Mit diesen belebte er die Tradition der Geisterfotografie wieder, die Ende des 19. Jahrhunderts Hochkonjunktur gefeiert hatte.[7] Polke tritt während dieser Vorbereitung in doppelter Rolle in Erscheinung: der des geisterbeschwörenden Mediums einerseits und des Fotografen andererseits, der nur ihm sichtbar Erscheinendes in die Sphäre der allgemeinen Sichtbarkeit zu manövrieren vermag. Der Künstler konterkariert hintersinnig die so sorgsam etablierte Kernaufgabe der Fotografie, Realität abzubilden, und führt sie ad absurdum. Er kombinierte Negative, die Eindrücke des Pavillons wiedergeben, mit anderen Aufnahmen von Elementen und Spuren, die vor Ort seine Aufmerksamkeit erregten[8]: ein Schaum ungewissen Ursprungs (Abb. 01) oder eine gesprungene Glasscheibe (Abb. 02). Im sogenannten Sandwichverfahren legte er die Negative übereinander und überlagerte damit auch die Bedeutungsebenen, schuf Zwischenzonen, die den Ort des Geschehens kommentierten und einordneten – als von der Woge der Vergangenheit überschwemmt, als gebrochen. „Dabei erscheint der Ausstellungsraum selbst thematisch durchgespielt und zugleich gesprengt, interpretiert und zerstört, sein Mythos durchschaut und in parodistische wie magische Bilder umgesetzt"[9], so der Kommissar des Deutschen Pavillons Dierk Stemmler im begleitenden Katalog. Polkes Wüten in der Dunkelkammer erinnert an die surrealistische Methode der écriture automatique, dem automatisierten Schreiben, dem Aufgeben von Kontrolle. Dass auch Polkes Nutzung bewusstseinserweiternder Substanzen zur Beförderung eines halluzinatorischen Sehens[10] keine lächerlichen Spielereien waren, drückt sich im Nachruf auf den verstorbenen Sigmar Polke in der Onlineausgabe der Süddeutschen Zeitung vom 11. Juni 2010 aus, wo er als „[d]er letzte Dada-Erbe"[11] bezeichnet wurde. In dadaistischer Tradition sind Polkes Machenschaften bisweilen komisch, ja, aber auch verhöhnend und hoch politisch.

1986 hatte der Künstler längst das kritische Potenzial von Bildstörungen erkannt und genügend Erfahrung in seinem selbst erarbeiteten Umgang mit der Fotografie gesammelt, der sich vor allem dadurch auszeichnete, bewusst nicht sauber zu arbeiten, fotochemische Substanzen zu mischen und auf diese Weise den Bildern neben der Kombination von Negativen noch weitere Sinnebenen hinzuzufügen. Was sich auf den Abzügen zeigt, ist die bilderzeugende Materie selbst (Abb. 01–02). Immer anwesend und doch unsichtbar formen Silbergelatineschicht, Entwickler- und Fixierflüssigkeiten jede fotografische Abbildung, ohne sich dabei selbst in den Vordergrund zu drängen. Indem er diese Chemikalien nun entgegen ihrer regulären Verwendungsweise nutzte, unterzog er die Fotografie einem Exorzismus, der sie von dem Korsett der reinen Mimesis befreite. Die Schlieren und Wolken offenbaren den Kampf zwischen diesen Chemikalien – ein unentschiedener Kampf, der sich aber wiederum im Schulterschluss gegenüber dem fotografischen Realismus behauptet und den Substanzen selbst ein Gesicht gibt, das sich bis auf die Rückseite erstreckt (Abb. 03–04).

Hier, auf den Rückseiten, offenbart sich die Janushaftigkeit[12] nicht nur von Polkes fotografischen Arbeiten, sondern von Fotografien an sich. Beide Seiten des Papiers verweisen aufeinander, bedingen und durchdringen sich. Vorder- und Rückseite einer Fotografie bilden eine Symbiose, eine untrennbare Einheit, dennoch kann man nie beide Seiten gleichzeitig sehen, bestimmte Aspekte bleiben verborgen, uneinsehbar. Wer steckt buchstäblich hinter dem Bild? Wer hat es gemacht? Auf der linken oberen Ecke des mit einer gesprungenen Glasscheibe belichteten Abzugs zeigt sich vage ein Fingerabdruck (Abb. 02). Hier gibt sich das eigentliche Wesen zu erkennen, das laut Bildtitel ihm, dem Künstler, 17 Jahre zuvor befahl, die rechte obere Ecke schwarz zu malen – nämlich er selbst. Die Illusion zerplatzt wie die abgebildete Glasscheibe, der letzte Rest Realismus – oder Objektivität – löst sich auf und offenbart eine andere Art der indexikalischen Beziehung, vermutlich jedoch nicht erzeugt durch den Indexfinger des Künstlers, sondern den Daumen beim Halten des Papiers während der Entwicklung – ungeschützt, unmittelbar. „Polke schonte sich nicht, und die Kunst auch nicht."[13] Er schrieb sich gestisch in die Fotografien ein und pfiff auf das sorgsam und über viele Dekaden aufgestellte Regularium zur Erzeugung fotografischer Bildwerke. Derartige Vorgehensweisen sind „Anzeichen für einen Gegenentwurf zur heilen Welt der Fototechnik"[14]. Polke und viele andere waren angestachelt vom Impuls ihrer Generation, nicht im Gleichmarsch mitzutraben, sondern auszuscheren, sich gegen Regeln, Normen, Konformitäten zu stellen, aktiv und – vielleicht sogar – aktivistisch zu werden.

Auch wenn die Fotografien 1986 selbst nicht im Pavillon präsentiert worden sind, so wurden sie doch in dem begleitenden Katalog abgebildet und dabei als „Prolog für die räumlichen Ereignisse"[15] bezeichnet. Als eine Art Vorspann und zugleich Hintergrundfolie für das Zeitportal, durch das die Besucher*innen des Pavillons geschritten sind und sich den malerischen Bildwerken gegenübersahen: „Diese ähneln, da sie auf menschliche Wärme reagieren und diese gleichsam abbilden, den Silberbildern, welche, steht der Betrachter lange genug davor, ihn ‚fotografieren'."[16] Nichts ist von Dauer, alles ist in stetem Wandel begriffen – dies führte Polke den Besucher*innen des Pavillons kraftvoll vor Augen. Er zeigt aber darüber hinaus auch die Involviertheit in Prozesse – metaphorisch ebenso für gesellschaftspolitische Vorgänge stehend – nicht nur der unmittelbaren Initiator*innen auf, sondern auch derjenigen, die nur (zu-)schauen. Und demonstriert anhand seiner Werke den Einfluss aller, die die Bilder und damit auch deren Inhalte durch ihre bloße Anwesenheit von außen bereichern und umwandeln, angreifen und verformen.

1 Maria Eichhorn, „Relocating a Structure. Deutscher Pavillon 2022, 59. Internationale Kunstausstellung – La Biennale di Venezia", in: Yilmaz Dziewior (Hg.), *Maria Eichhorn: Relocating a Structure. Deutscher Pavillon 2022, 59. Internationale Kunstausstellung – La Biennale di Venezia*, Ausst.-Kat. Köln 2022, S. 129–140, hier S. 136.

2 Hans Haacke im Interview mit Christoph Schmitz, „Auf diese Weise geht man nicht mit Geschichte um", in *Deutschlandfunk*, 25. Juni 2010, https://www.deutschlandfunk.de/auf-diese-weise-geht-man-nicht-mit-der-geschichte-um-100.html [zuletzt abgerufen am 17. Juli 2022].

3 1941 in Schlesien geboren floh Polke mit seiner Familie kurz vor Kriegsende 1945 zunächst von Niederschlesien nach Thüringen, dann 1952/53 über West-Berlin und Hannover nach Düsseldorf. [Archiv der Anna Polke-Stiftung]

4 Vgl. Hans-Werner Schütt, *Auf der Suche nach dem Stein der Weisen. Die Geschichte der Alchemie*, München 2000, S. 298.

5 Vgl. Dierk Stemmler (Hg.), *Sigmar Polke: Athanor. Il Padiglione*, Ausst.-Kat. XLII. Biennale di Venezia 1986, Düsseldorf 1986, o. P.

6 Vgl. Jürgen Hohmeyer, „‚Es wird sich schon was zeigen' – Jürgen Hohmeyer über den deutschen Biennale-Teilnehmer Sigmar Polke", in: *Der Spiegel*, Nr. 26, 1986, S. 160–163, hier S. 161.

7 Dazu ausführlicher in: Erhard Schüttpelz, „Empfindliche Materie. Geisterfotografie als Geisterangriff (Großbritannien 1872)", in: *Fotogeschichte*, Nr. 84, 2002, S. 59–70.

8 Vgl. Stemmler 1986 (wie Anm. 5), o. P.

9 Ebd.

10 Vgl. auch Martin Hentschel, „Drucksachen oder die Kunst der Kommunikation. Sigmar Polkes Editionen 1963–2000", in: Jürgen Becker und Claus von Osten (Hg.), *Sigmar Polke. Die Editionen 1963–2000. Catalogue Raisonné*, Ostfildern-Ruit 2000, S. 361–399, hier S. 385–386.

11 Catrin Lorch und Kia Vahland, „Der Bilderfresser", in: *Süddeutsche Zeitung*, 11. Juni 2010, online: https://www.sueddeutsche.de/kultur/zum-tod-von-sigmar-polke-der-bilderfresser-1.957849 [zuletzt abgerufen am 17. Juli 2022].

12 Auch Martin Hentschel verweist in seinem Aufsatz für den Catalogue Raisonné auf die Janus-Figur, stellt jedoch in seinen Ausführungen eine Verbindung zum Offset-Druck her. Vgl. Hentschel 2000 (wie Anm. 10), S. 383.

13 Lorch / Vahland 2010 (wie Anm. 11).

14 Gottfried Jäger, *Bildgebende Fotografie. Fotografik – Lichtgrafik – Lichtmalerei. Ursprünge, Konzepte und Spezifika einer Kunstform*, Köln 1988, S. 97.

15 Stemmler 1986 (wie Anm. 8), o. P.

16 Ebd.

Abb. 01 Sigmar Polke, *Pavillon Biennale Venedig*, 1986, Silbergelatineabzug, 30,6 × 40,5 cm, Bayerische Staatsgemäldesammlungen, München

Abb. 02 Sigmar Polke, *Pavillon Biennale Venedig*, 1986, Silbergelatineabzug, 30,8 × 40,4 cm, Bayerische Staatsgemäldesammlungen, München

Abb. 03 Sigmar Polke, *Pavillon Biennale Venedig*, 1986, Silbergelatineabzug, Rückseite, 30,6 × 40,5 cm, Bayerische Staatsgemäldesammlungen, München

Abb. 04 Sigmar Polke, *Pavillon Biennale Venedig*, 1986, Silbergelatineabzug, Rückseite, 30,8 × 40,4 cm, Bayerische Staatsgemäldesammlungen, München

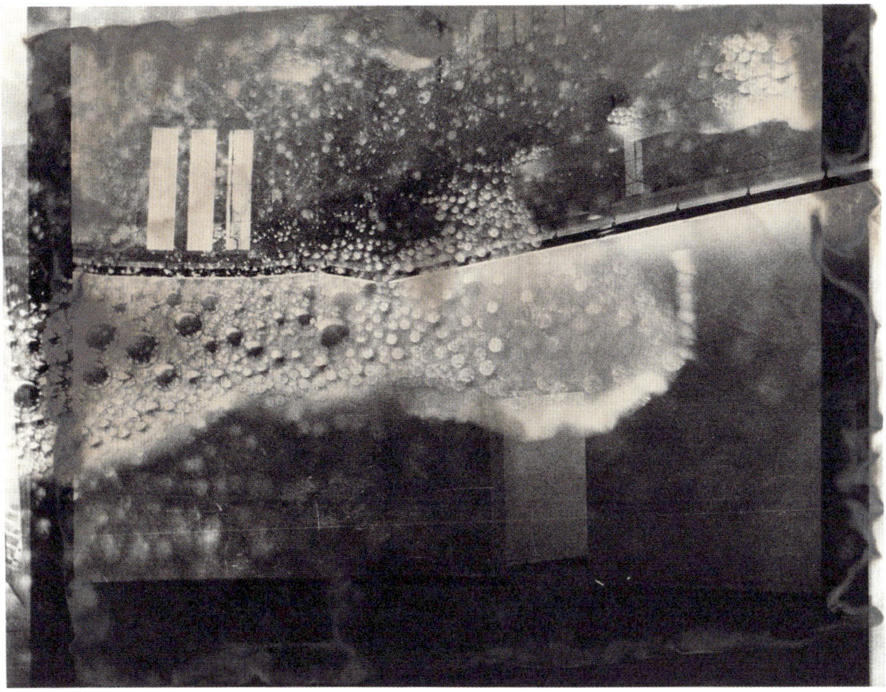

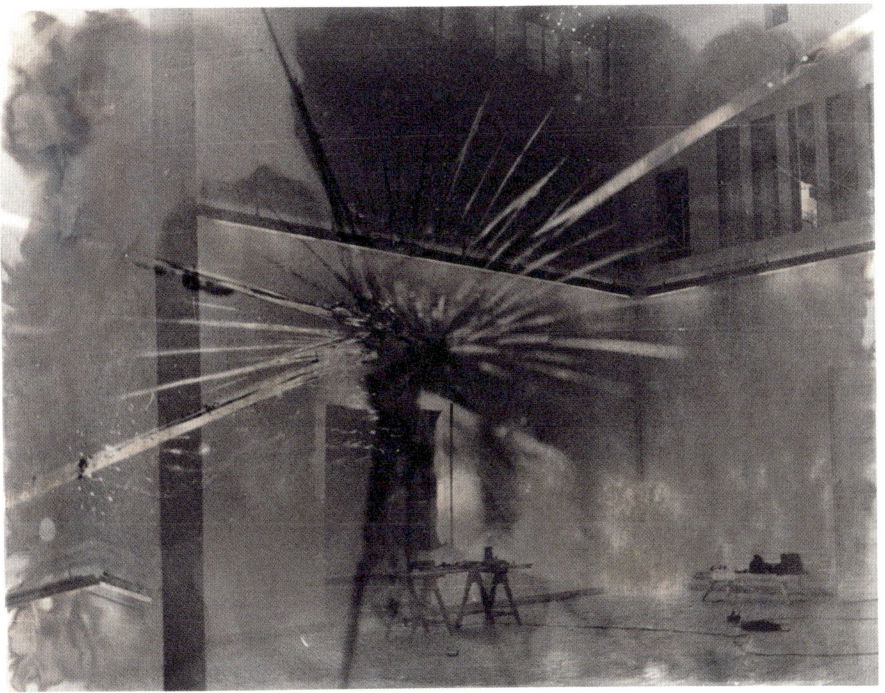

01
02

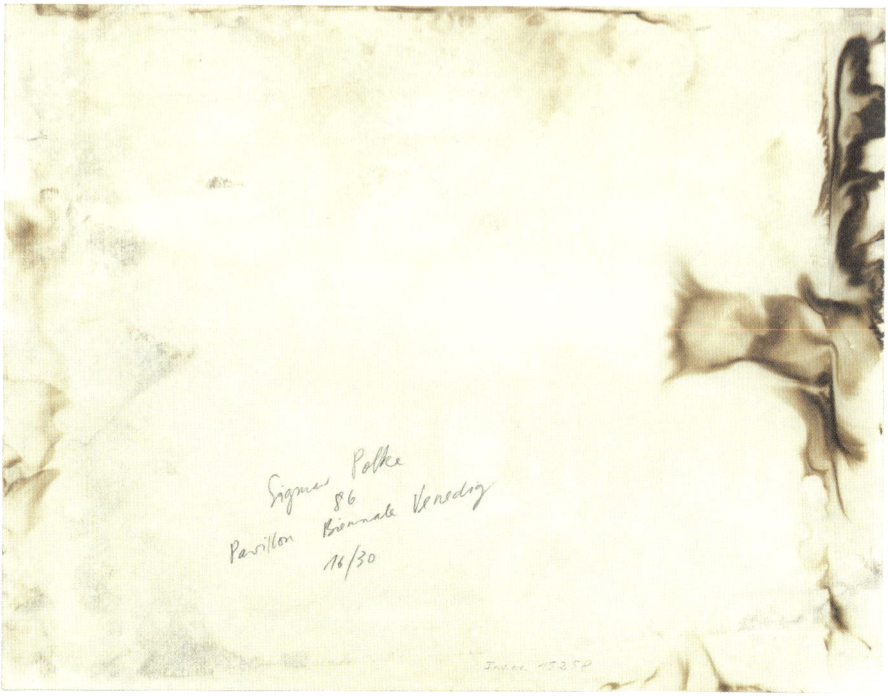

Sigmar Polke
86
Pavillon Biennale Venedig
16/30

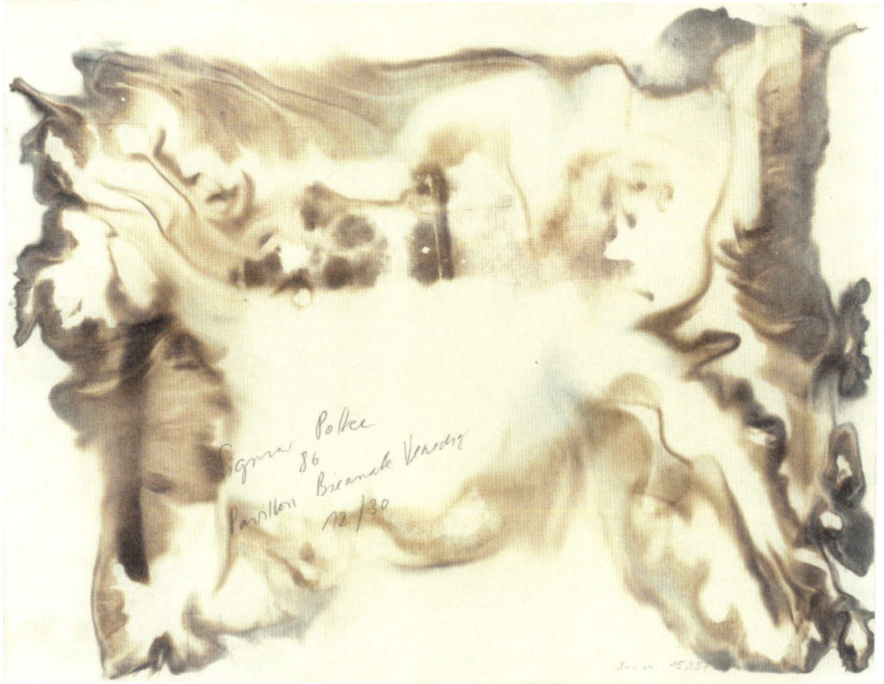

03
04

SIGMAR POLKE'S MATERIALIZATION STRATEGIES OF PAST PHANTASMAS

FRANZISKA KUNZE

The German Pavilion at the Venice Biennale is a rite of passage for many artists. Time and again artists have grappled with the building itself. It is only recently that walled-up parts of the building were exposed and plaster removed in order to make visible the pavilion's history and with it the history of political power structures. Built in 1909 after plans by Hugo von Habermann, the so-called Padiglione Bavarese (Bavarian Pavilion) was renamed the Padiglione della Germania in 1912 and "modified" in 1938 by Munich-based architect Ernst Haiger "in a Nazi style, which is to say, partially destroyed, expanded, overhauled, etc.," as described by artist Maria Eichhorn (b. 1962) in relation to her own work for the 2022 German Pavilion.[1] The architecture has not changed since 1938. Essentially, the building preserves the status quo of an era many are eager to forget—or not. Remembrance, continuous confrontation, and incessant self-questioning are after all the only way to prevent reoccurring events. When asked whether it wouldn't be better to demolish the German Pavilion, artist Hans Haacke (b. 1936) emphatically replied, "No, this is not how we deal with history."[2] Instead, he ripped up the floor for his work in 1993. Critical negotiations around the pavilion and what it once represented can be traced back to another caesura, which took place in 1986 when Sigmar Polke was asked to exhibit at the German Pavilion. He took an approach one could term subtle, perhaps deceptive, or even deceiving, which tackled the very principle of historicity, as well as that of historiography. But rather than revealing layers of meaning within the physical structure itself, he created a sort of time portal, taking into account the fact that the present is almost intangible: it forms an eye of a needle within which the future immediately coagulates into the past and where both events and people affect the course of time.

Polke's biography undoubtedly shaped his artistic engagement with World War II and the events following 1945, but it also reflected the current zeitgeist.[3] Artists critically examining their own pictorial means found themselves confronted with the fact that under the Nazi regime, painting and photography were almost exclusively used as propaganda—subjected to and brought in line with a Nazi visual language. Any indications of diverging from this were denounced as "deviant" and taken out of view or even destroyed.

There was no space for abstraction or experimentation, and photography in particular was a vehicle for propaganda that simulated truth. Photographers had already struggled for some time to establish their medium as a means of artistic expression, and after World War II, they had to free it from its appropriation for ideological ends and begin a new chapter—in part by working through this traumatic period in the subjects they explored, but also by completely deconstructing photography's fundamental role of creating seemingly realistic pictures. Polke was born to a second generation of artists who, following the end of war, sought in their paintings subjects beyond the mimetic and in doing so engaged critically with their predecessors, taking existing images from mass media only to transform them. Is it a coincidence that Düsseldorf Art Academy was where both Polke, from 1961 to 1967, and Gerhard Richter (b. 1932), from 1961 to 1964, studied under K. O. Götz (1914–2017), among others. Götz was a proponent of abstract art and Art Informel in Germany. There, both Polke and Richter focused on mass media images. Richter developed an out-of-focus photorealism while Polke allowed these motifs to merge with his grid paintings. As with other artists of their generation, they exposed the press's promise of truth as false and used painterly means to reveal the constructed nature of the photographic image. Götz and other contemporary German artists showed work in the German Pavilion in 1958 and a solo show by Richter took place there in 1972. In 1986 Polke was the one to receive a Golden Lion for his work.

Polke transformed the building into an alchemistic oven, *Athanor,* which was said to have been used in medieval times to complete the final and most important step of creating the *lapis philosophorum* (the Philosophers' Stone). It was also dubbed a philosophical oven.[4] What was unique about Polke's work for the Biennale was that it was in constant flux as a result of the chemical compounds reacting to the humidity and temperature in the exhibition space.[5] As part of his research, Polke visited the site months before, absorbing the atmosphere and taking photographs.[6] With this, the dictum of metamorphosis underpinning his work was already coming into play. In the analog development process, Polke not only lifted latent images from invisibility, but also conjured up the ghosts of the past. In his art, he often treated and referenced the occult. The paintings themselves as well as their titles, with such works as *Höhere Wesen befahlen: rechte obere Ecke schwarz malen!* (Higher Beings Commanded: Paint the Top Right Corner Black!, 1969) and *Tischerücken* (Table-Turning, 1981), demonstrate this penchant for the transcendent. If his brushes and paints were his magic wand when it came to painting, his camera and developer fluids performed this role in photography. With them, he revived the tradition of spirit photography, which had its heyday in the late nineteenth century.[7] Polke played a double role during his preparations: the spirit-incanting medium on the one hand, and on the other the photographer capable of only maneuvering what appears visible to him into the sphere of general visibility. The artist counteracts the ever-so-carefully established core task of photography to depict reality and extends it ad absurdum. He combined negatives conveying the pavilion's appearance with other shots of elements and traces that caught his attention on site.[8] These include a mysterious foam (fig. 01) and a shattered glass pane (fig. 02). Using a sandwich printing process he stacked the negatives, thus overlapping the layers of meaning and creating interstitial zones that commented on and classified the place of action, as if flooded and shattered by a surging past. "In the process, the thematic possibilities of the exhibition space itself are both played through and exploded, interpreted and destroyed. Its mythic nature is seen through and translated into parodic and magical images," commented German Pavilion commissioner Dierk Stemmler in the accompanying catalogue.[9] Polke's frenzies in the darkroom evoke the Surrealist method of *écriture automatique* (automatic writing), of ceding control. Polke's use of consciousness-expanding substances to promote hallucinatory vision were no laughing matter, as expressed in an obituary after Polke's death in the June 11, 2010, online edition of *Süddeutsche Zeitung* that described him as "the last heir to Dadaism."[10] In the Dadaist tradition, Polke's machinations are certainly comical at times, but also mocking and highly political.

By 1986 the artist had long acknowledged the critical potential of disturbing images and had gained ample experience in his own photographic experiments. These were characterized by a conscious decision not to work tidily, but to mix photochemical substances and therefore add additional sensory levels to images beyond simply combining negatives. The materials that created the images are what is seen in the prints (figs. 01–02). Each print is subtly defined by present yet invisible silver gelatin layers and by developing and fixing solutions. By employing these chemicals in ways that ran counter to their traditional uses, Polke exorcised photography of its corset of pure mimesis. The veils and clouds reveal the struggle between these chemicals, a struggle whose outcome remains undecided, but which is also at war with photorealism and gives the substances a face that extends to their reverse side (figs. 03–04).

The backs reveal the Janus-like nature of Polke's photographs and of photography itself.[11] Each side of the paper references, necessitates, and permeates the other. A photograph's front and back form a symbiosis, an indivisible unit, yet one can never see both sides at the same time, and certain aspects remain hidden, invisible. What quite literally is behind the picture? Who made it? A vague impression of a fingerprint may be seen on the upper left corner of the photograph showing a shattered glass pane (fig. 02). Here one may glimpse the creature who, according to title of the image, commanded the artist to paint the top right corner black seventeen years earlier—in other words the artist himself. Like the glass pane, the illusion shatters, and the last vestiges of realism—or objectivity—dissolve to reveal another kind of indexical relation, albeit one created not through the artist's pointer finger but through his thumb as he holds the paper during the developing process—unprotected, direct. "Polke neither babies himself, nor art."[12] He gesturally inscribes himself into the photograph and flouts the guidelines established over decades of creating photographic images. Such methods are "indications of a contrasting approach to the holy world of photographic technologies."[13] Polke and many others were spurred on by their generation's desire not to march along in lockstep but to break away, challenge rules, norms, and conformities, to become active—perhaps even activists.

Even if the photographs themselves weren't exhibited in the pavilion in 1986, they were included in the accompanying catalogue and thus formed a "prologue to the spatial events."[14] It was a kind of prelude and also a backdrop for the time portal through which visitors stepped when they entered the pavilion and saw the painted works that greeted them: "Because these works react to body heat and capture it, they resemble the silver gelatin images that also 'photograph' the viewer if he or she stands in front of them long enough."[15]

Nothing lasts, everything is in constant flux: ideas Polke powerfully demonstrated to the pavilion's visitors. But even more, he showed how not just the actual makers but also the visitors and viewers were involved in the process, an idea that was itself a metaphor for socio-political processes. Through his works he revealed the influence of everyone who enriches and transforms, attacks and deforms images, and thereby their content, by their sheer external presence.

1 Maria Eichhorn, "Relocating a Structure: Deutscher Pavillon 2022, 59. Internationale Kunstausstellung—La Biennale di Venezia," in *Maria Eichhorn: Relocating a Structure; Deutscher Pavillon 2022, 59. Internationale Kunstausstellung—La Biennale di Venezia*, ed. Yilmaz Dziewior (Cologne: Verlag der Buchhandlung Walther und Franz König, 2022), 129–40, here 136. All translations by Sylee Gore unless otherwise indicated.

2 Hans Haacke, "Auf diese Weise geht man nicht mit Geschichte um," interview by Christoph Schmitz, *Deutschlandfunk*, June 25, 2010, https://www.deutschlandfunk.de/auf-diese-weise-geht-man-nicht-mit-der-geschichte-um-100.html.

3 Born in Silesia in 1941, Polke fled with his family before the war ended in 1945, first from Lower Silesia to Thuringia, then to Düsseldorf via West Berlin and Hanover in 1952–53. (Anna Polke Foundation Archive.)

4 See Hans-Werner Schütt, *Auf der Suche nach dem Stein der Weisen: Die Geschichte der Alchemie* (Munich: C. H. Beck, 2000), 298.

5 See *Sigmar Polke: Athanor; Il Padiglione*, ed. Dierk Stemmler (Venice: XLII Biennale di Venezia, 1986), n.p.

6 See Jürgen Hohmeyer, "Es wird sich schon was zeigen: Jürgen Hohmeyer über den deutschen Biennale-Teilnehmer Sigmar Polke," *Der Spiegel*, June 22, 1986, 160–63, here 161.

7 For further details see Erhard Schüttpelz, "Empfindliche Materie: Geisterfotografie als Geisterangriff (Großbritannien 1872)," *Fotogeschichte* 84 (2002): 59–70.

8 *Sigmar Polke: Athanor.*

9 *Sigmar Polke: Athanor.*

10 Catrin Lorch and Kia Vahland, "Der Bilderfresser," *Süddeutsche Zeitung*, June 11, 2010, https://www.sueddeutsche.de/kultur/zum-tod-von-sigmar-polke-der-bilderfresser-1.957849. See also Martin Hentschel, "Printed Matter, or The Art of Communication: Sigmar Polke's Prints, 1963–2000," in *Sigmar Polke: The Editioned Works 1963–2000; Catalogue Raisonné*, ed. Jürgen Becker and Claus von Osten (Ostfildern-Ruit: Hatje Cantz Verlag, 2000).

11 Martin Hentschel also refers to the Janus figure in his essay for the catalogue raisonné, but draws a connection with offset printing in his remarks. See Hentschel, "Printed Matter."

12 Lorch and Vahland, "Der Bilderfresser."

13 Gottfried Jäger, *Bildgebende Fotografie: Fotografik, Lichtgrafik, Lichtmalerei; Ursprünge, Konzepte und Spezifika einer Kunstform* (Cologne: DuMont, 1998), 97.

14 *Sigmar Polke: Athanor.*

15 *Sigmar Polke: Athanor.*

Fig. 01 Sigmar Polke, *Pavillon Biennale Venedig* (Venice Biennale Pavilion), 1986, gelatin silver print, 30.6 × 40.5 cm, Bayerische Staatsgemäldesammlungen, Munich

Fig. 02 Sigmar Polke, *Pavillon Biennale Venedig* (Venice Biennale Pavilion), 1986, gelatin silver print, 30.8 × 40.4 cm, Bayerische Staatsgemäldesammlungen, Munich

Fig. 03 Sigmar Polke, *Pavillon Biennale Venedig* (Venice Biennale Pavilion), 1986, gelatin silver print, reverse, 30.6 × 40.5 cm, Bayerische Staatsgemäldesammlungen, Munich

Fig. 04 Sigmar Polke, *Pavillon Biennale Venedig* (Venice Biennale Pavilion), 1986, gelatin silver print, reverse, 30.8 × 40.4 cm, Bayerische Staatsgemäldesammlungen, Munich

DES TEUFELS WERK

ADAM JASPER

Stellen Sie sich vor, Sie sind in einer Ausstellung. Stellen Sie sich in diesem Fall vor, es ist eine Ausstellung mit den Werken von Sigmar Polke, ins Zusammenspiel gebracht mit den Arbeiten zeitgenössischer Künstler*innen (Abb. 01). Vor sich haben Sie *Der Teufel von Berlin* (1997): Das aus sechzehn an der Wand aufgereihten Bildern bestehende Werk behandelt zwei Sujets gleichzeitig. Zum einen stellt es wiederholtermaßen einen riesigen Bösewicht dar, der den Umhang eines Reisenden oder Bühnenschauspielers trägt und eine Peitsche über einer flüchtenden Menge kleinerer Figuren schwingt – vermutlich Angehörige des städtischen Bürgertums, da sie auf der panischen Flucht ihre Zylinder verlieren. Das zweite Sujet ist der Reproduktionsprozess selbst; das Rechteck eines Blattes Papier, das bei der Belichtung über die Glasplatte eines Fotokopierers bewegt wurde (Abb. 02–03).

Sie verstehen schon. Aber gehen Sie nicht weiter. Beschließen Sie vielmehr ganz bewusst, übermäßig viel Zeit mit diesem Bild zu verbringen. Das Schauen hat eine lange Geschichte der Verleumdung. Der Sehsinn wurde verdächtigt, anfällig zu sein für Täuschungen (Descartes) oder Perversionen (denken Sie an die Haltung, welche die Filmtheorie zum Blick bezieht). Aber schauen Sie trotzdem. Das Problem liegt nicht im endgültigen Festlegen einer Bedeutung der Kunstwerke. Die Aufgabe ist vielmehr, bei ihnen zu bleiben, ein wenig mit ihnen zu verweilen, während sie sich ihre eigene Zeit bahnen, wie Sternbilder und Ungeheuer es tun. Diese geduldige Kopräsenz mit dem Bild ist es, die es ihm ermöglicht, zu uns zu sprechen. Wir können unsere Ungeduld bremsen, indem wir ein wenig Zeit mit der Interpretation verbringen, unser Augenmerk auf Besonderheiten der Bilder richten, die wir sonst vielleicht nicht bemerkt hätten.

Bedenken Sie zuerst den expliziten Inhalt. Den Teufel im Titel erfassen wir ohne größere Schwierigkeit. Der nur mit „G.L.“ signierte peitschenschwingende Dämon erschien 1848 als belebender Geist auf der Titelseite radikaler Streitschriften, die – zum Ärger der Berliner Regierung – wechselweise als „Berliner Charivari“, „Satan“ und „Der Teufel in Berlin“ veröffentlicht wurden. Die strafende Riesengestalt erhob sich ursprünglich über dem Spruch „Ich bin des trocknen Ton's nun satt, muss wieder recht den Teufel spielen“, einem Vers, den Mephisto in Goethes *Faust* verkündet.

Ziel dieses kurzen Essays ist es, Sie an etwas zu erinnern, was Sie bereits wissen: dass der Teufel in Polkes Bild real ist.

Im Kontext des politischen Pamphlets ist der Teufel das Gespenst der Revolution. Mit Spott über Königtum und Aristokratie spornte die satirische Zeitschrift zur offenen Revolte an: Schlagt sie in die Flucht. Zu dem Zeitpunkt, als die Streitschrift veröffentlicht wurde, hatten Drucker die Freiheit zu provozieren. Hunderte waren bereits bei Straßenkämpfen in Berlin gestorben und König Friedrich Wilhelm IV. schwankte noch zwischen vorgeschützter Sympathie für die Demokraten und einer tief empfundenen Affinität zu den herrschenden Klassen. Bis zum Herbst sollten weder die Revolution niedergeschlagen noch die Pressefreiheit zurückgenommen werden. Das Pamphlet in seiner zerbrechlichen Dünne, seiner unflätigen Komik und seiner vorausschauenden Anonymität ist einer der wenigen Überlebenden dieser verfrühten Revolution. Es war auch einer ihrer Auslöser.

Die Gestalt des Teufels, der kleine fliehende Figuren geißelt, reiht sich in eine lange Geschichte von Gargantua-Bildern ein, die mit dem Frontispiz begann, das Abraham Bosse für Thomas Hobbes' *Leviathan* (1651, Abb. 04) schuf. Die riesige Gestalt kann für den Inbegriff einer irgend gearteten Macht gelten, und ob diese Macht die des Königs ist oder die der Massen, ist genau das, was zur Frage erhoben wird. In der Handschriftenausgabe des *Leviathan* sind die Figuren mit aus dem Blatt hinaus, zu den Betrachtenden gekehrten Gesichtern zu sehen. In der freigegebenen Druckfassung schauen sie in die Krone hinein, als würden die Winzlinge *durch* den Staat organisiert, anstatt ihn zu bilden. Der Teufel allerdings ist ein Riese, der den Bann der öffentlichen Ordnung bricht.

Die Pamphletist*innen hatten ihre neu gewonnene Freiheit mit Spott und Obszönität, also mehr als einem bisschen politischen Räsonieren, zum Ausdruck gebracht. Seite zwei von *Der Teufel in Berlin*, der Zeitschrift, der Polkes Bild wohl entnommen ist, enthält kurze Fragen und Antworten für die demokratisch Interessierten, so etwa:

> Frage. Wer hat die Titel und Orden erfunden?
> Antwort. Der Teufel.
> Frage. Zu welchem Zweck?
> Antwort. Er braucht sie als Regenwürmer, um damit Beamtenseelen zu angeln.[1]

Gehen Sie indessen vom expliziten Inhalt zum formalen Inhalt über. Jedes Bild ist ein A-3-Blatt, produziert von einem Fotokopierer. Beim Kopieren wurde das Bild – der Teufel – während der Belichtung jedes Mal mit einer sachten oder scharfen Bewegung verschoben, um wellenförmige Linien oder Schwärze zu erzeugen. Den Teufel können wir lediglich rekonstruieren, indem wir alle sechzehn Bilder anschauen. Das Originalbild ist von Hand gedruckt, doch die verzerrten Abkömmlinge des Dämons sind das Produkt einer späteren Reproduktionstechnik beziehungsweise Samisdat-Publikation. Die Bewegung des Papiers animiert seine Inhalte. Der Teufel wird zum Tanzen, zum Schwingen seiner Peitsche gebracht. *Ich bin des trocknen Ton's nun satt.* Genug von dieser trockenen Rede.

Die Gabe, die der Teufel in Wirklichkeit bringt – denn wer will schon die Seelen all der Amtsträger? –, ist Chaos. Reine stochastische Unvorhersagbarkeit, eine Öffnung der Welt dergestalt, dass die Bürokrat*innen fliehen und die Papierstapel fliegen dürften. Die Papierblätter im Office-Format geraten in unregelmäßige, fließende Bewegungen über die Glasplatte des Fotokopierers, als wären sie von einem Wind mitgeschleift worden. Eine häufig wiederholte Formel von Marshall McLuhan lautet, dass die Form alter Medien den Inhalt neuer Medien bildet. Zumindest auf dieses Kunstwerk trifft McLuhans Formel unbedingt zu. Der Inhalt des fotokopierten Bildes ist das weiße Rechteck der Originalillustration, doch welche Richtung er genau nimmt, lässt sich nicht vorhersagen. Jedes Bild entstammt zwar demselben Ausgangsbild, ist aber einzigartig unter seinen Geschwisterbildern. Bewegungen, ob politisch oder gestisch, bewirken nicht zwangsläufig vorhersagbare Ergebnisse.

Form kann Inhalt sein: Was bedeutet diese mittlerweile abgegriffene Behauptung der Medientheorie? Zumindest teilweise, unter einem indirekten Blickwinkel, dass alle Mittel zu Zwecken werden und alle Methoden des Evozierens und Simulierens selbst zum Gegenstand des Evozierens und Simulierens werden können. Alle Werke eines Typus, einer Gattung, überlagern einander und geben dabei Familienähnlichkeiten zu erkennen, und diese Ähnlichkeiten verhärten mit der Zeit zu Schicksalen. Die Form als Typus zerbricht jedoch, wenn die Reproduktionstechnologie sich ändert. Jedes neue Medium, das zunächst etwas unsicher ist, was es mit sich anfangen soll, übernimmt die verhärtete Schale des alten Mediums, nicht als Gefängnis, sondern als Stil.

Innerhalb dessen enthält die Form eines Mediums implizit auch Bezüge zu den buchstäblichen Grenzen der Repräsentation. Die Definition der Form, die eine Musikaufnahme annimmt, umschließt die obere und untere Schwelle reproduzierbarer Frequenzen. Die Form eines Gemäldes bezieht sich auf seine physische Kontur. Die Form einer gedruckten Veröffentlichung umschließt ihre Maße, ihre Materialien, ihre Bindung. Indem Polke einen Holzschnitt als fotokopierte DIN-A-3-Seite reproduziert und die Seite dann über das Vorlagenglas schleift, macht er sich über eine Form lustig. Indem er sie zum Spielen bringt, lässt er auch die Kluft zwischen Form und Inhalt sichtbar werden. Statt dass wir mit Luzidität in Hi-Fidelity, mit Medien in hoher Auflösung beköstigt werden, bekommen wir Ludizität in Lo-Fidelity. Das ist eine gesündere Diät.

In den *Lycopodium*-Arbeiten von Raphael Hefti spielt aleatorische Bewegung ebenfalls eine zentrale Rolle (Abb. 05). Die großformatigen Fotografien – eigentlich sind es keine Fotografien, aber vorerst können wir sie so nennen – ähneln Sternennebeln oder aufwändigsten Bildaufnahmen ferner Galaxien. Sie sind nichts dergleichen. Hefti nahm Hexenpulver, die Sporen von Bärlapp (der Name *lycopodium* bedeutet Wolfsfuß und bezieht sich auf eine verbreitete Moosart), und verteilte sie aus voller Hand als feinen gelben Staub über das Fotopapier. Die Sporen sind hoch entzündlich, waren bei Zauberkunststücken eine beliebte Zutat und wurden in der frühen Fotografie als eine Art primitiver Blitz genutzt.

Zur Anfertigung der Bilder baute Hefti ein dafür geeignetes Studio, streute bei völliger Dunkelheit das Pulver aus, zündete es an und bewegte es über die Papierfläche, um es am Brennen zu halten. Alle so entstehenden Bilder waren im Grunde in jeder Hinsicht unkontrollierbar. Beim Prozess ihrer Erschaffung gab es keine Rückkopplungsschleife zwischen Geste und Markierung, die das Definitionsmerkmal menschlicher Fingerfertigkeit ist. Was wir hier haben, ist vielmehr etwas deutlich Geheimnisvolleres: Ein

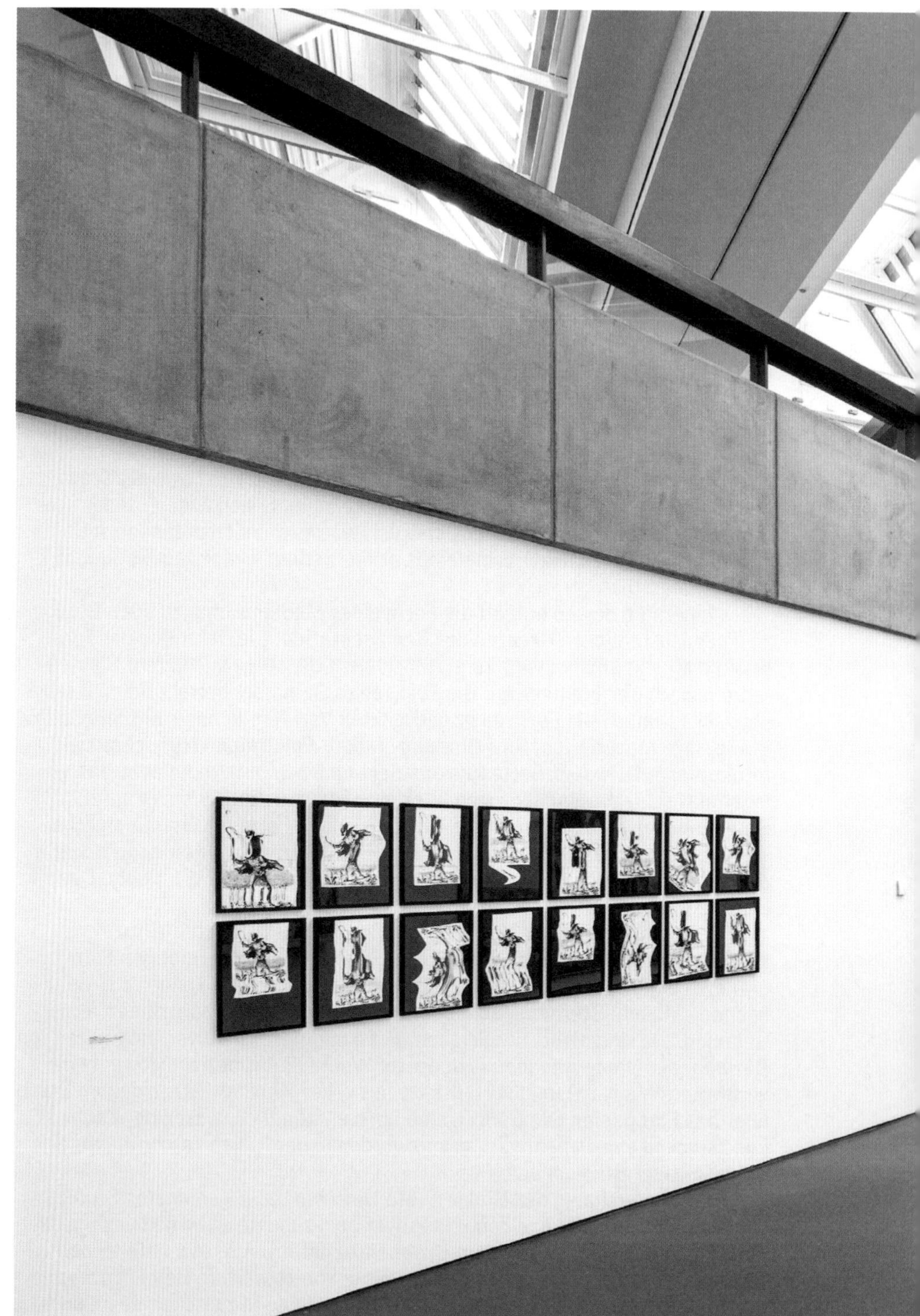

01

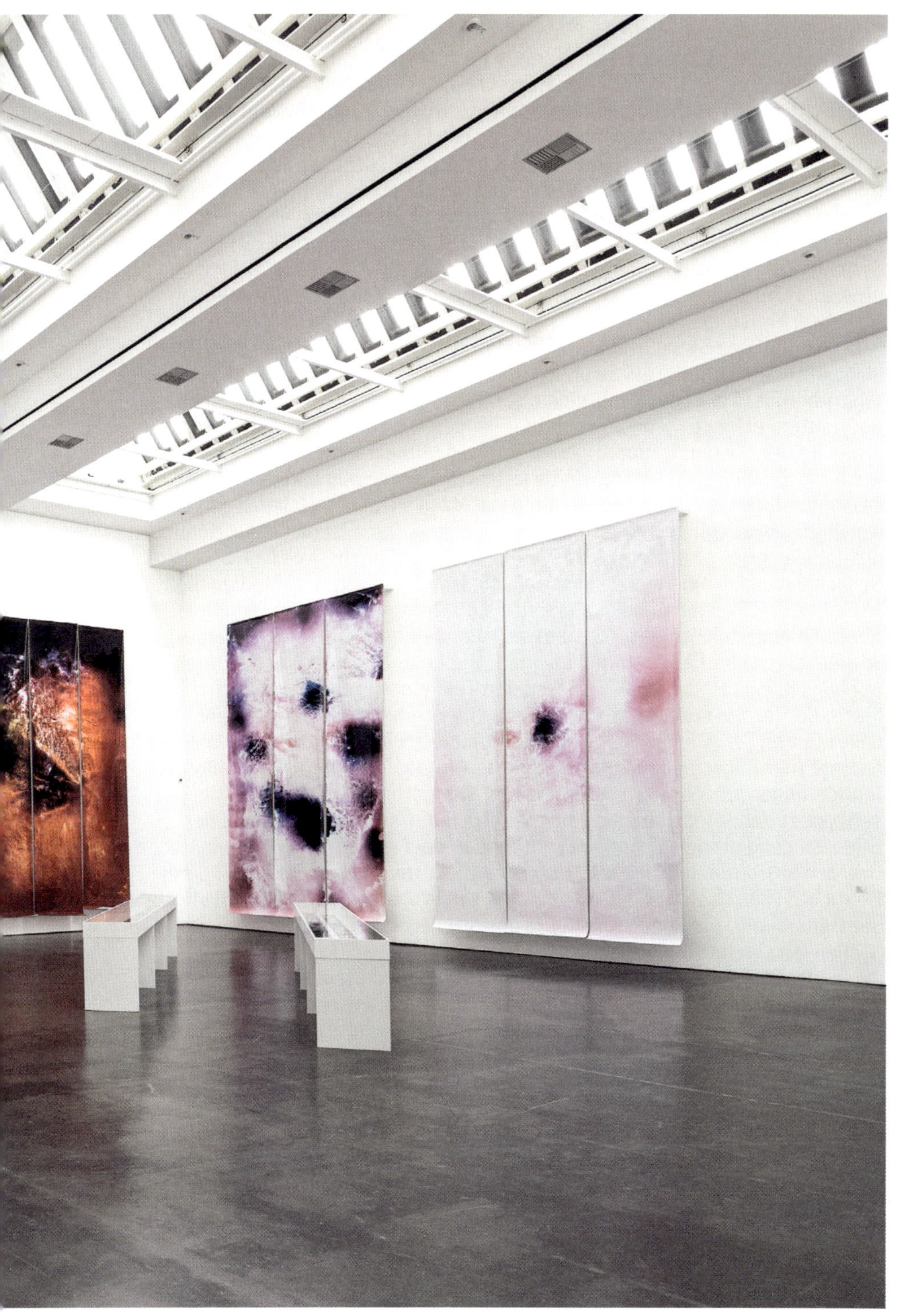

Schuss ins Dunkel, der sein Ziel immer trifft. Das Verfahren nutzt zwar Fotopapier, benötigt aber weder Kamera noch Negative. Die *Lycopodium*-Prints durchtrennen nicht nur den Regelkreis, der Hand und Auge verbindet; sie durchtrennen auch die technologische Kette, die Fotografie und optische Linse verbindet. Die Gelatinebeschichtung des Fotopapiers gleicht in ihrer Empfindlichkeit einer Haut, aber die Bärlappsporen brennen so kurz, dass die Oberfläche unbeschädigt bleibt. Diese Blätter bergen in ihrem grandiosen Format und ihrer reichen Farbstruktur eine Kraft, die sich nicht in erster Linie menschlicher Absicht verdankt, und vielleicht bergen sie Kraft genau deshalb. Zufallserzeugte Bilder nicht *von*, sondern *durch* etwas: Bilder, produziert im Einklang mit kosmischen Vorgängen. Aussaaten. Verteilung statt Beschreibung.

Es gibt eine Standarddarstellung davon, wie Bilder funktionieren, die in nicht geringem Umfang auf strukturalistischen Modellen der Sprachwissenschaft beruht. Sie beginnt mit einem semiotischen Zeichen, das für einen Referenten, etwas Erkennbares steht – nennen wir es der Klarheit halber etwas Reales. Zu den Hauptaufgaben der Medientheorie gehört es zu klären, wie diese Zeichen zirkulieren, wie sie übereinander purzeln und sich wieder zusammenfügen, welchen Kombinationsgesetzen sie in physischer Trennung von ihren ursprünglichen Referenten entsprechen. Dann ist da die für Kommunikationstheorien so entscheidende Frage, herauszukitzeln, welche Rolle dabei Sendenden und Empfangenden von Botschaften zukommt. Bei Medien dreht sich alles um Trennung. Normalerweise stellt man sich diese Trennung als räumlich oder zeitlich vor – Sie betrachten die Fotografie eines ihnen körperlich fernen Familienangehörigen, Sie bestellen per Internet oder telefonisch eine Pizza. Oder Sie lesen den Text eines Fremden – wie diesen hier –, der für Sie verfasst wurde, aber zu einer früheren Zeit und an einem unbekannten Ort. Die *Lycopodium*-Fotogramme arbeiten mit einer Trennung anderer Art: Abgetrennt ist die Wirkungsmacht des Schöpfers. Hefti nimmt Markierungen vor, ohne zu wissen, welche Markierungen er vornimmt, und verwendet dabei Instrumente, die eigentlich auf eine andere Weise der Bilderzeugung ausgelegt sind. Das Fotopapier darf seine eigenen ontologischen Grenzen ausreizen, und das resultierende Objekt tut etwas *mit* den und *für* die Betrachtenden, doch was das ist, ist schwer in Worte zu fassen, weil die Kette der Benennung, die Dinge mit Repräsentationen verbindet, an zu vielen Stellen durchschnitten worden ist.

Was uns bleibt, ähnelt Toren, Fenstern zu bodenlosem Raum. Hefti setzt darauf wie auch auf das bereits große Format der Bilder (es gibt kein größeres für den Handel produziertes Fotopapier), indem er diese in Triptychen aufhängt: dem traditionellen Format für den Altar, das Sakralgemälde mit Grisaillen auf den Außenseiten und reicher Farbe im Inneren, dessen Flügel an Feiertagen geöffnet werden. Sie sind eingeladen, in eine Landschaft einzutreten, die aus Hexenpulver gemacht ist.

Apropos Ähnlichkeit: Heftis *Lycopodium*-Bilder stehen in verwandtschaftlicher Verbindung zu Polkes *Urangestein (rosa)* von 1992 (Abb. 06). Die so betitelte Serie besteht ebenfalls aus direkten Kontaktprints, bei denen nicht Licht, sondern Alphastrahlung die Silbersalze des Fotopapiers anregt. Der Zufallsmechanismus wird nicht durch Ausstreuen von Staub in Gang gebracht, sondern durch den unabwendbaren allmählichen Zerfall von Uran-238. Dieser Gedankenstrang lässt sich nicht reduzieren auf Kritik im Sinne einer reflexiven Kritik an einem zerrütteten Biest, wie sie Medienkonsument*innen an einigen

Teilen eben dieser Medien vorbringen. Dergleichen Übung haben wir schon allzu oft durchgemacht. Demgegenüber werden hier die Teile des Mediensystems neu angeordnet, um ein anderes Instrument von viel größerem Anspruch zu erschaffen, verwandt der Umgestaltung von Teilen eines Fernsehgeräts oder eines Mikrowellenofens in ein Radioteleskop. Dies sind Werke jenseits der Bilderflut, und sie handeln nicht einmal nur von der Wirkungsmacht von Medien, sondern davon, was als praktische Ästhetik bezeichnet werden kann – die Aufgabe des Sehens. Die Bilder sind, was in der byzantinischen Theologie als *acheiropoieta* bezeichnet wird: nicht von Menschenhand geschaffene Bilder. In Konstantinopel bezog sich dieser Begriff auf Ikonen, von denen man glaubte, dass sie direkt durch Gottes Willen, ohne menschliches Eingreifen, hervorgebracht worden waren. Als göttliche Zeichen und, auf einer eschatologischen Ebene, Beweise göttlicher Vorsehung statt eines Waltens des Zufalls in jedem von uns verstandenen Sinne sind *acheiropoieta* die bildhafte Entsprechung jungfräulicher Geburten. Bilder von Heiligen wie Spuren von Uran sind beides Anzeichen der bevorstehenden Apokalypse, des Endes der Tage. Wir haben unser Bild der Apokalypse neu gefasst – vom Zorn Gottes über den nuklearen Schlagabtausch zum Klimawandel –, aber das Endergebnis stand nie weniger in Zweifel. Denn ihr wisset weder Tag noch Stunde (Matthäus 25:13).

Warum erinnern die *Lycopodium*-Bilder und die *Urangestein*-Bilder eigentlich so stark an astronomische Bilder? Es ist nicht nur eine Frage ihrer Erscheinung. Die Astronomie war die erste phänomenologische Wissenschaft, weil in der Astronomie kein Experimentieren möglich ist. Alles, was Sterngucker*innen tun können, ist beobachten, vergleichen, spekulieren und abermals beobachten. Entdeckungen in der Astronomie resultieren in erster Linie aus Verbesserungen der Sehverfahren, sei es durch Entwicklung neuer Beobachtungsinstrumente oder durch neue Vergleichstechniken. Die Sterne, und dafür bewundern wir sie seit je, tun in aller Stille, was sie wollen. Sie entziehen sich der kausalen Schlingen, in denen unsereins offenbar verfangen ist. Da wir sehen, dass nichts sie tangiert, nehmen sie sich für uns wie reine Ursachen aus. Die überzeugendste Möglichkeit, diesen Kosmos zu repräsentieren, besteht nicht darin, ein Bild von ihm zu machen, sondern an seiner aleatorischen Logik teilzuhaben. Versuchen Sie nicht, die Zufallsoperation zu zeigen, sondern fügen Sie sich ihr. Die meisten Weissagungstechniken bauen darauf, uns für eine sympathetische Einstimmung in den Kosmos zu öffnen. Spiele wie das Würfeln oder das Ziehen von Karten aus gemischten Stapeln beziehen ihre Voraussagekraft aus dieser Offenheit für den Zufall. Einmal geschehen, lässt sich der Wurf des Würfels nicht ungeschehen machen. Sein englischer Name *die* leitet sich sogar vom lateinischen *dare* her, dem Gegebenen, der unbekannten Zukunft, die bereits durch die Schicksalsgöttinnen beschlossen wurde.

Die Bilder, denen wir uns bei der Erforschung des Schicksals am häufigsten zuwenden, sind die Sternbilder. Die Tierkreiszeichen mit ihren diversen Erscheinungsformen in unterschiedlichen Kulturen können als eine Art Urkino verstanden werden, jagen sie doch einander über den Himmel in einer Abfolge, die sich in unabänderlicher Beständigkeit in jedem ablaufenden Jahr aufs Neue vollzieht. Ihre Vertrautheit täuscht über ihre Unheimlichkeit hinweg. Die Sternbilder sind einerseits eine Metapher für die göttliche Gleichgültigkeit gegenüber dem, was sich auf der Erde abspielt. Gleichzeitig sind sie eine natürliche Metapher für Einfluss, für eine Kraft, die nur in eine Richtung fließt, nämlich von den unantastbaren Sternen hinunter zu den

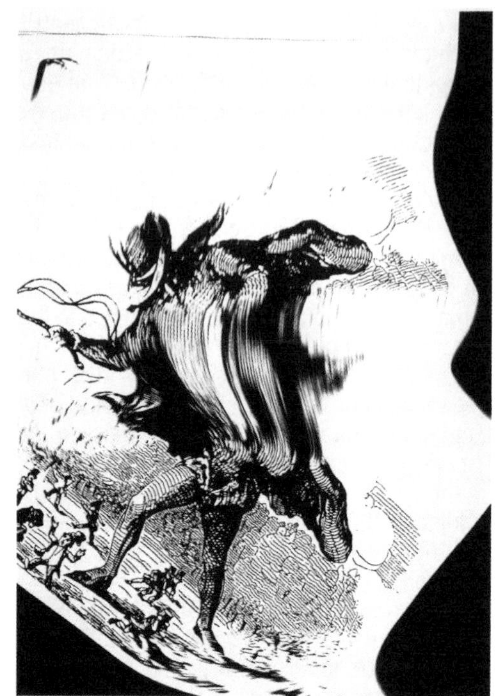

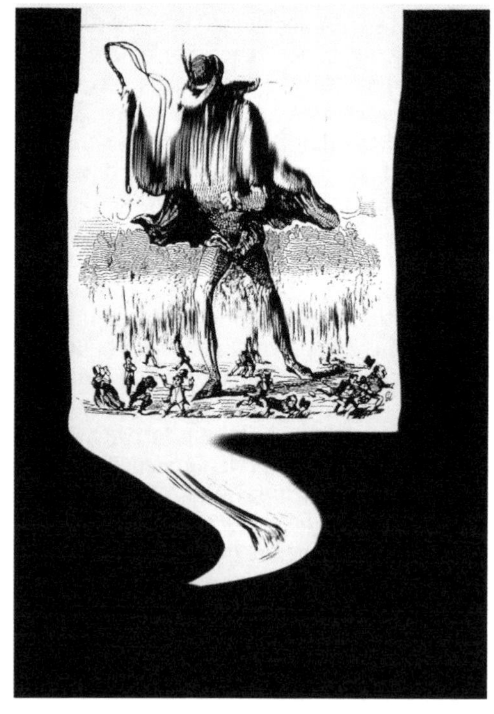

02
03

menschlichen Angelegenheiten auf Erden. Auch sind sie auf geradezu überdeutliche, unübersehbare Weise Ansinnen der Betrachtenden. Kennen Sternbilder sich selbst? (Ist Orion sich bewusst, ein Jäger zu sein, weiß der Löwe, dass er ein Löwe ist?) Sternbilder sind der Grenzfall von *acheiropoieta*. Sternbilder vervollständigen die Trennung zwischen Präsentation und Präsenz und bringen gleichzeitig die Unterscheidung zwischen Form und Inhalt zu Fall. Ihr himmlischer Ursprung, ihre göttliche Dauer ist unbestreitbar, aber sie sind auch die zerbrechlichsten aller Bilder, anfällig dafür, zu einem Haufen Punkten, einer Nichtigkeit zu schwinden, sobald wir unseren Glauben an sie oder auch nur unsere Aufmerksamkeit abziehen. Und dennoch steht uns nicht zur Wahl, in Konstellationen Bilder zu erkennen. Wir erkennen sie mit derselben unwillkürlichen Kraft, mit der wir ein Gesicht in einer Menge erkennen. Buchstäblich archetypisch, kommen wir mit den Konstellationen Bildern ohne Medien so nahe, wie wir nur können: In jenem buchstäblichen Sinn *unmittelbar*, immanent und transzendent gleichzeitig, sind sie der Ursprung jener binären Spaltung, durch welche die Mitose der Medien ihren Lauf nimmt. Womöglich ist nichts so aufrührerisch, wie sich diese Logik zunutze zu machen und Bilder auf dieselbe Weise hervorzubringen, wie Sonnennebel Sterne hervorbringen.

1 *Der Teufel in Berlin*, Nr. 3. Charlottenstraße 15, 1848, S. 2; in der Sammlung der Landesbibliothek Berlin, online: https://digital.zlb.de/viewer/image/1848_842629/2/ [zuletzt abgerufen am 2. November 2022].

Abb. 01 Installationsansicht *Produktive Bildstörung*, Kunsthalle Düsseldorf 2021/22: Sigmar Polke, *Der Teufel von Berlin*, 1997 und Raphael Hefti, *Lycopodium*, 2014

Abb. 02–03 Sigmar Polke, *Der Teufel von Berlin*, 1997, 2 von 16 Fotokopien, Unikate, je 42 × 29,5 cm, Sammlung Lambrecht-Schadeberg, Museum für Gegenwartskunst Siegen

Abb. 04 Abraham Bosse, Frontispiz von Thomas Hobbes, *Leviathan*, 1651

Abb. 05 Raphael Hefti, *Lycopodium*, 2012, Fotogramm auf Fujicolor Crystal Archivpapier, unter Verwendung der leicht brennenden Sporen der Moospflanze Lycopodium, 170 × 106 cm, Courtesy der Künstler

Abb. 06 Sigmar Polke, *Urangestein (rosa)*, 1992, 21 chromogene Farbdrucke, jeweils 59,2 × 44,9 cm, Hesta Collection, Schweiz

ADAM JASPER

Imagine you are in an exhibition. In this case imagine it is an exhibition of the works of Sigmar Polke, set in conjunction with the works of contemporary artists (fig. 01). In front of you is *Der Teufel von Berlin* (The Devil of Berlin, 1997): composed of sixteen images arrayed along the wall, the work depicts two subjects simultaneously. The first is the repeated depiction of a giant villain, wearing the cloak of a traveler or theatrical performer, wielding a whip over a fleeing crowd of smaller figures—presumably members of the urban bourgeoisie, for they lose their top hats as they flee in panic. The second subject is the process of reproduction itself, the rectangle of a sheet of paper that has been moved over the glass of a photocopier in the act of being scanned (figs. 02–03).

You get it. But don't move on. Rather, make a conscious decision to spend too much time with this image. Looking has a long history of denigration. The visual has been suspected of being prone to deceit (Descartes) or perversion (think of the attitude that cinema theory has toward the gaze). But look nonetheless. The problem is not to finalize what the artworks *bedeuten*. The task is, rather, to stay with them, to abide with them a little, as they carve out their own time, as constellations and monsters do. This patient copresence with the image, this is what allows them to speak with us. We can delay our impatience by spending a little time on interpretation, on drawing our attention to features of the images that we might not have otherwise noticed.

Consider the explicit content first. We can track down the *Teufel* in the title without too much trouble. The whip-wielding demon, signed only "G. L." appeared as the animating genius on the title page of radical pamphlets of 1848 that were—to the annoyance of the Berlin government—variously published as "Berliner Charivari," "Satan," and "Der Teufel in Berlin." The giant punitive figure originally sat over the slogan "Ich bin des trocknen Ton's nun satt, muss wieder recht den Teufel spielen," a line delivered by Mephisto from Goethe's *Faust*, approximately meaning: "I am now sick of all this dry talk and feel the need to play the devil."

The goal of this short essay is to remind you of something you already know: that the devil in Polke's picture is real.

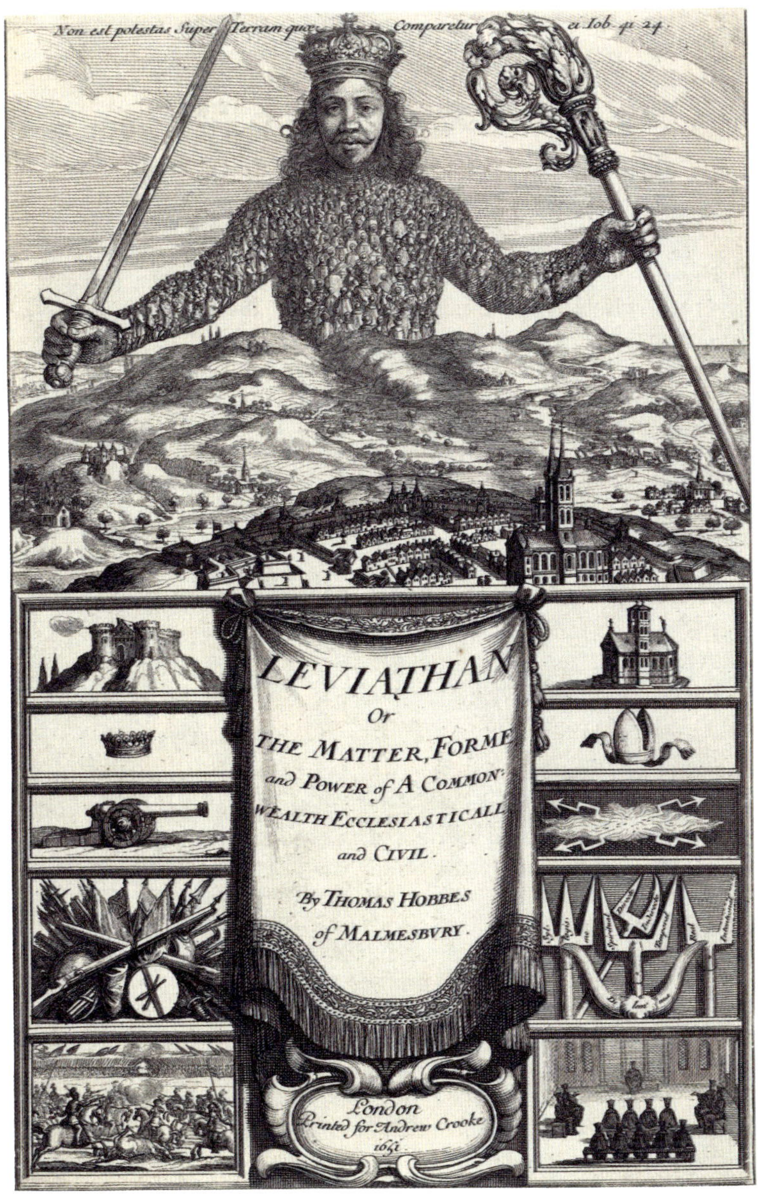
Non est potestas Super Terram quæ Comparetur ei Iob. 41. 24.
LEVIATHAN
Or
THE MATTER, FORME
and POWER of A COMMON-
WEALTH ECCLESIASTICALL
and CIVIL.
By THOMAS HOBBES
of MALMESBURY.
London
Printed for Andrew Crooke
1651

04

In the context of the political pamphlet, the *Teufel* is the specter of revolution. With mockery of royalty and aristocrats, the satirical magazine encouraged open revolt: send them running. At the moment in history in which the pamphlet was published, the printers were free to provoke. Hundreds had already died in street fights in Berlin, and King Frederick William IV was still vacillating between feigned sympathy for the democrats and a more deeply felt affinity for the ruling classes. The revolutionaries would not be crushed, nor press freedoms reversed, until autumn. The pamphlet, in its fragile thinness, its scatological humor, and its prescient anonymity, is one of the few survivors of this premature revolution. It was also one of its triggers.

The figure of the devil, scourging the small fleeing figures, fits into a long history of images of Gargantua, from the frontispiece Abraham Bosse made for Thomas Hobbes's *Leviathan* (1651; fig. 04) on. The huge figure can be taken as emblematic of some kind of power, and whether this power is that of the king or that of the masses is precisely what it brought into question. In the manuscript edition of *Leviathan*, the figures are shown facing out of the page, looking at the viewer. In the printed, approved version, they are shown as looking into the crown, as if the diminutive images are organized *by* the state, rather than constituting it. The devil, however, is a giant who breaks the spell of public order.

The pamphleteers had responded to their newfound freedom with mockery and obscenity, and more than a little political reasoning. Page two of *Der Teufel in Berlin*, the journal from which Polke's image is presumably taken, includes short questions and answers for the democratically curious, such as:

> Q: Who invented titles and royal orders?
> A: The Devil.
> Q: To what end?
> A: He uses them as worms, bait with which to fish for the souls of officials.[1]

Turn, however, from the explicit content to the formal content. Each image is an A3 sheet, produced by a photocopier. In each case, the image being copied—the *Teufel*—has been moved during the process of scanning, in a motion either gentle or sharp, to produce wavy lines, or blackness. We can only reconstruct the *Teufel* by looking at all sixteen images. The original image is hand printed, but these offspring, distorted demons, are the product of a later system of reproduction and samizdat publication. The movement of the sheet of paper animates its contents. The devil is brought to dance, to wave his whip. *Ich bin des trocknen Ton's nun satt*. Enough of this dry talk.

The gift the devil really brings—for who wants the souls of all these officials?—is chaos. Pure stochastic unpredictability, an opening up of the world such that the bureaucrats might flee, the stacks of paper might fly. The movement of the sheets of office-format paper across the photocopier's plate are irregular, fluid, as if they have been dragged across by a wind. An oft-repeated formula of Marshall McLuhan's is that the form of old media constitutes the content of new media. In the case of this artwork at least, McLuhan's formula is absolutely correct. The content of the photocopied image is the white rectangle of the original illustration, but the exact trajectory is unpredictable. Each image is both derived from the same starting image, but is unique among its sibling images. Movements, whether political or gestural, do not necessarily produce predictable outcomes.

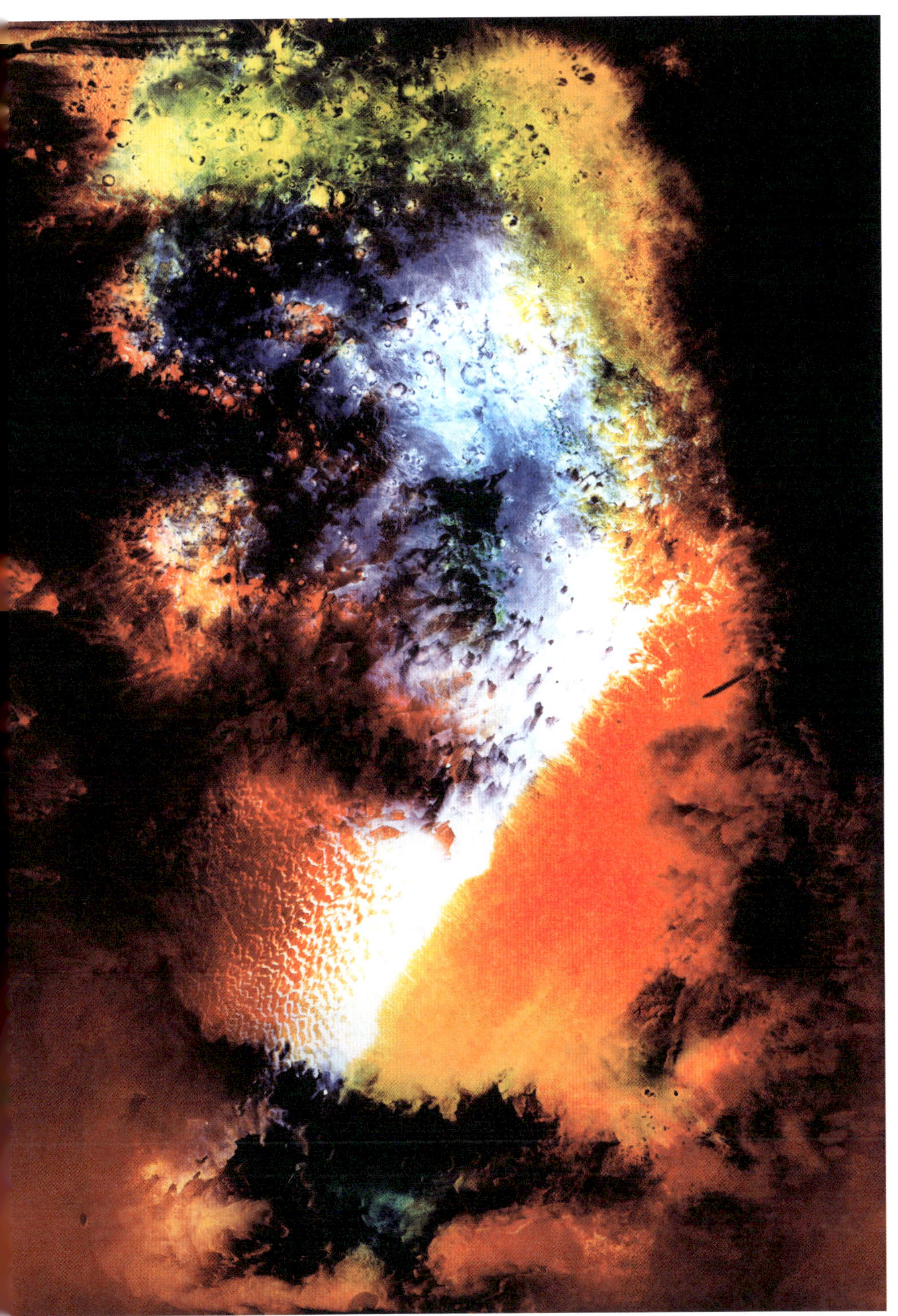

05

Form can be content: what does this now well-worn claim of media theory mean? At least in part, when viewed obliquely, that all means can become ends, all the methods of evocation and simulation become the object of evocation and simulation themselves. All the works of a type, a genre, are overlaid, to reveal family resemblances, and those similarities, over time, harden into fates. Form-as-type, however, breaks when the technology of reproduction changes. Each new media, at first a little unsure of what to do with itself, takes on the hardened carapace of the old media, not as prison but as style.

Within this, the form of a media also implicitly contains references to the literal limits of representation. The definition of a form of a musical recording includes the upper and lower boundaries of reproducible frequencies. The form of a painting refers to its physical shape. The form of a printed publication includes its dimensions, its materials, its binding. In reproducing a woodcut image as an A3 photocopied page, and then dragging that page across the scanning plate, Polke makes *sport* of a form. By inducing it to play, he also brings into visibility the gap between form and content. Rather than feeding us hi-fidelity lucidity, media in high resolution, we get lo-fidelity ludicity. It's a healthier diet.

In the *Lycopodium* pieces by Raphael Hefti, aleatory movement also plays a central role (fig. 05). These huge photographs—they are not exactly photographs, but we can call them that for the moment—resemble stellar nebulae, or the most sophisticated images of distant galaxies. They are nothing of the kind. Hefti took witches' powder, the spores of club moss (the name *lycopodium* means "wolf's foot" and refers to a common variety of club moss), and distributed it by the handful as a fine yellow dust over the photographic paper. The spores are highly flammable, were a popular ingredient in magic acts, and were used as a kind of primitive flash in early photography.

To make the images, Hefti constructed a purpose-built studio and, working in complete darkness, spread the powder, set it alight, and agitated it on the paper's surface to keep it burning. Each resulting image was, to all intents and purposes, essentially uncontrollable. In the process of its creation, there was no feedback loop between gesture and mark that is the defining feature of human dexterity. Rather what we have is something significantly more mystical: a shot in the dark that always hits its target. Although it employed photographic paper, the process required no camera and no negatives. The *Lycopodium* prints not only present a severing of the loop that connects the hand to the eye; they also sever the technological chain that connects the photograph to the optical lens. The gelatin surface of photographic paper is somewhat like skin in its sensitivity, but moss spores burn so briefly that its surface remained undamaged. These sheets, with their grandiose scale and richly structured color, carry a force that is not predominantly indebted to human intent, and perhaps that's *why* they carry force. Chance produced images that are not *of* but *by*: images produced in concert with cosmic processes. actions of dissemination. Distribution, rather than description.

There is a standard account of how images work that is to no small extent based on structuralist models in linguistics. It starts with a semiotic sign, which stands for a referent, something recognizable—for the sake of clarity, let's call it something real. One of the main tasks of media theory is to clarify how those signs circulate, how they tumble over each other and recompose themselves, what laws of combination they conform to, in physical separation from their original referents. Then there is the question, so crucial to theories of communication, of teasing out the respective roles of the transmitter and the recipient of messages. Media is all about severance. Normally, this severance is imagined as spatial or temporal—you look at the photograph of a family member, physically distant to you, you order pizza online or over the phone. Or you read a text by a stranger—such as this one—composed for you, but at an earlier time, and in an unknown place. The way the *Lycopodium* prints work is via severance of a different kind: the agency of the creator is severed. Hefti makes marks, not knowing what marks he makes, using tools designed to produce images in a different way. The photo paper gets to fulfill its own ontological limits, and the resultant object does something *to* and *for* the viewer, but it is difficult to articulate what it is, because the chain of nominalism that links things to representations has been cut at too many points.

What we are left with resemble portals, windows into bottomless space. Hefti plays on this, and on the already large format of the images (there is no larger photographic paper commercially produced), by hanging them in triptychs: the traditional format for the altarpiece, the sacred painting, grisailles on the outside and rich color within, whose doors are opened on feast days. You are being invited to step into a landscape made of witch's powder.

Speaking of resemblance, Hefti's *Lycopodium* images bear a family connection to Polke's *Urangestein (rosa)* (Uranium [Pink], 1992; fig. 06). These latter works are also a series of direct contact prints, in which the silver salts of the photographic paper have been triggered not by light, but by alpha radiation. The mechanism of chance is not provided by scattering dust, but by the implacable slow decay of Uranium-238. This train of thought cannot be reduced to "criticism," the reflexive critique of some parts of the media, that broken beast, by consumers of the self-same media. That's an exercise we've been through all too often. Rather, what we have here is the rearrangement of the parts of the media system to create another instrument of much greater ambition, akin to reconfiguring the parts of a television or a microwave oven into a radio telescope. These are works beyond the *Bilderflut*, nor even merely about the agency of media, but rather about what can be called practical aesthetics—the task of looking. The images are what, in Byzantine theology, are referred to as *acheiropoieta*, images not created by the human hand. In Constantinople, the term referred to icons believed to have been produced directly by the will of God, without human intervention. Divine signs, and on an eschatological level, proofs of divine providence rather than the action of chance in any sense that we would understand it, acheiropoieta are the pictorial equivalent of virgin births. The images of saints, like traces of uranium, are both markers of the oncoming apocalypse, of the end of days. We have reconfigured our image of the apocalypse—from divine wrath to nuclear exchange to climate change—but the ultimate outcome has never seemed less in doubt. You do not know the minute or the hour (Matthew 25:13).

Why do the *Lycopodium* images, and the *Urangestein* images, for that matter, so strongly recall astronomical images? It is not merely a question of their appearance. Astronomy was the first phenomenological science, because in astronomy, experimentation is impossible. All the stargazer can do is observe, compare, speculate, and observe again. Discoveries in astronomy are first and foremost the result of improvements in the processes of looking,

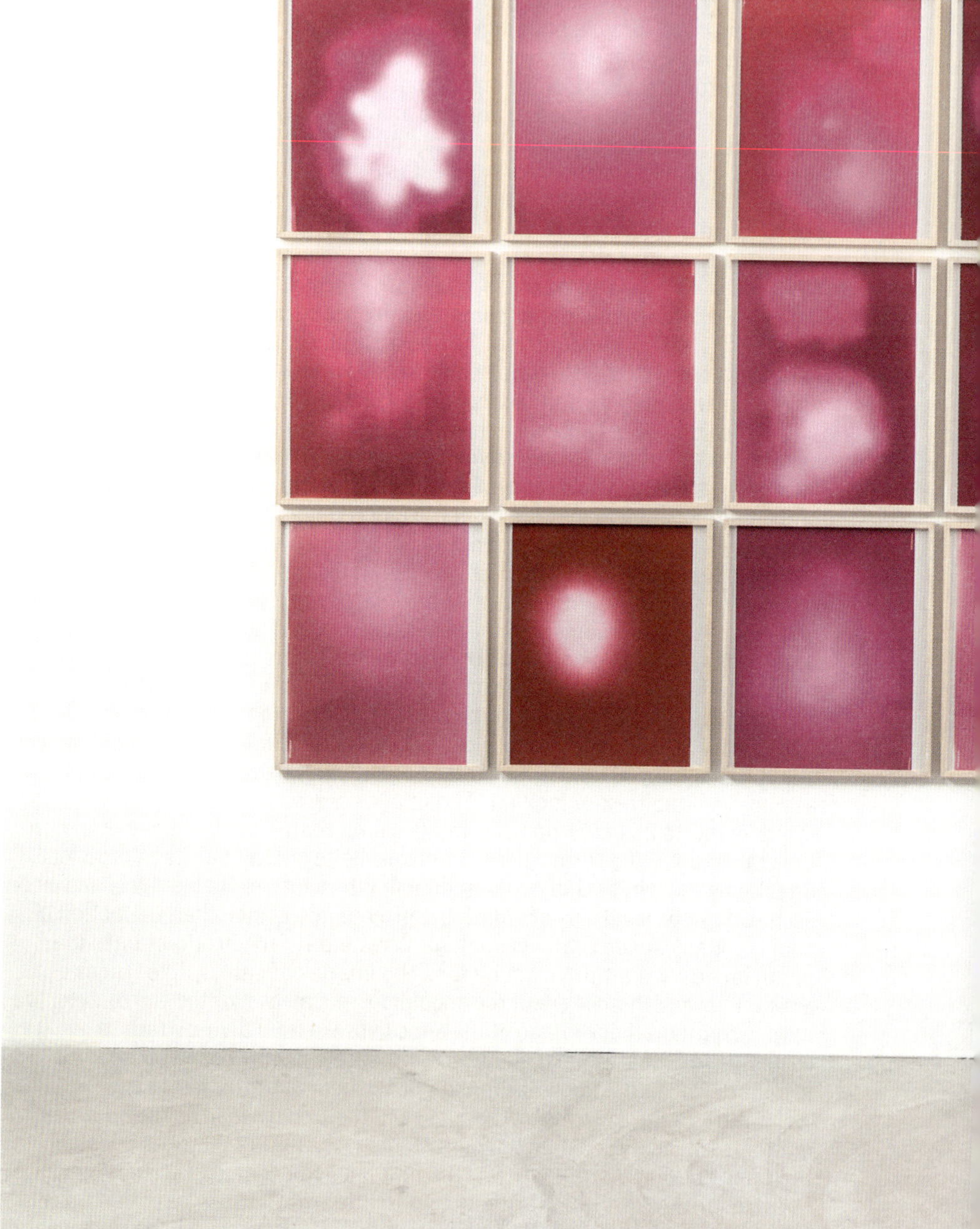

06

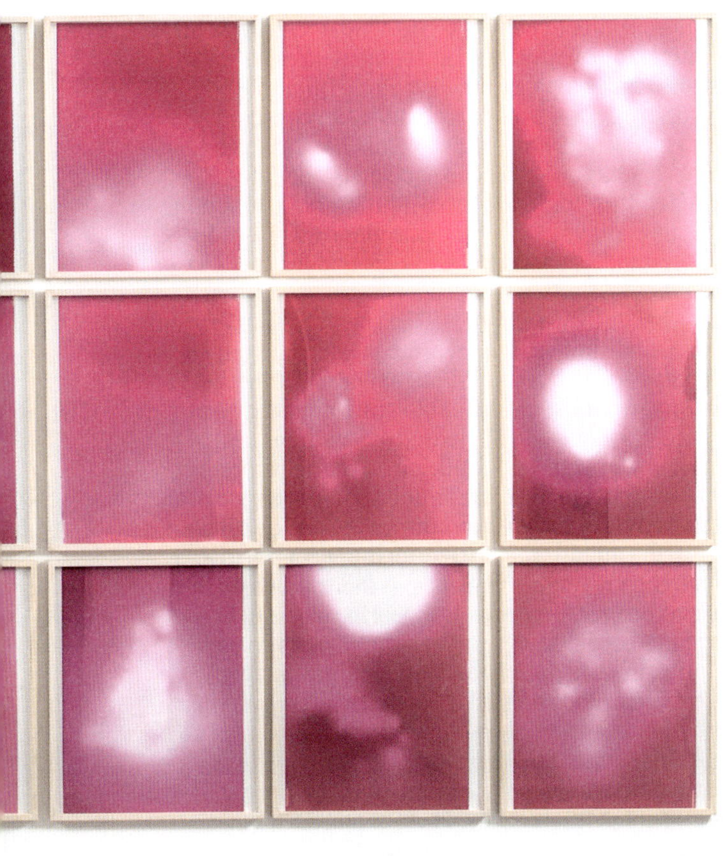

either due to the creation of new instruments of observation, or new techniques of comparison. The stars, and this is what we have always admired about them, silently do what they want. They are exempt from the causal loops that seem to entangle the rest of us. Seeing that nothing affects them, they look to us like pure causes. The most persuasive way to represent this cosmos is not to make a picture of it, but to participate in its aleatory logic. Don't try to show the operation of chance, but rather, subject yourself to it. Most techniques of prophecy rely on opening ourselves to sympathetic attunement with the cosmos. Games such as throwing down dice, or drawing cards from shuffled decks, derive their capacity for prediction from this openness to chance. The die, once cast, cannot be uncast. Even its name derives from the Latin *dare*, the given, the unknown future that has already been decided by the fates.

The images we most often turn to, in the investigation of fate, are the constellations. The signs of the zodiac, in their various manifestations in different cultures, can be understood as a kind of primal cinema, as they chase each other across the sky in a progression that reoccurs with rigid fixity each passing year. Their familiarity belies their weirdness. The constellations are, on the one hand, a metaphor for divine indifference regarding what plays out on earth. And at the same time, they are also a natural metaphor for influence, for a force that flows only one way, from the untouchable stars down to human affairs on earth. They are also cartoonishly, obviously, *impositions* of the viewer. Do the constellations know themselves? (Is Orion aware he is a hunter, does Leo know he is a lion?) Constellations are the limit case of acheiropoieta. The constellations, at the same time as perfecting the severance between presentation and presence, also collapse the distinction between form and content. Their celestial origin, their divine permanence, is indisputable, but they are also the most fragile of images, prone to disappearing into a cluster of points, a nothingness, the moment that our faith in them, or even our attention, is withdrawn. And yet we do not *choose* to recognize images in constellations. We recognize them, with the same involuntary force with which we recognize a face in a crowd. Literally archetypal, the constellations are as close as we come to images without media, in that literal sense *immediate*, immanent, and at the same time transcendent, the origin of that binary split through which the mitosis of media gets underway. There is maybe nothing quite as seditious as tapping into that logic, in making images in the same way that solar nebulae make stars.

1 "Der Teufel in Berlin. No 3. Charlottenstrasse 15," (1848), 2; in the collection of the Landesbibliothek Berlin.

Fig. 01 Installation view *Productive Image Interference*, Kunsthalle Düsseldorf 2021/22: Sigmar Polke, *Der Teufel von Berlin* (The Devil of Berlin), 1997, and Raphael Hefti, *Lycopodium*, 2014

Figs. 02–03 Sigmar Polke, *Der Teufel von Berlin* (The Devil of Berlin), 1997, two of sixteen photocopies, unique originals, each 42 × 29.5 cm, Lambrecht-Schadeberg Collection, Museum für Gegenwartskunst Siegen

Fig. 04 Abraham Bosse, frontispiece of Thomas Hobbes's *Leviathan*, 1651

Fig. 05 Raphael Hefti, *Lycopodium*, 2012, photogram on Fujicolor Crystal Archive paper, using the gently burning spores of the moss lycopodium, 170 × 106 cm, courtesy of the artist

Fig. 06 Sigmar Polke, *Urangestein (rosa)* (Uranium [Pink]), 1992, twenty-one chromogenic color prints, each 59.2 x 44.9 cm, Hesta Collection, Switzerland

SINCE THE MATERIALS HAVE A LIFE OF THEIR OWN

CHARLOTTE LANG

Die 1980er-Jahre markieren in Sigmar Polkes Schaffen eine Neuausrichtung. Seine künstlerischen Überlegungen konzentrieren sich verstärkt auf die Materialien sowie die ihnen inhärenten Eigenschaften und Geschichten. Dieses Interesse spitzt sich in Polkes Bespielung des Deutschen Pavillons 1986 auf der 42. Biennale di Venezia zu. Hierfür entwirft Sigmar Polke unter dem Titel *Athanor* eine komplexe Installation: Auf die Besuchenden warten unter anderem eine auf Feuchtigkeit reagierende Wandmalerei, an Wände gelehnte monumentale Lackbilder, ein Eisenmeteorit, ein Quarzkristall sowie ein Zinnoberstück, vier mit Mineralfarben gemalte monochrome Bilder, ein mit Purpurfarbstoff bemaltes seidenes Tuch, auf die Räume verteilte Grafitbilder, ein mit Pflanzensaft gemaltes Bild und drei Rasterbilder.[2] Wie lassen sich diese vielzähligen Elemente und ihre Konstellationen in Gänze begreifen und entschlüsseln? Schenkt man der damaligen Rezeption und Berichterstattung über Polkes Beitrag Aufmerksamkeit, so ist dort von einem Kunst-Raum die Rede, der sich der Natur öffne und unmittelbar in die Bildprozesse eingreife, von raffinierter Chemie, die selbst an Polkes Biennale-Programm mit male, von einem lebenden Bild und der Feststellung, alles sei einer dauernden Veränderung ausgesetzt.[3] Vor dem Hintergrund der heute vorherrschenden Auffassung von Materie und Material birgt die Präsentation mit ihrem Augenmerk auf das Prozessuale eine faszinierende Aktualität. Ausgehend von werkimmanenten Parametern lassen sich aufschlussreiche Anknüpfungspunkte an einen erweiterten Materialbegriff der neumaterialistisch ausgerichteten Kultur- und Sozialwissenschaften feststellen.[4]

EIGENLEBEN DER MATERIALIEN

Zwei der in *Athanor* ausgestellten Werkgruppen haben eine für dieses Vorhaben hervorzuhebende Gemeinsamkeit: Ihr Bildwerden vollzieht sich aus den beteiligten Materialien heraus. Im Herstellungsprozess für die großformatige Werkreihe der sogenannten Kunststoffsiegel-Bilder (1986) goss Sigmar Polke Kunstharzlack in teils mehreren Lasuren auf liegende Leinwände. Bevor sich der Lack jedoch erhärten konnte, gab Polke in das noch feuchte Geschehen verschiedene Zutaten mit dem Resultat, dass diese Mixtur auf eine vorher nicht absehbare Weise interagierte: Violettes Pigment, Grafitpulver, Terpentin, Blattsilber, Silbernitrat und Zinnoberkörner.[5] Kennzeichnend für diese Werke ist ihre transparente, glänzende Oberfläche, die das Äußere durch Reflektion jeweils mit einbezieht in das „Innere des Bildes"– seien es Besuchende oder die herrschenden Lichtverhältnisse im Raum (Abb. 01).[6] Auch die *Schleifenbilder* (1986) sind Resultate spontaner chemischer Reaktionen, hier zwischen flüssigem Dammarfirnis (Naturharz) und Grafitpulver. Beim Aufeinandertreffen auf dem Bildträger reagieren die Substanzen und formen sich zu vorher unvorhersehbaren, frei fließenden, kosmischen Formen. Erst danach trägt der Künstler mit kalligrafischer Präzision eine geschwungene Schleifenlinie aus Silberoxid auf jedes der Bilder auf. Bei dem Motiv handelt es sich um kunsthistorische Zitate, welche Polke Albrecht Dürers Holzschnitt *Der Große Triumphwagen des Kaisers Maximilian I.* entlehnt (Abb. 02).

Die hier eingesetzten Materialien sind für Sigmar Polke nichts Unbelebtes, im Gegenteil, sie werden aktiv und wirkmächtig (ein)geschätzt: „Anyone faced with these pictures can see quite easily that they haven't been preconceived or constructed, since the materials have a life of their own [...]."[7] Diese Haltung korrespondiert mit der fundamentalen Annahme der Neuen Materialismen, nach der Materie nicht als tot oder passiv gesehen wird: „[...] neo-materialism is based on the idea that matter has morphogenetic capacities of its own and does not need to be commanded onto generating form."[8] Es wird davon ausgegangen, dass Materie etwas Lebhaftes und Dynamisches ist, das über intrinsische Handlungsmacht und Vitalität verfügt.[9] Auf den Bildträgern Sigmar Polkes entfalten die genutzten Pigmente und Substanzen ihr Eigenleben, sie begrüßen sich, fließen ineinander, stoßen sich ab oder verändern ihre Farbe mit der Konsequenz einer vorher nicht bestimmbaren Bildwerdung.[10] Statt sich der Materialien als passive Verfügungsmasse zu bedienen, während im Zentrum das Künstlersubjekt agiert, Form bestimmt und vorgibt, lässt Polke den Materialien im Werkprozess den Raum, sich als Mitakteure zu verselbstständigen und die Bildgenese fließend und intraagierend auszuloten.[11]

INNERE TRANSFORMATIONSKRÄFTE

Das Prozessuale ist ein weiteres wesentliches Merkmal einer neumaterialistisch ausgerichteten Ontologie, die sich nicht auf einen Sein-Zustand konzentriert, sondern auf das Werden. Zugrunde liegt eben jene Vorstellung von Materialität, die als etwas Lebhaftes ganz eigene Transformationskräfte birgt: Statt isolierter Objekte, die in tradierten Oppositionen verhaftet sind, besitzen demnach auch Dinge die Fähigkeit, in Begegnung mit anderen (materiellen) Akteuren Wirkung zu entfalten.[12]

Einen solchen (künstlerischen) Werdens-Prozess verkörpert die abstrakte Wandmalerei, welche sich zentral im Deutschen Pavillon auf der konkav gewölbten Stirnwand des Hauptraums befindet. Auf die Wand der Konche trug Sigmar Polke in gestischen Bewegungen in Flüssigkeit aufgelöstes Cobalt(II-) Chlorid auf (Abb. 01). Die chemische Salzverbindung reagiert auf Feuchtigkeit mit Farbveränderungen: Je feuchter es in der Lagunenstadt und somit auch im Innenraum ist, desto stärker rosagefärbt ist die Wand, je trockener desto blauer. Polke veranlasst damit, dass sich Venedigs Klima selbst bildlich zeigt.[13] Die Wandmalerei stellt so eine Leinwand für die Materialisierungen der vorherrschenden atmosphärischen Veränderung dar; sie ist ein Bild, das ständig im Fluss bleibt.[14] Innerhalb dieses Transformationsprozesses verschränken sich künstlerische Aktivität und atmosphärische Bedingungen mit den chemischen Reaktionen der Hydrofarben.

Subtiler angelegte Verwandlungsprozesse geschehen auch auf vier monochromen viereckigen Farbtafeln, die an der Wand neben dem Schleifenbild *Ratio* zu einem großen Quadrat gehängt sind (Abb. 03). Jede ist flächig mit einer Mineralfarbe bemalt und nach ihr betitelt: *Malachit* (grün), *Azurit* (blau), *Realgar* (orangerot), und *Auripigment* (gelb). Charakteristisch für die Mineralien ist ihre Transformationskraft untereinander, so ist der grüne Malachit ein Verwitterungsprodukt des blauen Azurits so wie Auripigment von Realgar. Auch hier befindet sich die Bilderzeugung im Werden, jedoch bleibt noch abzuwarten, wie genau sich die prozesshafte Mineralität langfristig unter den vorherrschenden (Witterungs-)Bedingungen – zuerst im Pavillon und im Anschluss unter der streng konservatorischen Lagerung im Depot – verhalten wird.

Neben der Verwandlung durch Feuchtigkeit und Witterung spielt auch die Metamorphose durch die gestalterische Kraft des Lichts eine Rolle innerhalb des Ausstellungskomplexes, nämlich bei der Herstellung des Werks *Purpur*, für das Sigmar Polke sich den traditionellen Gewinnungsprozess des Pigments aneignete. Für die Herstellung extrahierte er aus den Drüsen von Purpurschnecken ein milchiges Sekret, das den Farbstoff enthält, und bemalte mit diesem anschließend ein helles Seidentuch. Diese Stufe des Produktionsprozesses fand unter freiem Himmel statt, denn erst mit dem Einwirken von Sonnenlicht verfärbt sich der Purpurfarbstoff von milchig über grün-blau hin zu violett und enthüllte die vorab aufgetragenen Ornamente.

Es offenbart sich mit diesen Arbeiten, dass es Sigmar Polke weit weniger um das ästhetische Resultat, sondern vielmehr um den Produktionsprozess und die verborgenen Transformationskräfte im Material geht: „It's the procedures in and for themselves that interest me. The picture isn't really necessary!"[15] Der Gedanke der Verwandlung und Erzeugung einer reagierenden und sich metamorphosierenden Materie ist allumfassend in der Installation: *Athanor* ist die Bezeichnung eines Hochofens, der von den Alchemisten zur Verwandlung von Stoffen durch Prozesse der Erwärmung, des Destillierens, Erhitzens oder Sublimierens genutzt wurde.

VERNETZTE GEMENGELAGE

Sigmar Polke verwendet für die hier besprochenen Werke vor allem natürliche Pigmente, was auch für die ausgestellte Malerei *Indigo* zutrifft. Hier kommt das gleichnamige Pigment zum Einsatz, welches aus den Blättern und Stängeln des Indigobuschs gewonnen wird. Farbstoffe wie Indigo, Malachit oder Purpur gab es durchaus als synthetische Substanz, doch Polke bezieht sich mit dem expliziten Einsatz ihrer natürlichen Form auf die ihnen inkorporierten Kulturgeschichten und mitschwingenden Mythen. Die Faszination für solche Zusammenhänge brachte den Künstler überdies dazu, drei Steine innerhalb der Präsentation mitauszustellen: Ein Meteoritenbruchstück, welches dem Asteoridengürtel entstammt und vermutlich vor Jahrtausenden beim Eindringen in die Erdatmosphäre zerbarst, einen milchig-luziden Quarzkristall aus den Bergen Arkansas, dessen pyramidalen geformten Spitzen das Ergebnis freien mineralischen Wachstums sind, und ein Zinnoberstück, das in einer dafür herausgeschlagen Nische der gewölbten Pavillonwand aufbewahrt war. Die integrierten Stücke des Meteoriten, Bergkristalls und

Zinnobers entstammen anderen Sphären – dem Universum, dem Erdreich und heißer Bruchzonen –, territorialen Gefügen, an denen sich menschliches Leben nicht ansiedelt. Dieses seismografische Gespür für Materie, das Interesse an ihrem Ursprung, ihren Geschichten sowie ihrem Handlungspotenzial teilt Sigmar Polke mit den Neuen Materialist*innen.

Zu bemerken ist, dass Polke die Naturobjekte als objets trouvés in den Ausstellungskomplex integriert, ohne eine hierarchische Kategorisierung gegenüber seinen Werken vorzunehmen. Eine Tatsache, die ebenfalls mit dem heterogenen Feld der Neuen Materialismen und ihrer materialistischen Ontologie korrespondiert, die tradierte Einteilungen in Subjekte und Objekte oder Kultur und Natur missbilligt, da sie diese als miteinander verschränkt begreifen. Dagegen betrachten sie die Welt vielmehr als Sammlung von Gefügen oder Netzwerken aus Menschlichem und Nichtmenschlichem, aus Artefakten, Zeichen, Bedeutungen und Handlungen, die erst in ihrer Verbindung ihre Wirkungsmacht entfalten.[16] Unter dem Begriff „Gefüge" (frz. *agencement*, engl. *assemblage*) fasst die Politologin Jane Bennett in Anlehnung an Gilles Deleuze und Félix Guattari „ad hoc Gruppierungen unterschiedlicher Elemente, lebhafter Materialien aller Art".[17]

In diesem Sinne lässt sich ein Ereignisraum wie *Athanor*, in dem Dualismen wie aktiv/passiv, belebt/unbelebt, natürlich/künstlich durchquert werden und sich stattdessen verschränken, als (soziales) Gefüge begreifen. Sind doch Materialien und Substanzen an der Bildfindung mitbeteiligt: Luftfeuchtigkeit und Licht zirkulieren durch die Räume des Pavillons und beeinflussen das Werkgeschehen unmittelbar oder in langfristigen Prozessen; Besuchende erwärmen und befeuchten durch ihre bloße Anwesenheit den Raum, spiegeln sich in den Lackbildern und werden Teil der Bildprozesse. Daraus ergibt sich, dass die verschiedenen Akteur*innen und Elemente dynamischer und kollektiver Art intraagieren und aufeinander einwirken, sich innerhalb prozessualer Abläufe neu konfigurieren und letztlich ein komplex verwobenes Ganzes kreieren.

Es darf jedoch nicht übersehen werden, dass Teil dieser assemblageartigen Verwobenheit auch die kulturellen Verweise, die miteinfließenden Narrative sind – sie verknüpfen Vergangenheit, Gegenwart und Zukunft anachronistisch miteinander. Ein wichtiger Knotenpunkt verzweigt sich beispielsweise in der politischen Gegenwärtigkeit, die durch drei ebenfalls gezeigte Rasterbilder in die Präsentation geholt wird: *Polizeischwein* (1986), *Hände (vorm Gesicht)* (1986), *Sieht man ja, was es ist* (1984). Die gegenständlichen Bilder basieren auf Fundstücken aus Polkes Bildarchiv, Presseausschnitten oder einem Filmstill, die aufgeblasen und herausgelöst aus ihrem Kontext auf die Leinwand übertagen wurden.[18] Dadurch schlägt sich eine Gegenwärtigkeit nicht nur im Prozessualen durch die sich verändernden Materialien nieder, sondern auch mit den zirkulierenden Bildern, die eingefangen und mit ausgestellt wurden. Es entsteht ein System aus Netzwerken, die ihrerseits erneut Knotenpunkte weiterer Netzwerke bilden: So verdichten sich Kunst-, Natur-, und Kulturgeschichte mit chemischen Prozessen, Naturobjekten, den vorherrschenden atmosphärischen Bedingungen sowie den Besuchenden (ihren Körpern, ihrer rezeptiven Erfahrung) zu einem dynamischen und verknoteten Gefüge.

In der Gesamtheit lässt sich durch den materialistischen Kern der Installation *Athanor* mit ihren prozessualen und assemblageartigen Eigenschaften ebenfalls eine tiefe Hinterfragung anthropozentrischen Denkens ableiten und sie offenbart damit eine brisante Gegenwärtigkeit. Sie entfaltet ihren Modellcharakter im Zusammenspiel mit den neumaterialistischen Ansätzen und vermag dementsprechend auch Impulse auf ökologische Fragen unserer Zeit zu geben. Denn indem auch nichtmenschliche Akteur*innen und Entitäten als wirkmächtig angesehen werden und sich verschränken, die Disziplinen sich vernetzen, entsteht ein Miteinander, das eine Ausgangslage schafft, (politische) Verhältnisse neu zu denken.

1 Sigmar Polke in: „What Interests Me Is the Unforeseeable: Sigmar Polke Talks about His Work", in: *Flash Art*, Nr. 140 (Mai–Juni 1988), S. 68–70, hier S. 68.

2 Für eine grundlegende Beschreibung vgl. Dierk Stemmler (Hg.), *Sigmar Polke: Athanor. Il Padiglione*, Ausst.-Kat. XLII. Biennale di Venezia 1986, Düsseldorf 1986, o. P. (Die letztendlich realisierte Präsentation weicht jedoch von der Werkaufzählung und -beschreibung im Katalog ab).

3 Vgl. Stemmler 1986 (wie Anm. 2), o. P.; Jürgen Hohmeyer: „‚Es wird sich schon was zeigen' – Jürgen Hohmeyer über den deutschen Biennale-Teilnehmer Sigmar Polke", in: *Der Spiegel*, Nr. 26, 1986, S. 160–163, hier S. 163; Petra Kipphoff, „Die 42. Kunst-Biennale von Venedig: viele Rekorde, wenig Konturen, eine konfuse Sonderausstellung zum Thema ‚Kunst und Wissenschaft' und die Rückkehr der Preise: Halbierte Löwen im Luna-Park", in: *DIE ZEIT*, Nr. 28, 4. Juli 1986, online: http://www.zeit.de/1986/28/halbierte-loewen-im-luna-park/ [zuletzt abgerufen am 23. August 2022].

4 Seit etwa drei Jahrzehnten zeigt sich durch unterschiedliche Disziplinen und Schulen der Sozial-, Natur- und Kulturwissenschaften ein verstärktes Interesse an den umfassenden materiellen Aspekten der Welt. Der Begriff des *New Materialism* wird erstmalig 1991 von der feministischen Philosophin Rosi Braidotti eingeführt und dient heute als Sammelbegriff für eine ganze Reihe theoretischer Ansätze, die unter dem Schlagwort *material turn* firmieren; vgl. Rosi Braidotti, *Patterns of Dissonance: A Study of Women and Contemporary Philosophy*, Cambridge 1991, S. 263–266. Grundlegend für die Überlegungen des vorliegenden Beitrags sind die gesammelten Aufsätze des Bandes Kerstin Stakemeier und Susanne Witzgall (Hg.), *Macht des Materials/Politik der Materialität*, Berlin 2014, die zeigen, wie wissenschaftliche Ansätze eines Neuen Materialismus mit bildender Kunst in Beziehung gesetzt werden können, sowie der Artikel von Hans Dickel, „Über Natur und Kunst in Sigmar Polkes ‚Athanor' (Venedig 1986)", in: *Kritische Berichte, Zeitschrift für Kunst- und Kulturwissenschaften*, Bd. 19, Nr. 4, Marburg 1991, S. 63–76.

5 Vgl. Dierk Stemmler, *Sigmar Polke–6 Kunststoffsiegel-Bilder. Zyklus aus der 42. Biennale Venedig 1986*, Mönchengladbach 1994, S.11–24.

6 Sigmar Polke in einem TV-Interview: *Sigmar Polke. Biennale Venedig 1986*, Städtisches Museum Abteiberg, WDR, *Aktuelle Stunde*, 23. November 1986, 05:54 Min., hier ab Min. 03:38, [Archiv Anna Polke-Stiftung].

7 Polke 1988 (wie Anm 1).

8 Manuel DeLanda, „Interview with Manuel DeLanda", in: Rick Dolphijn und Iris van der Tuin (Hg.), *New Materialism: Interviews & Cartographies*, Ann Arbor 2012, S. 38–47, hier S. 43.

9 Vgl. Jane Bennett, *Lebhafte Materie. Eine politische Ökologie der Dinge*, Berlin 2020; Diana Coole, „Der neue Materialismus: Die Ontologie und Politik der Materialisierung", in: Stakemeier/Witzgall 2014 (wie Anm. 4), S. 30–32; Katharina Hoppe und Thomas Lemke (Hg.), *Neue Materialismen zur Einführung*, Hamburg 2021, S. 10.

10 Dieses Geschehen beobachtet Polke häufig, dokumentiert es sogar mittels Foto- und Filmkamera, dabei greift er hin und wieder ein, rüttelt die Leinwand, streut und bläst etwas hinzu oder versucht den Prozess im für ihn richtigen Augenblick zu stoppen; vgl. Sigmar Polkes Film *Farbe*, ca. 1986–1992, 16-mm-Film, Farbe, kein Ton, 60:00 Min.

11 Zum Begriff der Intraaktion siehe Karen Barad, *Agentieller Realismus. Über die Bedeutung materiell-diskursiver Praktiken*, Berlin 2012, S. 19.

12 Vgl. Coole 2014 (wie Anm. 9), S. 30–31; Hoppe/Lemke 2021 (wie Anm. 9), S. 41.

13 Sigmar Polke in einem TV-Interview: Wolfram Cornelissen, *Athanor. Il padiglione, XLII. Biennale di Venezia, ZDF Aspekte*, 29. Juni 1986, 06:20 Min., hier Min. 04:30, [Archiv Anna Polke-Stiftung].

14 Vgl. Hohmeyer 1986 (wie Anm. 3), S. 161. Zur „Prozessualität der Natur – Prozessualität des Bildes: Venedig 1986" siehe Martin Hentschel, *Die Ordnung des Heterogenen, Sigmar Polkes Werk bis 1986*, phil. Diss., Bochum 1991, S. 405–417.

15 Polke 1988 (wie Anm. 1), S. 70.

16 Vgl. Susanne Witzgall, „Macht des Materials/Politik der Materialität – eine Einführung", in: Stakemeier/Witzgall 2014 (wie Anm. 4), S. 13–28, hier S. 15.

17 Bennett 2020 (wie Anm. 9), S. 59; vgl. auch Gilles Deleuze und Félix Guattari, *Tausend Plateaus. Kapitalismus und Schizophrenie* [1980], Berlin 1992.

18 Beispielsweise zeigt das Werk *Hände (vorm Gesicht)* (1986), welches exponiert rechts neben dem Eingang des Pavillons installiert ist, eine Gruppe von Männern, die mit beiden Händen ihre Augen verdecken. Bedenkt man, dass der Pavillon 1938 unter den Nationalsozialisten von Ernst Haiger umgebaut wurde, liegt eine Verbindung zu dem kontaminierten Bauwerk und einer wenig aufarbeitungsfreudigen deutschen Nachkriegsgesellschaft nahe; vgl. Lanka Tattersall, „Acht Tage die Woche", in: Kathy Halbreich/Mark Godfrey/Lanka Tattersall u. a. (Hg.), *Alibis. Sigmar Polke 1963–2010*, Ausst.-Kat. Museum of Modern Art, New York 2014, Tate Modern, London 2014/2015, Museum Ludwig, Köln 2015, München 2015, S. 100–123, hier S. 113–114.

Abb. 01 Installationsansicht *Athanor*, Deutscher Pavillon auf der 42. Biennale di Venezia, 1986, mit vier Kunststoffsiegel-Bildern, Meteorit, Wandgemälde und Zinnober (in Nische der Wand, Hintergrund)

Abb. 02 Installationsansicht *Athanor*, Deutscher Pavillon auf der 42. Biennale di Venezia, 1986, mit Quarzkristall und Grafitbild *Ratio*

Abb. 03 Installationsansicht *Athanor*, Deutscher Pavillon auf der 42. Biennale di Venezia, 1986, mit *Azurit, Malachit, Auripigment, Realgar*, Quarzkristall und Grafitbild *Ratio*

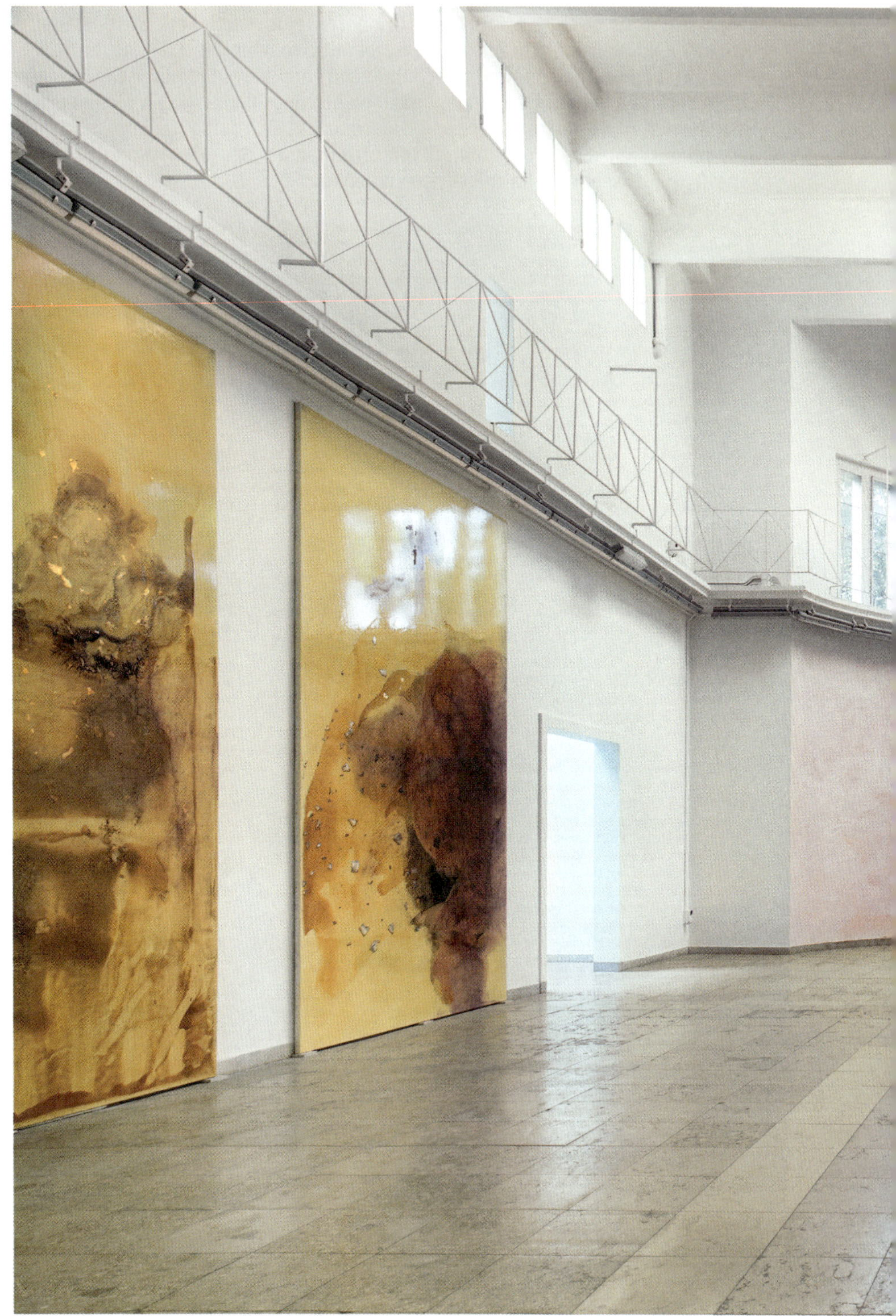

01

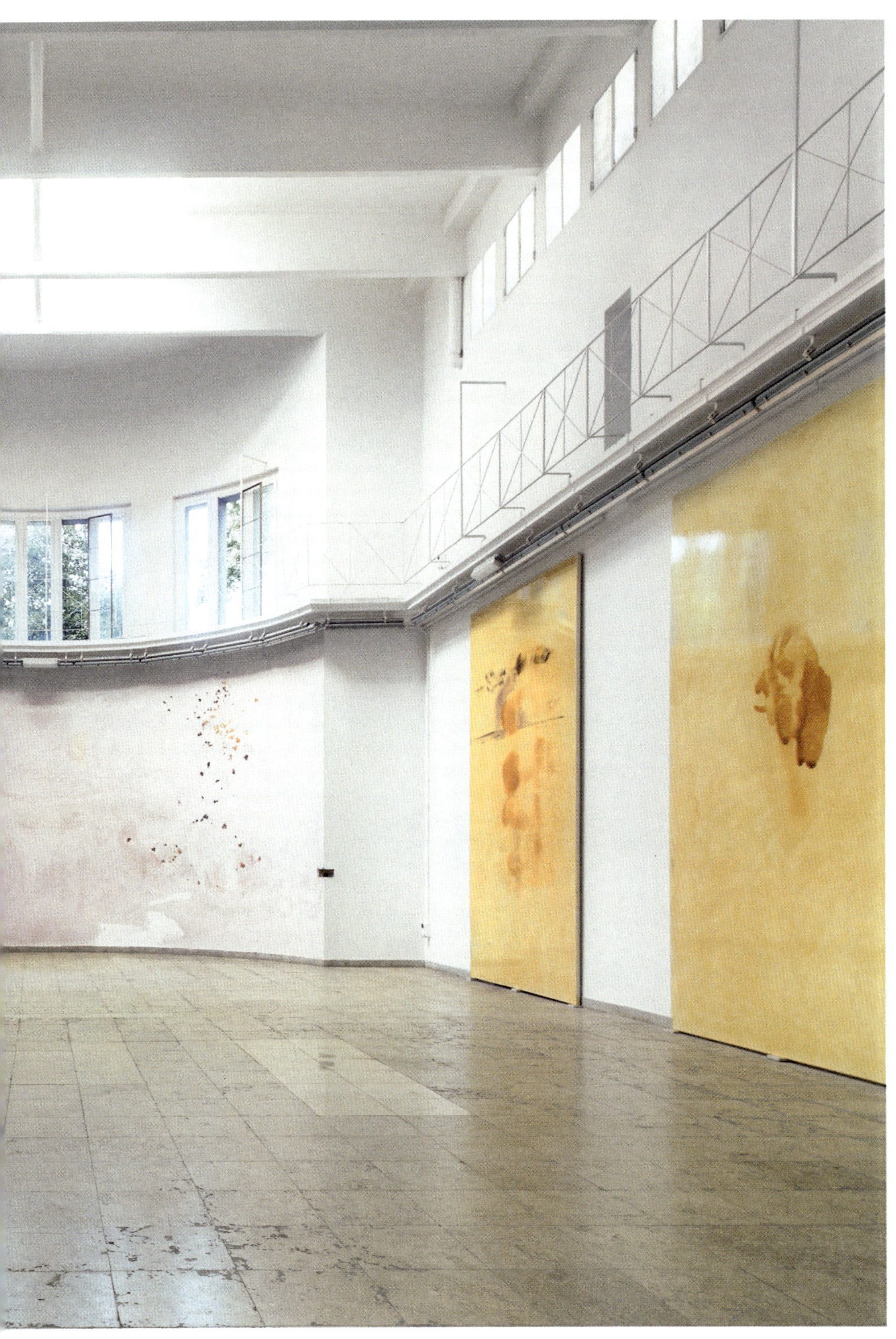

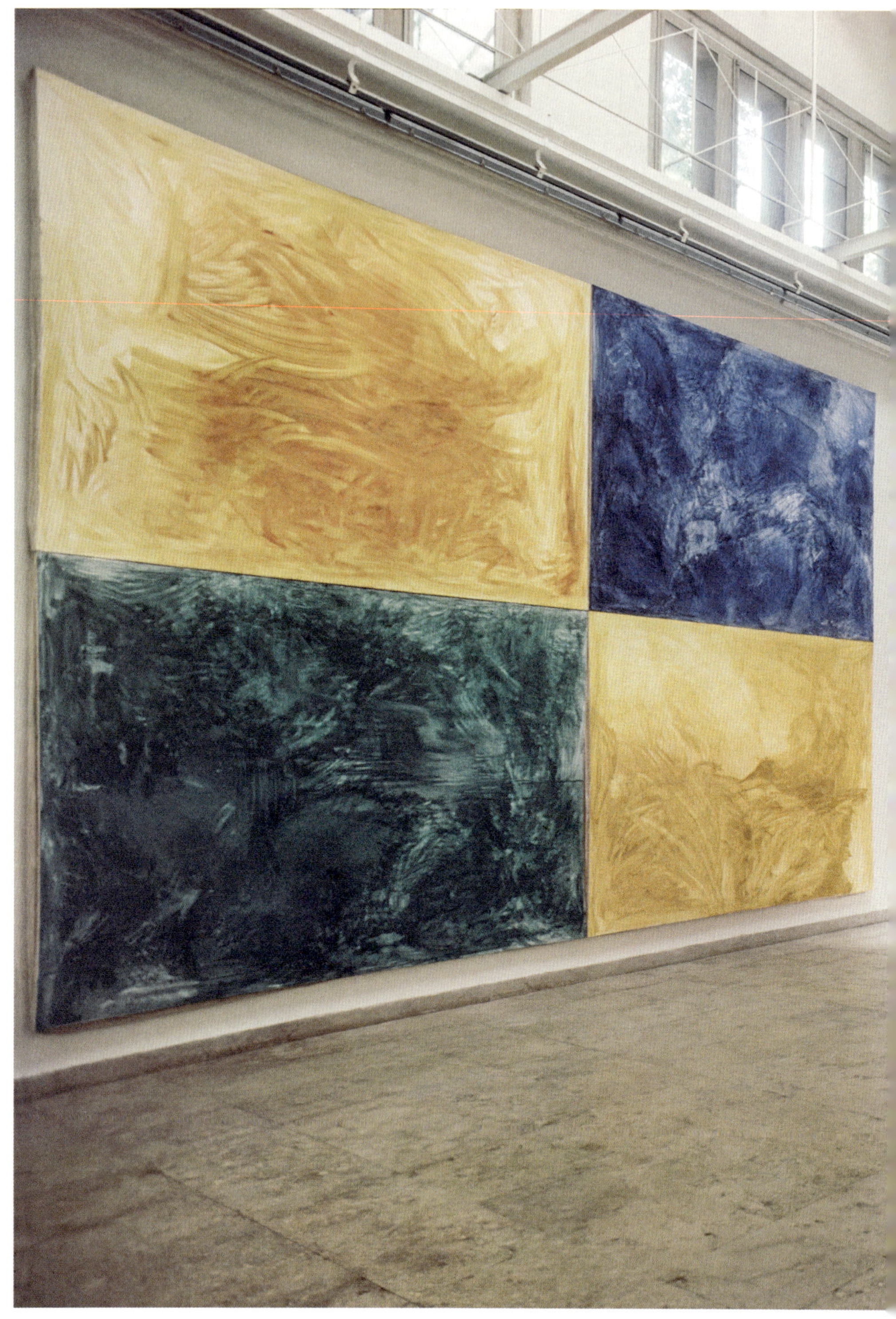

03

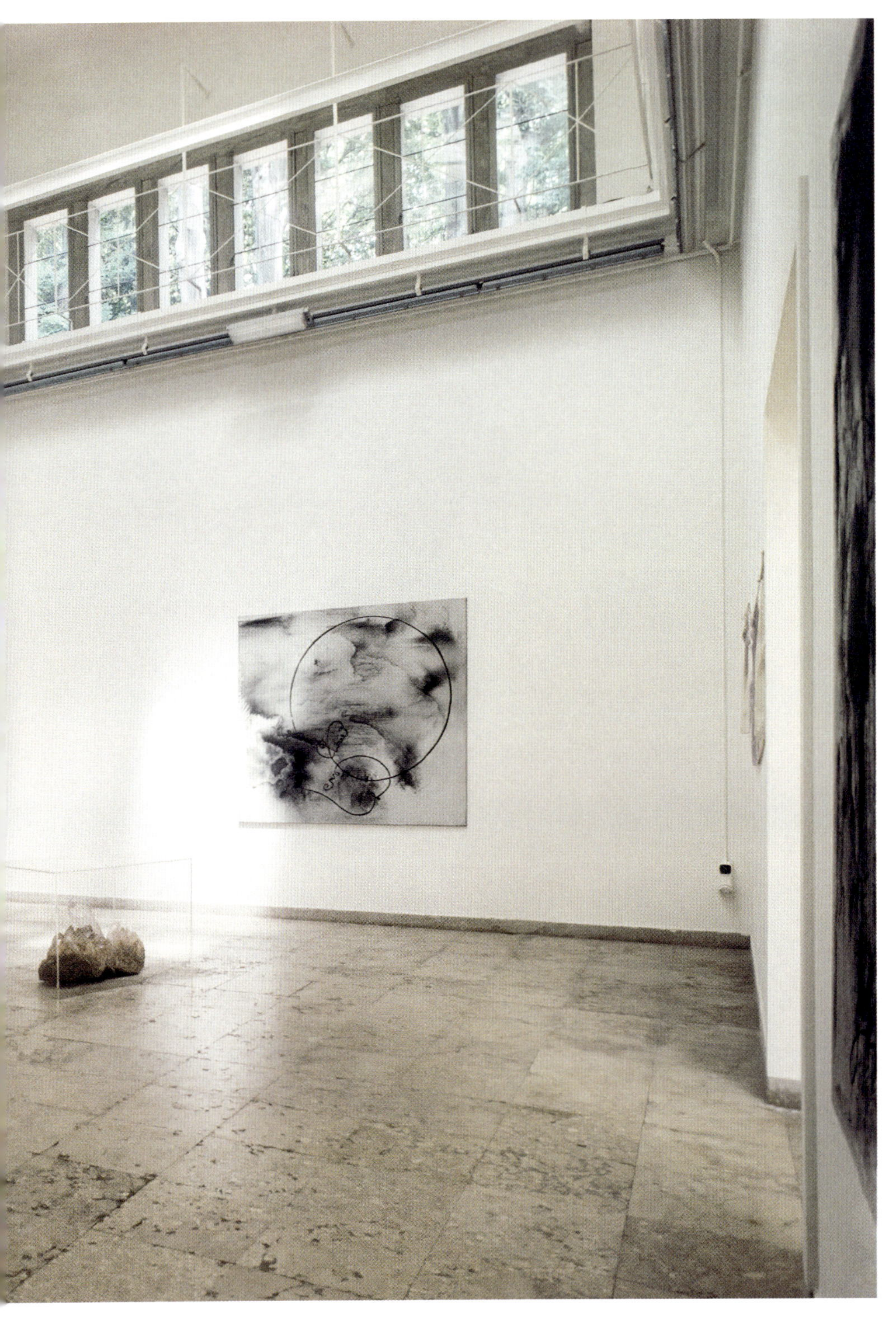

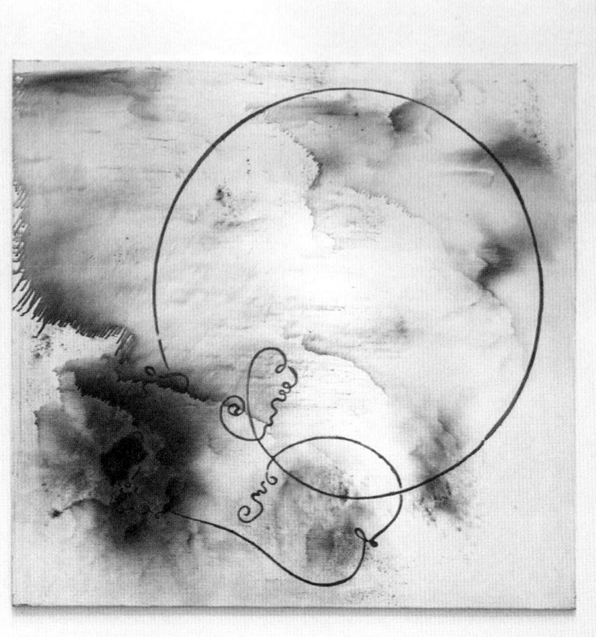

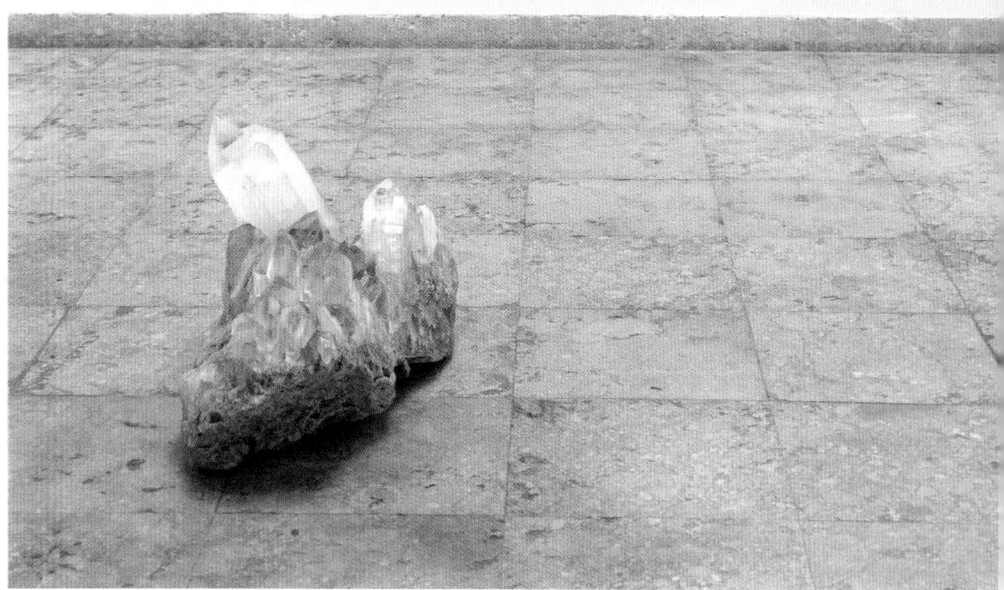

02

SINCE THE MATERIALS HAVE A LIFE OF THEIR OWN

CHARLOTTE LANG

The 1980s mark a shift in Sigmar Polke's work. His artistic investigations increasingly delved into materials and their inherent traits and origins. This interest came to a head in Polke's installation at the German Pavilion for the forty-second Venice Biennale in 1986. He created a complex installation titled *Athanor* that confronted viewers with a humidity-sensitive mural; monumental lacquer paintings leaned against the walls; an iron meteorite, a quartz crystal, and a chunk of cinnabar; four monochrome paintings made with mineral paints; a silk cloth painted with purple dye; graphite paintings placed around the rooms; a painting made with plant juice; and three *Rasterbilder*, pictures based on the halftone printing technique.[2] How might these many elements and their combinations be understood and deciphered as a whole? In the reception and coverage of Polke's installation at the time, it is described as an art space opened to nature that directly intervenes in the image-making processes. There is talk of sophisticated chemical processes that participate in painting Polke's Biennale program, of living painting, and the observation that everything is undergoing constant change.[3] Against the background of today's prevalent understanding of matter and material, the installation, with its focus on the processual, is fascinatingly current. As these writings highlight, parameters intrinsic to the works allow rich connections to be identified to a widened concept of "material," as understood in the new materialism orientation of cultural and social sciences.[4]

THE INNER LIFE OF MATERIALS

Two work groups shown in *Athanor* share a trait worth mentioning in this context: the genesis of the images depends on the materials involved. When making the large-format series of the so-called artificial resin paintings (1986), Polke poured synthetic resin varnish onto horizontal canvases, sometimes adding multiple coats. Yet before the varnish could harden, Polke added various ingredients to the still-damp surface, with the result that these mixtures—violet pigment, graphite powder, turpentine, silver leaf, silver nitrate, and cinnabar grains—interacted with the surface in unpredictable ways.[5] These works are characterized by their transparent, gleaming surfaces. Reflections, which could include visitors or the lighting conditions in the room, draw the outer world into the picture (fig. 01).[6] *Schleifenbilder* (Loop Pictures, 1986) are also the result of spontaneous chemical reactions, here between liquid damar varnish (a natural resin) and graphite powder. When the two substances meet on the image support, they react to form unforeseeable, freely flowing cosmic shapes. Only then would the artist apply curved, looping lines of silver oxide to each painting with a calligrapher's precision. The motifs were art-historical quotations taken from Albrecht Dürer's woodcut *The Triumphal Chariot of Maximilian I* (fig. 02).

In Polke's eyes, the materials he used here were not inanimate. On the contrary, they were valued as active and agentive: "Anyone faced with these pictures can see quite easily that they haven't been preconceived or constructed, since the materials have a life of their own."[7] This attitude corresponds with the fundamental assumption of new materialism that materials are not to be viewed as dead or passive: "neo-materialism is based on the idea that matter has morphogenetic capacities of its own and does not need to be commanded onto generating form."[8] It is understood that matter is living and dynamic, and has intrinsic agency and vitality.[9] The pigments and substances used revealed their inner lives on Polke's image supports. They greet one another, flow into one another, repel one another, and change their colors due to unpredictable processes during the emergence of the image.[10] The materials are not used as a passively available mass, at the center of which the artist is active, determining and predefining the forms. Rather, Polke gives the materials room within the work process to become coactors in the fluid and intra-active creation of the image.[11]

INNER TRANSFORMATIONAL FORCES

The processual is another essential feature of a new materialist–oriented ontology, concentrated not on a state of being, but on *becoming*. Underlying this is precisely a notion of materiality that harbors its own powers of transformation as an animate being: instead of isolated objects locked in traditional oppositions, objects also have the ability to reveal their impact in relations with other (material) actors.[12]

Such an (artistic) process of *becoming* is embodied by the abstract mural in the German Pavilion, centrally positioned on the concave curved front wall of the main room. In gestural movements, Polke applied a liquid containing dissolved cobalt dichloride to the concave wall (fig. 01). The chemical salt compound changed color in response to humidity: the more humid Venice became, the more humid the room, and the stronger the shade of pink on the wall; the drier it was, the bluer the tones. In this way, Polke made the city's climate visible in pictorial form.[13] The mural became a canvas for materializing dominant atmospheric change; it is a painting in constant flux.[14] Artistic activity and atmospheric conditions interact with the chemical reactions of the hydrocolors in this process of transformation.

A subtler process of transformation also occurred on four monochrome square color panels, hung alongside the looped painting *Ratio* to form a large square (fig. 03). Each one is painted with a different mineral paint, which gives the work its title: *Malachit* (Green), *Azurit* (Blue), *Realgar* (Orange-Red), and *Auripigment* (Gold). Their mutual transformative powers are characteristic of these minerals: green malachite is a product of the weathering of blue azurite, as auripigment is of realgar. Here, too, images are in a state of generation; how exactly the mineral processes will unfold in the long term under prevailing (weather) conditions remains to be seen, first in the pavilion and later under strict conservational conditions in storage.

Metamorphoses caused by the shaping powers of light played as much of a role within the exhibition complex as did changes effected by humidity and weathering. This was especially the case in the making of *Purpur* (Purple), for which Polke appropriated the traditional method of obtaining the pigment. To create the work, he extracted a milky secretion from the glands of purple snails, which contained the dye, and used this to paint a light-colored silk cloth. This stage of the production process took place outdoors. Only when exposed to sunlight did the pigment change from a milky color to green-blue and finally to violet, thus revealing the previously applied ornamentation.

These works reveal that Polke was far less concerned with the aesthetic result than with the production process and the materials' hidden powers of transformation: "It's the procedures in and for themselves that interest me. The picture isn't really necessary!"[15] The idea of transformation and generation, of reacting and metamorphosing matter is omnipresent in the installation: the term *Athanor* itself denotes the furnace used by alchemists to transform substances by processes of warming, distillation, heating, and sublimation.

COMPLEX CONGLOMERATE

Sigmar Polke primarily used natural pigments for the aforementioned works, as was also the case for the exhibited painting *Indigo*: he used the eponymous pigment, made from the leaves and stems of the indigo bush. Though dyes such as indigo blue, malachite green, and purple were certainly available in synthetic form, Polke explicitly made use of them in their natural form, with all their associated cultural histories and myths. This fascination with natural forms and their links with human cultures led him to display three stones in the exhibition: a meteorite fragment from the asteroid belt, which probably broke up when penetrating the Earth's atmosphere millennia ago; a milky, luminous quartz crystal from the mountains of Arkansas, whose pyramid-shaped tips are the result of unhindered mineral growth; and a piece of cinnabar, which was placed in a custom niche hammered into the curved pavilion wall. These integrated pieces of meteorites, rock crystals, and cinnabar originated in other spheres—of the universe and the earthly realm and hot fault zones—all territorial spaces unoccupied by human life. Like the new materialists, Polke had a seismographic sense for materials and an interest in their origins, their histories, and the possibilities for their use.

It is worth noting that Polke integrated these natural objects in the exhibition space as objets trouvés, without endeavoring to categorize them hierarchically with regard to his own works. This also aligns with the heterogeneous field of new materialism and its materialist ontology, which scorns traditional divisions into subjects versus objects, or culture versus nature, since it perceives them as interlinked. Instead, they see the world more as a collection of assemblages or networks of the human and the nonhuman, of artifacts, signs, meanings, and actions that only reveal their efficacy when connected.[16] Political scientist Jane Bennett used the term *assemblage* (*agencement* in French, *Gefüge* in German) following Gilles Deleuze and Félix Guattari, writing that "assemblages are ad hoc groupings of diverse elements, of vibrant materials of all sorts."[17]

In this sense, a site of activity such as *Athanor* can be understood as an intertwined (social) assemblage in which dualisms such as active/passive, animate/inanimate, and natural/artificial are surmounted. After all, materials and substances are coactors in the creation of the image: humidity and light move through the pavilion rooms and affect the work directly or in long-term processes; visitors warm and add moisture to the room through their mere presence; they are reflected in the lacquer paintings and become part of the creation of the images. The result is that the various actors and elements intra-act and cooperate in a dynamic and collective manner, reconfiguring themselves in processual procedures, ultimately creating a complex entanglement.

However, it must not be overlooked that part of this assemblage-like interconnectedness includes cultural references that anachronistically connect past, present, and future as interwoven narratives. For example, one important node branches out into the political presentness evoked by three further raster paintings on display: *Polizeischwein* (Police Pig, 1986), *Hände (vorm Gesicht)* (Hands [In Front of the Face], 1986), and *Sieht man ja, was es ist* (You Can See What It Is, 1984). The representational images are based on ones found in Polke's image archive, press clippings, and a film still, which were blown up and removed from their context when transferred to the canvases.[18] Thus a presentness is not only reflected in the processual through the changing materials, but also with the circulating images captured and exhibited. A system of networks is created that in turn forms the nodes of further networks: histories of art, nature, and culture form a dynamic, interknitted conglomerate with chemical processes, natural objects, prevailing atmospheric conditions, and the visitors (their bodies and their experiences of reception).

Taken in toto, the materialistic core of the *Athanor* installation can be read as a profound questioning of anthropocentric thought through its processual and assemblage-like traits, making it highly topical. Showing characteristics as a model for "assemblage" in conjunction with its new materialist impulses, the installation may accordingly indicate a response to ecological questions of our era. In recognizing and bringing together the potency of interlinked nonhuman actors and entities, and linking disciplines, a new relation is created that forms a starting point for reconceiving (political) conditions.

1 Sigmar Polke, "What Interests Me Is the Unforeseeable: Sigmar Polke Talks about His Work," interview by Paul Groot, *Flash Art* 140 (May–June 1988): 68–70, here 68.

2 For a comprehensive description, see *Sigmar Polke: Athanor; Il Padiglione*, ed. Dierk Stemmler (Venice: XLII Biennale di Venezia, 1986), n.p. However, the actual installation differed from the catalogue's list of works and descriptions.

3 See Stemmler, *Sigmar Polke*; Jürgen Hohmeyer, "'Es wird sich schon was zeigen'—Jürgen Hohmeyer über den deutschen Biennale-Teilnehmer Sigmar Polke," *Der Spiegel*, June 22, 1986, 160–63, here 163; Petra Kipphoff, "Die 42. Kunst-Biennale von Venedig: Viele Rekorde, wenig Konturen, eine konfuse Sonderausstellung zum Thema 'Kunst und Wissenschaft' (Bericht auf Seite 40) und die Rückkehr der Preise: Halbierte Löwen im Luna-Park," *Die Zeit*, July 4, 1986, http://www.zeit.de/1986/28/halbierte-loewen-im-luna-park/komplettansicht (accessed on November 9, 2022).

4 For nearly three decades, there has been an increased attempt to grasp the material aspects of the world in many different disciplines and schools in the cultural, social, and natural sciences. The term *new materialism* was introduced by feminist philosopher Rosi Braidotti in 1991. Today it serves as an umbrella term for a whole set of approaches that rest on the concept of a material turn. See Rosi Braidotti, *Patterns of Dissonance: A Study of Women and Contemporary Philosophy* (Cambridge: Polity Press, 1991), 263–66. Central to the present essay are the collection of essays in *Power of Material/Politics of Materiality*, ed. Susanne Witzgall and Kerstin Stakemeier (Chicago: Diaphanes University of Chicago Press, 2015), which show how an academic

approach can draw connections between new materialism and the fine arts, and Hans Dickel, "Über Natur und Kunst in Sigmar Polkes 'Athanor' (Venedig 1986)," *Kritische Berichte, Zeitschrift für Kunst- und Kulturwissenschaften* 19, no. 4 (1991): 63–76.

5 See *Sigmar Polke—6 Kunststoffsiegel-Bilder: Zyklus aus der 42. Biennale Venedig 1986*, ed. Dierk Stemmler (Mönchengladbach: Städtisches Museum Abteiberg, 1994), 11–24.

6 Sigmar Polke, "Sigmar Polke: Biennale Venedig 1986," November 23, 1986, Städtisches Museum Abteiberg, Mönchengladbach, TV interview, *Aktuelle Stunde*, WDR, Anna Polke Foundation Archive, 5:54, here from 3:38.

7 Polke, "What Interests Me Is the Unforeseeable" (1988).

8 Manuel DeLanda, "Interview with Manuel DeLanda," in *New Materialism: Interviews & Cartographies*, ed. Rick Dolphijn and Iris van der Tuin (Ann Arbor: Open Humanities Press, 2012), 38–47, here 43.

9 See Jane Bennett, *Vibrant Matter: A Political Ecology of Things* (Durham: Duke University Press, 2010); Diana Coole "New Materialism: The Ontology and Politics of Materialisation," in *Power of Material / Politics of Materiality*, eds. Susanne Witzgall and Kerstin Stakemeier (Chicago: Diaphenes of University of Chicago Press, 2015), 27–41, here 28–31; Katharina Hoppe and Thomas Lemke, *Neue Materialismen zur Einführung* (Hamburg: Junius, 2021), 10.

10 Polke frequently observed this phenomenon and documented it in photographs and on film. He would sometimes reach out and shake the canvas, scatter or blow something over it, or try to stop the process at what he thought were the right moments. See Sigmar Polke, *Farbe* (ca. 1986–92), 16mm film, silent, color, 60 min.

11 For more on the term *intra-action*, see Karen Barad, *Meeting the Universe Halfway: Quantum Physics and the Entanglement of Matter and Meaning* (Durham: Duke University Press), 139.

12 See Coole, "New Materialism," 28–30; Hoppe and Lemke, *Neue Materialismen*, 41.

13 Sigmar Polke, "Athanor: Il padiglione, XLII. Biennale di Venezia," June 29, 1986, TV interview with Wolfram Cornelissen, *ZDF Aspekte*, Anna Polke Foundation Archive, 6:20, here 4:30.

14 See Hohmeyer, "Es wird sich schon was zeigen," 161; on "Prozessualität der Natur—Prozessualität des Bildes: Venedig 1986," see Martin Hentschel, "Die Ordnung des Heterogenen, Sigmar Polkes Werk bis 1986" (PhD diss., Bochum, 1991), 405–17.

15 Polke, "What Interests Me is the Unforeseeable," 70.

16 See Susanne Witzgall, "Power of Material / Politics of Materiality: An Introduction," in *Power of Material / Politics of Materiality*, 13–25, here 15.

17 Bennett, *Vibrant Matter*, 23; see also Gilles Deleuze and Félix Guattari, *A Thousand Plateaus: Capitalism and Schizophrenia* (London: Bloomsbury Academic, 2013).

18 The placement of Polke's *Rasterbilder* was a subtle art. For example, the painting *Hände (vorm Gesicht)* (Hands [In Front of the Face], 1986) was displayed just to the right of the pavilion entrance. The painting shows a group of men, each shielding his face with both hands. When one considers that the pavilion was reconstructed under the Nazis by Ernst Haiger, the close connection between a contaminated building and a postwar German society that had no desire to come to terms with its past becomes evident. See Lanka Tattersall, "Eight Days a Week," in *Alibis: Sigmar Polke, 1963–2010*, ed. Kathy Halbreich, Mark Godfrey, Lanka Tattersall, and Magnus Schaefer (New York: Museum of Modern Art, 2014; London: Tate Modern, 2014; Cologne: Museum Ludwig, 2015), 94–117, here 105–07.

Fig. 01 Installation view of *Athanor*, German Pavilion, forty-second Venice Biennale, 1986, showing four artificial resin paintings, a meteorite, wall paintings, and cinnabar (in the niche in the wall, background)

Fig. 02 Installation view of *Athanor*, German Pavilion, forty-second Venice Biennale, 1986, showing the quartz crystal and the graphite picture *Ratio*

Fig. 03 Installation view of *Athanor*, German Pavilion, forty-second Venice Biennale, 1986, showing *Azurit* (Blue), *Malachit* (Green), *Auripigment* (Gold), *Realgar* (Orange-Red), the quartz crystal, and the graphite picture *Ratio*

KURZBIOGRAFIEN / SHORT BIOGRAPHIES

TASLIMA AHMED

ist eine in Berlin lebende Künstlerin. Zu ihren aktuellen Ausstellungen gehören *Reconstructor Paintings, The Panofsky Principle* und *Screenshots* in der Galerie Noah Klink. Sie ist Mitbegründerin des Kunstmagazins *Art Against Art – Journal for Post-Market Culture* und Teil des Künstlerduos FLAME.

Taslima Ahmed is an artist living in Berlin. Recent exhibitions include *Reconstructor Paintings, The Panofsky Principle,* and *Screenshots* at Gallery Noah Klink. She is the cofounder of *Art Against Art—Journal for Post-Market Culture* and one half of the artist duo FLAME.

KATHRIN BARUTZKI

ist Kunsthistorikerin und Kuratorin und seit Gründung der Anna Polke-Stiftung 2018 als Projektleitung für wissenschaftliche Vermittlung und kuratorische Projekte in der Stiftung tätig. Hier verantwortete sie gemeinsam mit Nelly Gawellek die künstlerische Leitung für das Jubiläumsprojekt *Produktive Bildstörung* anlässlich von Sigmar Polkes 80. Geburtstag. Sie hat Kunstgeschichte, Germanistik und Neuere Geschichte in Köln, Bonn und Rom studiert. Seither arbeitete sie unter anderem am Ludwig Forum für Internationale Kunst in Aachen, an der Kunsthalle Düsseldorf, im Estate of Sigmar Polke sowie als Lehrbeauftragte an der Kunstakademie Düsseldorf. 2021 wurde sie an der Universität zu Köln zum Thema „*Artists & Photographs*, New York 1970. ‚Aktivierung' von Konzeptkunst, Fotografie und Multiples" promoviert.

Kathrin Barutzki, an art historian and curator, has been project manager for public programs and curatorial projects at the Anna Polke Foundation since its founding in 2018. There, with Nelly Gawellek, she was responsible for the artistic direction of the anniversary project *Productive Image Interference* on the occasion of Sigmar Polke's eightieth birthday. She studied art history, German literature, and modern history in Cologne, Bonn, and Rome. She has worked at the Ludwig Forum für Internationale Kunst in Aachen and at Kunsthalle Düsseldorf, for the Estate of Sigmar Polke, and as a lecturer at

Düsseldorf Art Academy, among other positions. In 2021 she completed her dissertation entitled "*Artists & Photographs*, New York 1970: The 'Activation' of Conceptual Art, Photography, and Multiples" at the University of Cologne.

SVETLANA CHERNYSHOVA

ist wissenschaftliche Mitarbeiterin am Institut für Kunstgeschichte an der Heinrich-Heine-Universität Düsseldorf. 2022 schloss sie ihre Promotion zu Praktiken des Ausstellens in der zeitgenössischen Kunst mit dem Dissertationstitel *Existenzweise Ausstellung. Eine ökologische Perspektivierung des Kuratorischen heute* ab. Zu ihren Forschungsschwerpunkten gehören zudem Materialitäts- und Körperdiskurse in der Kunst der Gegenwart sowie eine Beschäftigung mit dem Begriff der Intimität und dem (Post-)Digitalen. Neben der Forschung und Lehre ist Svetlana Chernyshova auch kuratorisch tätig.

Svetlana Chernyshova is a research associate at the Institute of Art History at Heinrich Heine University in Düsseldorf. In 2022 she completed her PhD on practices of exhibiting in contemporary art, with a dissertation entitled *Exposition as Mode of Existence: An Ecological Perspectivization of the Curatorial Today*. Her research interests include discourses of materiality and the body in contemporary art as well as an investigation of the notion of intimacy and the (post-)digital. In addition to research and teaching, Chernyshova is active as a curator.

BICE CURIGER

ist Kunsthistorikerin und Kuratorin und seit 2013 künstlerische Direktorin der Fondation Vincent van Gogh Arles. Sie ist Mitbegründerin und Chefredakteurin von *Parkett*, der Buchreihe mit Gegenwartskünstler*innen, die von 1984 bis 2017 in Zürich und New York erschienen ist. 2011 war sie Direktorin der 54. Biennale di Venezia und von 1992 bis 2013 Kuratorin am Kunsthaus Zürich. Zwischen 2004 und 2014 war Curiger Editorial Director von *Tate etc.*, dem Magazin der Tate in London. Sie ist Autorin zahlreicher Publikationen, besonders auch zu Sigmar Polke. Die neuste, *Ausbruch & Rausch, Frauen, Kunst, Punk. 1975–1980* erschien 2020 bei Edition Patrick Frey, Zürich.

Bice Curiger, an art historian and curator, has been director of the Fondation Vincent van Gogh Arles since 2013. She was cofounder and editor-in-chief of *Parkett*, a series of books on contemporary artists published in Zurich and New York between 1984 and 2017. In 2011 she was director of the 54th Venice Biennale, and from 1992 until 2013 she was a curator at Kunsthaus Zürich. Between 2004 and 2014 she was editorial director of *Tate etc.*, the magazine published by the Tate in London. She is author of numerous publications, especially ones about Sigmar Polke. *Ausbruch & Rausch, Frauen, Kunst, Punk, 1975–1980*, her most recent book, was published by Edition Patrick Frey, Zurich, in 2020.

NELLY GAWELLEK

ist Kunsthistorikerin und seit 2018 in der Anna Polke-Stiftung als Projektleitung für Oral Art History und künstlerische Projekte verantwortlich. Gemeinsam mit Kathrin Barutzki hatte sie die künstlerische Leitung für das Jubiläumsprojekt *Produktive Bildstörung* anlässlich von Sigmar Polkes

80. Geburtstag inne. Sie hat Kunstgeschichte und Allgemeine Rhetorik in Tübingen studiert. Seither war sie als Galeriedirektorin in Köln und Berlin und als wissenschaftliche Mitarbeiterin im Estate of Sigmar Polke in Köln tätig. Als freie Autorin und Kuratorin beschäftigt sie sich außerdem mit aktueller Kunst und engagiert sich ehrenamtlich im Vorstand von And She Was Like: BÄM!, einer feministischen Initiative für Kunst, Kultur und Design.

Nelly Gawellek, an art historian, has been project manager for oral art history and artistic projects at the Anna Polke Foundation since its founding in 2018. There, with Kathrin Barutzki, she was responsible for the artistic direction of the anniversary project *Productive Image Interference* on the occasion of Sigmar Polke's eightieth birthday. She studied art history and general rhetoric in Tübingen. Since then, she has worked as a gallery director in Cologne and Berlin and as a research associate for the Estate of Sigmar Polke in Cologne. She is also a freelance author and curator focusing on current artistic positions and is an honorary member of the board of And She Was Like: BÄM!, a feminist network for arts, culture, and design.

LILIAN HABERER

ist Kunstwissenschaftlerin und Kuratorin. Seit 2020 lehrt sie als Professorin für Kunstwissenschaft mit einem erweiterten Materialbegriff an der Kunsthochschule für Medien Köln. Von 2016 bis 2020 vertrat sie dort die Professur Kunstgeschichte im medialen Kontext. Mit Karin Lingnau arbeitet sie im Forschungsprojekt *Material Affiliations. Intra-/Interconnected Agents within Artistic processes.* Mit Karina Nimmerfall hat sie das Lehrprojekt *Labor für Kunst und Forschung* (2015–17) an der Humanwissenschaftlichen Fakultät der Universität zu Köln initiiert. Sie war wissenschaftliche Mitarbeiterin am Kunsthistorischen Institut (2011–16) der Kölner Universität und Projektleiterin im DFG-Forschungsprojekt *Reflexionsräume kinematographischer Ästhetik* (2007–14) mit eigenem Teilprojekt *Das architektonische Dispositiv in medialen Installationen.* Zudem war sie als Kuratorin der Plattform gap (Schloss Ringenberg) tätig und leitete mit Regina Barunke den Projektraum Projects in Art & Theory. Zu ihren weiteren Forschungsschwerpunkten zählen Kollektive in der Kunst, Globale Moderne und Modernereflexionen, Feministische und politische Konzeptkunst.

Lilian Haberer is an art historian and curator. Since 2020 she has been a professor of art history with expanded material concepts at the Academy of Media Arts Cologne. From 2016 to 2020 she was the chair of art history in a media context there. With Karin Lingnau she conducts the research project *Material Affiliations: Intra-/Interconnected Agents within Artistic Processes.* With Karina Nimmerfall she initiated the teaching project *Laboratory for Art and Research* (2015–17) at the Department of Human Sciences at the University of Cologne. She was a research assistant at the Institute of Art History (2011–16) at the University of Cologne and project leader in the DFG research project *Reflection Spaces of Cinematographic Aesthetics* (2007–14) with her own project *The Architectural Dispositive in Media Installations.* She was also curator of the gap platform (Schloss Ringenberg) and directed the Projects in Art & Theory art space with Regina Barunke. Her main research interests include collectives in art, global modernity and modern reflections, and feminist and political conceptual art.

CAMILLE HENROT

in Paris geboren, lebt und arbeitet in Berlin und New York. Ihre Praxis bewegt sich zwischen Film, Malerei, Zeichnung, Skulptur und Installation. Sie entnimmt Verweise aus Literatur, Psychoanalyse, Sozialen Medien, Kulturanthropologie, Selbsthilfekonzepten, aber auch aus der Banalität des tagtäglichen Lebens, und untersucht anhand dieser, was es bedeutet, sowohl privates Individuum als auch globales Subjekt zu sein. Aus einem Stipendium am Smithsonian Institute 2013 ging ihr Film *Grosse Fatigue* hervor, für den sie auf der 55. Biennale di Venezia (2013) mit einem Silbernen Löwen ausgezeichnet wurde. 2014 war sie Preisträgerin des Nam June Paik Awards sowie 2015 des Edvard Munch Awards. Ihre Werke wurden in Einzelausstellungen in der National Gallery of Victoria in Melbourne (2021), der Kestner Gesellschaft in Hannover (2021), der Tokyo Opera City Art Gallery (2019), dem Palais de Tokyo in Paris (2017), der Fondazione Memmo in Rom (2016), der Chisenhale Gallery in London (2014), der Kunsthal Charlottenborg in Kopenhagen (2014), dem Bétonsalon – centre d'art et de recherche in Paris (2014), dem New Museum in New York (2014), dem Schinkel Pavillon in Berlin (2014) sowie im New Orleans Museum of Art (2013) gezeigt.

Camille Henrot was born in Paris and is based in Berlin and New York. Her practice moves seamlessly between film, painting, drawing, sculpture, and installation. She draws upon references from literature, psychoanalysis, social media, cultural anthropology, self-help, and the banality of everyday life to question what it means to be both a private individual and a global subject. A 2013 fellowship at the Smithsonian Institute resulted in her film *Grosse Fatigue*, for which she was awarded the Silver Lion at the 55th Venice Biennale (2013). She is the recipient of the 2014 Nam June Paik Award and the 2015 Edvard Munch Award. Her work has been shown in solo exhibitions worldwide, including the National Gallery of Victoria in Melbourne (2021), the Kestner Gesellschaft in Hannover (2021), Tokyo Opera City Art Gallery (2019), Palais de Tokyo in Paris (2017), the Fondazione Memmo in Rome (2016), Chisenhale Gallery in London (2014), the Kunsthal Charlottenborg in Copenhagen (2014), Bétonsalon—Centre for Art and Research in Paris (2014), the New Museum in New York (2014), the Schinkel Pavillon in Berlin (2014), and the New Orleans Museum of Art (2013).

ADAM JASPER

schreibt regelmäßig für die Zeitschriften *Artforum* und *Cabinet*. Er ist Herausgeber von *gta papers*, der Zeitschrift des Instituts für Geschichte und Theorie der Architektur an der ETH Zürich, wo er als Postdoktorand in der Abteilung Architektur tätig ist. Anlässlich der ersten Ausgabe der Sharjah Architecture Triennial 2019 stellte er ein Werk über Kybernetik, Bali und Wasser im Rahmen des Projekts *Priests and Programmers* aus, das von Rezensent*innen als „forschungslastig" bezeichnet wurde.

Adam Jasper is a regular contributor to *Artforum* and *Cabinet* magazines. He is the editor of *gta papers*, the journal of the Institute for the History and Theory of Architecture at ETH Zurich, where he is a postdoctoral researcher in the department of architecture. He exhibited a work about cybernetics, Bali, and water as part of the project *Priests and Programmers* at the inaugural Sharjah Architecture Triennial (2019) that reviewers described as "research heavy."

ALEXANDER KLUGE

ist Anwalt, Autor und Filmemacher. 2021 erschienen seine jüngsten Publikationen *Napoleon Kommentar* (mit drei Zeichnungen von Georg Baselitz) und *Schramme am Himmel* (gemeinsam mit Jonathan Meese) bei Spector Books. Im Januar 2022 erschien *Das Buch der Kommentare* im Suhrkamp Verlag. In seinem dort enthaltenen Kommentar zu Jürgen Habermas geht es um die Achsenzeit, die auch Sigmar Polke beschäftigte. Im Jahr 2021 erhielt Alexander Kluge die Mortier Medaille auf den Salzburger Festspielen.

Alexander Kluge is a lawyer, author, and filmmaker. His most recent publications include *Napoleon Kommentar* (including three drawings by Georg Baselitz) and *Schramme am Himmel* (with Jonathan Meese), published by Spector Books in November 2021. In January 2022 his book *Das Buch der Kommentare* was published by Suhrkamp Verlag. It contains a chapter on Jürgen Habermas examining the Axial Age, which was also addressed by Sigmar Polke. In 2021 Kluge received the Mortier Award at the Salzburg Festival.

FRANZISKA KUNZE

ist Kunst- und Fotohistorikerin. Seit August 2020 leitet sie die Sammlung Fotografie und Zeitbasierte Medien an den Bayerischen Staatsgemäldesammlungen / Pinakothek der Moderne. Von 2017 bis 2019 war sie Stipendiatin im Programm „Museumskurator:innen für Fotografie" der Alfried Krupp von Bohlen und Halbach-Stiftung, bevor sie von 2019 bis 2020 in Vertretung die Abteilung Gegenwartskunst im LWL-Museum für Kunst und Kultur in Münster verantwortete. Neben ihrer kuratorischen Tätigkeit engagiert sie sich in Kunstjurys, verfasst Texte und übernimmt Lehrtätigkeiten an Hochschulen.

Franziska Kunze is an art and photography historian. She has been chief curator of the collection of photography and time-based media at the Bayerische Staatsgemäldesammlungen / Pinakothek der Moderne in Munich since August 2020. From 2017 to 2019 she was a grant recipient in the program Museum Curators of Photography organized by the Alfried Krupp von Bohlen und Halbach-Stiftung, and from 2019 to 2020 she headed the department of contemporary art at the LWL-Museum für Kunst und Kultur in Münster. In addition to her curatorial activities, she is involved in art juries, writes texts, and teaches at universities.

CHARLOTTE LANG

ist Kunsthistorikerin und freie Kuratorin. Seit 2019 ist sie für die Anna Polke-Stiftung tätig, aktuell als wissenschaftliche Referentin und Projektmanagerin. Sie hat Kunstgeschichte, Englisch und Kunstvermittlung in Köln und Düsseldorf studiert. Seitdem war sie in verschiedenen zeitgenössischen Galerien und als Projektleiterin bei jungekunstfreunde, Initiative der Freunde des Wallraf-Richartz-Museum und des Museum Ludwig e. V. beschäftigt. Sie unterstützt ehrenamtlich die feministische Initiative And She Was Like: BÄM!.

Charlotte Lang is art historian and freelance curator. She has been working for the Anna Polke Foundation since 2019, currently as a research assistant and project manager. She studied art history, English, and art education in Cologne and Düsseldorf. Since then, she has been employed in various contemporary galleries and as a project manager at jungekunstfreunde, an initiative of the Friends of the Wallraf-Richartz-Museum and Museum Ludwig. She is an honorary member of And She Was Like: BÄM!, a feminist network for arts, culture, and design.

DOREEN MENDE

ist Kuratorin, Theoretikerin, Forscherin und seit November 2021 Leiterin des sammlungsübergreifenden Departments der Forschung an den Staatlichen Kunstsammlungen Dresden sowie Professorin für Curatorial/Politics am CCC Research-based Masterprogramm des Visual Arts Department an der HEAD Genf, Schweiz, welches sie von 2015 bis 2021 auch leitete. Zu ihren kuratorischen Projekten gehören *Hamhung's Two Orphans* für Bauhaus Imaginista im Garage Museum of Contemporary Art in Moskau und Haus der Kulturen der Welt Berlin (2018); die Ko-Herausgabe der Ausgabe #101 und #109 des *e-flux Journal* unter dem Titel *Navigation Beyond Vision* (2019/20); *The Prisoner Letter* im Khalil Sakakini Cultural Center, Sharjah Biennial 13 Offsite in Ramallah (2016), und *KP Brehmer Real Capital – Production* für Raven Row, London. Mende arbeitet derzeit an der kuratorischen Forschungsstudie *The Missed Seminar: Worldmaking After Internationalism* im Rahmen von entangledinternationalism.org, gefördert vom Schweizer Nationalfond. Zahlreiche wissenschaftliche sowie essayistische Aufsätze für MIT Press, *Oxford Handbook for Communist Visual Cultures, Jerusalem Quarterly*, Archive Books und Spector Books. Sie ist Gründungsmitglied des Harun Farocki Instituts in Berlin sowie des European Forum for Advanced Practices.

Doreen Mende is a curator, theorist, and researcher who has been head of the cross-collection research department at the Staatliche Kunstsammlungen Dresden since November 2021 and professor of curatorial/politics at the CCC Research-based Master of the Visual Arts Department at HEAD Geneva in Switzerland, which she also headed from 2015 to 2021. Her curatorial projects include *Hamhung's Two Orphans* for Bauhaus Imaginista at the Garage Museum of Contemporary Art in Moscow and the Haus der Kulturen der Welt in Berlin (2018); coediting issues 101 and 109, entitled *Navigation Beyond Vision*, of *e-flux Journal* (2019–20); *The Prisoner Letter* at the Khalil Sakakini Cultural Center, Sharjah Biennial 13 Offsite in Ramallah (2016); and *KP Brehmer Real Capital—Production* at Raven Row, London. Mende is currently working on the curatorial research study *The Missed Seminar: Worldmaking After Internationalism* within the framework of entangledinter-nationalism.org, which was funded by the Swiss National Science Foundation (SNSF). She has published numerous academic articles and essays for MIT Press, *Oxford Handbook for Communist Visual Cultures, Jerusalem Quarterly*, Archive Books, and Spector Books. She is a founding member of the Harun Farocki Institut in Berlin and European Forum for Advanced Practices.

SANDRA NEUGÄRTNER

ist Kunsthistorikerin und Akademische Rätin an der Leuphana Universität Lüneburg. Zuvor war sie wissenschaftliche Mitarbeiterin an der Universität Erfurt. Sie studierte Design, Volkswirtschaftslehre, Kulturwissenschaften und Kunstgeschichte in Dessau, Berlin und Zürich. Von 2017 bis 2018 war sie

Visiting Fellow an der Harvard University am Department History of Art and Architecture. Ihr Fokus liegt auf der Geschichte der Kunst der Moderne bis zur Gegenwart. Seit 2021 leitet sie ein DFG-Projekt auf Eigener Stelle, um den Moderne-Begriff von Lena Meyer-Bergner in einer transkulturellen Perspektive zu bestimmen.

Sandra Neugärtner is an art historian and academic councillor at Leuphana University in Lüneburg. Previously, she was research associate at Erfurt University. She studied design, economics, cultural studies, and art history in Dessau, Berlin, and Zurich. From 2017 to 2018 she was a visiting fellow at Harvard University in the Department of History of Art and Architecture. Her research focuses on the history of modern art up to the present. Since 2021 she has had a temporary position leading a DFG project to define Lena Meyer-Bergner's concept of modernism in a transcultural perspective.

MAGNUS SCHAEFER

ist Autor und Kurator. Der Schwerpunkt seines Forschungsinteresses liegt auf der Formalisierung und Quantifizierung menschlicher Wahrnehmung in digitalen Medien, insbesondere im Kontext der miteinander verknüpften Geschichten der digitalen Klangsynthese und der Psychoakustik. Von 2012 bis 2019 war Schaefer Kurator am Museum of Modern Art in New York, wo er die Retrospektiven *Alibis: Sigmar Polke 1963–2010* (2014) und *Bruce Nauman: Disappearing Acts* (2018–19) mitverantwortete, sowie *Projects 195: Park McArthur* (2018–19) organisierte. Gemeinsam mit Hannes Loichinger publizierte er 2015 unter dem Titel *Foregrounds, Distances* die erste umfassende Monografie zu Ull Hohn. Zurzeit erarbeitet er eine Ausstellung über Studios für elektronische Musik im Argentinien der 1960er Jahre.

Magnus Schaefer is an author and curator. His research focuses on the ways in which digital media formalize and quantify human perception, specifically in the context of the interconnected histories of digital sound synthesis and psychoacoustics. From 2012 to 2019 Schaefer was a curator at the Museum of Modern Art in New York, where he coorganized the retrospectives *Alibis: Sigmar Polke 1963–2010* (2014) and *Bruce Nauman: Disappearing Acts* (2018–19), and organized *Projects 195: Park McArthur* (2018–19). With Hannes Loichinger he published *Foregrounds, Distances,* the first comprehensive monograph on Ull Hohn in 2015. He is currently preparing an exhibition on electronic music studios in 1960s Argentina.

DANIEL SPAULDING

ist Assistant Professor of Modern and Contemporary Art an der University of Wisconsin-Madison. Seine Forschungsschwerpunkte sind westeuropäische Kunst der 1960er- und 70er-Jahre, linke Politik, globale Moderne, kritische Theorie und die Geschichte der Kunstgeschichte. Beiträge von ihm sind unter anderem im *Art Journal, The Journal of Art Historiography, Oxford Art Journal* und *Historical Materialism* erschienen. Er ist Mitbegründer und Herausgeber von *Selva: A Journal of the History of Art.* Spaulding ist auch als Übersetzer aus dem Deutschen, Französischen und Italienischen tätig. Im Jahr 2022 erhielt er den Joseph Beuys Preis für Forschung der Stiftung Museum Schloss Moyland.

Daniel Spaulding is Assistant Professor of Modern and Contemporary Art at the University of Wisconsin-Madison. His research focuses on art made in Western Europe during the 1960s and 1970s, left-wing politics, global modernism, critical theory, and the history of art history. Writings of his have appeared in *Art Journal*, *The Journal of Art Historiography*, *Oxford Art Journal*, and *Historical Materialism*, among other publications. He is a founding editor of *Selva: A Journal of the History of Art*. Spaulding is also active as a translator from German, French, and Italian. In 2022 he received the Joseph Beuys Prize for Research awarded by the Stiftung Museum Schloss Moyland.

GABRIELE WIX

lehrt an der Universität Bonn, wo sie 2009 über Max Ernst als Maler, Dichter und Schriftsteller promoviert wurde. Ihr Forschungsinteresse liegt international im Grenzbereich von Kunst und Literatur des 20. und 21. Jahrhunderts. Unter dem Aspekt der Medialität und Materialität von Schrift und Buch kuratiert sie Ausstellungen zu Schreibprozessen und Künstlerbüchern. Mit Lawrence Weiner hat sie ein Werkverzeichnis seiner englisch-deutschen Sprachskulpturen erarbeitet, *NACH BILDENDE KUNST/AFTER FINE ART* (Ostfildern 2012). Sie gehört zu dem Herausgeberteam der vierbändigen Thomas-Kling-Werkausgabe (Berlin 2020). Zuletzt ist der von ihr herausgegebene Band *Max Ernst: Die Schriften* erschienen (Köln 2022).

Gabriele Wix teaches at the University of Bonn, where she received a doctorate in 2009 for her work on Max Ernst as a painter, poet, and writer. Her research focuses on the border area between art and literature of the twentieth and twenty-first centuries all over the world. Focusing on the mediality and materiality of writing and books, she curates exhibitions on writing processes and artists' books. With Lawrence Weiner she compiled a catalogue raisonné of the artist's English-German language sculptures, NACH BILDENDE KUNST/AFTER FINE ART (Ostfildern 2012). She is part of the editorial team of the four volume Thomas Kling catalogue raisonné (Berlin 2020). Most recently she edited the volume *Max Ernst: Die Schriften* (Cologne 2022).

NACHWORT

ANNA POLKE

„[...] DIE BILDER VON POLKE, WENN WIR MAL NICHT AUFPASSEN, NACHTS, DIE REDEN UNTEREINANDER."

Alexander Kluge, „Wo Polke ist, ist Werkstatt", in dieser Publikation, S. 104.

Aufpassen, das sollten wir. Und richtig Hinsehen natürlich auch. Meinem Vater, der im Jahr 2021 achtzig Jahre alt geworden wäre, hätte der Kommentar seines Zeitgenossen Alexander Kluge sicherlich gefallen, denn darum ging es Sigmar Polke mit seinem Schaffen seit Beginn seiner künstlerischen Arbeit immer wieder: neue Sichtweisen auf bekannte Dinge zu erzeugen, aber auch neue Dinge sichtbar zu machen und damit gewohnte Wahrnehmungsmuster zu stören.

Dies hat die Anna Polke-Stiftung zum Thema gemacht, um anlässlich des runden Geburtstags von Sigmar Polke unter dem Titel *Produktive Bildstörung* eine Ausstellung und ein Festival zu Ehren eines multimedialen und über fünf Jahrzehnte entstandenen Werks auszurichten. Die zentrale Idee war hierbei, unter dem gesetzten thematischen Schwerpunkt einen Dialog zu initiieren zwischen Polke und einer heutigen Generation von Künstler*innen, die ähnliche Fragen umtreibt.

Die Gruppenausstellung in der Kunsthalle Düsseldorf, der begleitende und so wunderbar gestaltete Katalog, ein umfangreiches Rahmenprogramm sowie verschiedene Kooperationen mit Institutionen wie der Heinrich-Heine-Universität Düsseldorf, der Kunstakademie Düsseldorf und nicht zuletzt das online veröffentlichte Festival haben das Jubiläumsprojekt zu dem gemacht, was wir mit der vorliegenden zweiten Publikation feiern und reflektierend kommentieren möchten: einen Anstoß zur anhaltenden Beschäftigung mit dem Werk von Sigmar Polke. Ich freue mich sehr, dass mit den Beiträgen dazu erneut sichtbar und festgehalten wird, an wie vielen vielseitigen Fragestellungen und von welch unterschiedlichen Perspektiven ausgehend sich das Schaffen meines Vaters an zeitgenössische künstlerische Positionen und Diskurse anbinden lässt.

Die Herausforderung, der sich die Anna Polke-Stiftung mit dem Projekt und seinen verschiedenen Formaten und Kooperationen stellte, um die Aktualität von Polkes Denken und Schaffen aufzuzeigen, ist herausragend gelungen. Dafür möchte ich mich besonders bei den beiden Kuratorinnen Kathrin Barutzki und Nelly Gawellek bedanken, die das inhaltliche Konzept für Ausstellung und Festival entwickelt haben, sowie bei dem gesamten Team der Anna Polke-Stiftung: Dana Bergmann, Charlotte Lang, Nicole Ruppert und Sophia Stang. Zudem möchte ich erneut meinen herzlichsten Dank an unsere Kooperationspartner*innen und besonders auch an die großzügigen Förder*innen weitergeben, ohne deren finanzielle Unterstützung das Projekt nicht hätte realisiert werden können. Ich danke allen voran der Kunsthalle Düsseldorf und Gregor Jansen sowie dem Land Nordrhein-Westfalen, der Kunststiftung NRW und der Art Mentor Foundation Lucerne. Mein herzlichster Dank gilt der damaligen Ministerin Isabel Pfeiffer-Poensgen für ihre Schirmherrschaft und ihren unermüdlichen Einsatz für die Kulturschaffenden in diesem Land. Ich danke allen beteiligten Künstler*innen, Leihgeber*innen, Autor*innen und Unterstützer*innen für ihren jeweiligen Beitrag. Nicht zuletzt gilt ein großes Lob den beiden Grafiker*innen, die auch diese zweite Publikation so wunderbar entworfen haben: Petra Hollenbach und Thomas Artur Spallek.

„Ich habe weitergesucht und etwas Besseres gefunden", äußerte mein Vater mir gegenüber, als er bestehende Pläne für ein Bild unerwartet umgeworfen hatte. Dieses Zitat beschreibt sehr gut seine Vorgehensweise im Arbeitsprozess. Es soll hier als abschließender Gedanke dienen, der uns dazu ermutigt, nicht in gewohnten Fragestellungen zu verharren, sondern stets wach und aufmerksam nach Neuem Ausschau zu halten.

Ich wünsche viel Vergnügen mit diesem Buch!

Ihre Anna Polke
Stifterin und Vorstand der Anna Polke-Stiftung

AFTERWORD

ANNA POLKE

"... IF WE'RE NOT CAREFUL, POLKE'S PAINTINGS WILL START TALKING TO ONE ANOTHER AT NIGHT."

Alexander Kluge, "Wherever Polke Is, You'll Find a Workshop," in this book, p. 112.

Yes, we should be careful. We should also look carefully. My father would have turned eighty in 2021. He would have appreciated this remark from his contemporary Alexander Kluge, because his artistic work always aimed to open up new ways of looking at familiar things and to make new things visible. By doing so, he was able to interfere with entrenched habits of perception.

This idea forms the basis of *Productive Image Interference*. The festival and exhibition were organized by the Anna Polke Foundation to celebrate Sigmar Polke's landmark birthday and honor the work he produced over five decades. The central aim was to initiate a dialogue between Polke and the current generation of artists, who are similarly preoccupied by this theme.

The present volume is a companion to the wonderful first catalogue published to accompany the group exhibition at Kunsthalle Düsseldorf. It celebrates and reflects on the landmark jubilee, the wide-ranging accompanying program, and the many collaborations between various institutions, including Heinrich Heine University Düsseldorf, Düsseldorf Art Academy, and the online festival. Above all, it is an invitation to continue engaging with Polke's body of work. I am delighted that the catalogue's contributions succeed in illuminating and capturing the ways in which my father's oeuvre shapes the many questions, diverse vantage points, and current discourses of contemporary artists.

Sharing the topical nature of Polke's ideas and works in this project with all its aspects and collaborations was no easy task. However, the Anna Polke Foundation has proved itself more than capable of navigating this challenge. For this, I owe special thanks to curators Kathrin Barutzki and Nelly Gawellek, who developed the concept for the content of the exhibition and festival, as well as the entire Anna Polke Foundation team, consisting of Dana Bergmann, Charlotte Lang, Nicole Ruppert, and Sophia Stang. Moreover, I would like to again offer my deepest thanks to our partners, in particular the generous supporters whose financial assistance made the project possible. Above all, I must thank Kunsthalle Düsseldorf and Gregor Jansen, as well as the state of North Rhine-Westphalia, Kunststiftung NRW, and Art Mentor Foundation Lucerne. My heartfelt thanks go to the former Minister Isabel Pfeiffer-Poensgen for her guidance and indefatigable support of cultural creators in this state. I would like to thank all the artists, lenders, authors, and supporters involved for their contributions. Not least, I would like to commend the graphic designers Petra Hollenbach and Thomas Artur Spallek for designing such a wonderful companion volume.

"I kept searching and found something better," my father once said to me as he unexpectedly chucked out his plans for a painting. This quote exemplifies his working approach. This statement should encourage us to keep posing startling questions and to actively seek out new possibilities.

I hope you enjoy reading this book!

Yours,
Anna Polke
Founder and Management Board, Anna Polke Foundation

IMPRESSUM / COLOPHON

Diese Publikation erscheint im Rahmen des von der Anna Polke-Stiftung initiierten Jubiläumsprojekts zum 80. Geburtstag von Sigmar Polke 2021. Es umfasste die Ausstellung *Produktive Bildstörung. Sigmar Polke und aktuelle künstlerische Positionen* in der Kunsthalle Düsseldorf (2021/22), kuratiert von Kathrin Barutzki, Nelly Gawellek (beide Anna Polke-Stiftung) und Gregor Jansen (Kunsthalle Düsseldorf), sowie das gleichnamige Festival unter der künstlerischen Leitung von Kathrin Barutzki und Nelly Gawellek. Aufgrund der Corona-Pandemie fand das Festival nicht wie geplant an der Kunstakademie Düsseldorf statt, sondern wurde online veröffentlicht: festival-anna-polke-stiftung.com. Eine Auswahl der Festival-Beiträge sowie weitere Texte werden in dem vorliegenden Band publiziert.

This publication is published in conjunction with the anniversary project organized by the Anna Polke Foundation to celebrate Sigmar Polke's eightieth birthday in 2021. The project includes the exhibition *Productive Image Interference: Sigmar Polke and Artistic Perspectives Today* at Kunsthalle Düsseldorf (2021–22), curated by Kathrin Barutzki and Nelly Gawellek (Anna Polke Foundation) with Gregor Jansen (Kunsthalle Düsseldorf), and the festival organized under the artistic direction of Kathrin Barutzki and Nelly Gawellek.
Due to the COVID pandemic, the festival could not take place at Düsseldorf Art Academy but was instead held online: festival-anna-polke-stiftung.com. This volume presents a selection of talks given at the festival as well as other essays.

Projektteam/Project Team:
Kathrin Barutzki, Dana Bergmann, Nelly Gawellek, Charlotte Lang, Nicole Ruppert, Sophia Stang

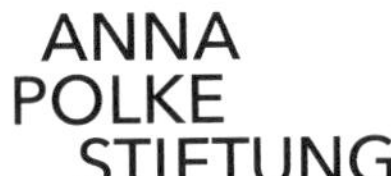

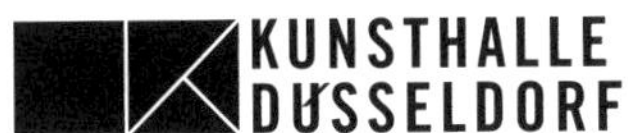

Das Jubiläumsprojekt wurde gefördert durch/
The anniversary project was sponsored by:

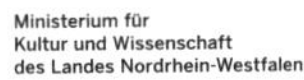

Kunststiftung NRW

ART FOUNDATION MENTOR LUCERNE

Schirmherrschaft/Patronage:
Isabel Pfeiffer-Poensgen, damalige Ministerin für Kultur und Wissenschaft des Landes Nordrhein-Westfalen/then minister of culture and science for North Rhine-Westphalia

Herausgegeben von / Edited by:
Anna Polke-Stiftung

Mit Beiträgen von / With Contributions by:
Taslima Ahmed, Kathrin Barutzki, Svetlana Chernyshova, Bice Curiger, Nelly Gawellek, Lilian Haberer, Camille Henrot, Adam Jasper, Alexander Kluge, Franziska Kunze, Charlotte Lang, Doreen Mende, Sandra Neugärtner, Magnus Schaefer, Daniel Spaulding, Gabriele Wix

Redaktion / Editing:
Charlotte Lang, Sophia Stang

Übersetzung / Translations:
Stefan Barmann (Deutsch / German), Sylee Gore (Englisch / English)

Lektorat / Copyediting:
Leonie Pfennig (Deutsch / German), Tas Skorupa (Englisch / English)

Gestaltung / Graphic Design:
Petra Hollenbach, Thomas Spallek

Bildbearbeitung / Image Editing:
Reproline mediateam, Unterföhring

Produktion / Production Management:
DISTANZ Verlag

Gesamtherstellung / Printing and Binding:
Druckerei Kettler GmbH, Bönen / Westfalen / Westphalia

ISBN 978-3-95476-524-9
Printed in Germany

Erschienen im / Published by:
DISTANZ Verlag
www.distanz.de

Stifterin und Vorstand/
Founder and Management Board:
Anna Polke

Kuratorium/Board of Trustees:
Jacqueline Burckhardt, Bice Curiger, Carola de Decker, Petra Lange-Berndt

Kaufmännische Leiterin/Head of Administration:
Nicole Ruppert

Wissenschaftliche Leiterin/Head of Research:
Sophia Stang

Projektleiterinnen/Project Managers:
Kathrin Barutzki, Nelly Gawellek

Wissenschaftliche Referentin und Projektmanagerin/
Research Associate and Project Manager:
Charlotte Lang

Freie Mitarbeiterinnen/Freelance Staff:
Astrid Heibach, Hannah Rhein

Presse- und Öffentlichkeitsarbeit/Press and Communication:
Leo & Wolf, Leonie Pfennig und Corinna Wolfien

Anna Polke-Stiftung
Domstraße 60
50668 Köln/Cologne
www.anna-polke-stiftung.com

ANNA
POLKE
STIFTUNG

Festival-anna-polke-stiftung.com, Camille Henrot, Lucien Liebecke u. a.: 2/3; Museum Morsbroich, Leverkusen: 14, Abb. / fig. 01; Privatarchiv / private archive: 17, Abb. / figs. 02, 03; Anna Polke-Stiftung, Fotos / photos Alwin Lay: 20, Abb. / figs. 04, 05; Courtesy Kunstraum am Limes – Sammlung Zeitgenössischer Kunst, Hillscheid und Galerie Christian Lethert, Köln / Cologne: 22/23, Abb. / fig. 06; Anna Polke-Stiftung, Foto / photo Alwin Lay: 26, Abb. / fig. 07; Courtesy K.O. Götz und Rissa-Stiftung: 36/37, Abb. / fig. 01; Privatarchiv / private archive: 41, Abb. / fig. 02, 46, Abb. / fig. 01; Froehlich Collection, Foto / photo Uwe H. Seyl, Stuttgart: 48, Abb. / fig. 02; Courtesy Sayre Gomez, Foto / photo Robert Wedemeyer: 52, Abb. / fig. 03; Courtesy Laura Owens, Sadie Coles HQ, London, and Galerie Gisela Capitain, Cologne, Foto / photo Doug. M. Parker Studio: 55, Abb. / fig. 04; Courtesy Seth Price and Petzel, New York, Foto / photo Ron Amstutz: 62/63, Abb. / fig. 01; Courtesy Seth Price and Reena Spaulings, New York and Los Angeles: 65, Abb. / fig. 02; Metropolitan Museum of Art Collection API: 68, Abb. / fig. 03; Courtesy Seth Price and Galerie Isabella Bortolozzi, Berlin, Foto / photo Roman Marz: 70, Abb. / fig. 04; Courtesy Seth Price and Petzel, New York, Foto / photo Ron Amstutz: 72, Abb. / fig. 05; Privatarchiv / private archive, Foto / photo David Aebi: 82, Abb. / fig. 01; Berlin: Gerhardt Verlag 1963, n. p. (Der Löwe von Belfort, 5): 84, Abb. / fig. 02; Foto / photo ARTIS-Uli Deck: 87, Abb. / fig. 03; Anna Polke-Stiftung: 90, Abb. / fig. 04; Thomas Kling Archiv, Stiftung Insel Hombroich: 94, Abb. / fig. 05; Alexander Kluge, *Achsenzeit* / Axial Age, Filmstills: 98–111; Kunsthalle Düsseldorf, 2021, Foto / photo Katja Illner: 116–117, Abb. / fig. 01; Anna Polke-Stiftung: 118–119, Abb. / figs. 02–04; Courtesy Camille Henrot and Hauser & Wirth, Foto / photo Annik Wetter: 122–123, Abb. / fig. 05; Courtesy Camille Henrot and kamel mennour (Paris, London), Foto / photo Annik Wetter: 126, Abb. / fig. 06; Courtesy Frida Orupabo and Galerie Nordenhake: 134, Abb. / fig. 01, 141, Abb. / fig. 03; Courtesy Frida Orupabo and Galerie Nordenhake, Foto / photo Carl Henrik Tillberg: Cover, 138, Abb. / fig. 02; Luma Stiftung, Parkett Archiv: 153, Abb. / fig. 01; Anna Polke-Stiftung: 154, Abb. / fig. 02; Anna Polke-Stiftung, Foto / photo Alwin Lay: 156–157, Abb. / fig. 03; Courtesy Sies + Höke, Düsseldorf / Kicken Berlin, Foto / photo Achim Kukulies: 159, Abb. / fig. 04; Anna Polke-Stiftung: 161, Abb. / fig. 05; Bayerische Staatsgemäldesammlungen, Foto / photo Elisabeth Greil: 167–168,

Abb./figs. 01–04; Kunsthalle Düsseldorf, 2021, Foto/photo Katja Illner: 176–177, Abb./fig. 01; Museum für Gegenwartskunst Siegen: 180, Abb./figs. 02–03; © The Trustees of the British Museum: 183, Abb./fig. 04; Courtesy Raphael Hefti, Studio Raphael Hefti: 185, Abb./fig. 05; Bechtler Stiftung, 2022, Foto/photo Flavio Karrer: 188–189, Abb./fig. 06; Anna Polke-Stiftung, Archiv Dierk Stemmler: 196–200, Abb./figs. 01–03.

Wir danken allen Künstler*innen, Fotograf*innen, Leihgeber*innen und Institutionen für die Unterstützung bei der Realisierung dieser Publikation und die Überlassung der Bildvorlagen./We thank all artists, photographers, lenders, and institutions for their support in making this publication and for providing image material.

ISBN 978-3-95476-524-9

9 783954 765249

DISTANZ

ANNA
POLKE
STIFTUNG